人文化育

杜泽逊教授谈治学

杜泽逊 ○ 著

复旦大学出版社

序

复旦大学出版社顾雷同志去年 11 月来信,希望把我为青年谈治学的文字结集出版。今年五一节嘱门生王笃堃君搜检未曾结集的篇什寄呈顾君筛选。顾君用两月之力审读,选编成册,分类排比,名曰《人文化育——杜泽逊教授谈治学》。收入本集的文字包括对学生、对教师同行的工作会议发言,学术会议发言,学术报告,还有序跋题记、回忆杂文,倒是没有脱离"教"与"学"。至于治学方法,多是从前辈师长那里继承而来,一得之愚,亦间附一二。唯旧学荒疏,乏善可陈,聊供参考,无负顾君美意而已。

2022 年 10 月 29 日滕人杜泽逊序于山东大学文学院

目　录

致莘莘学子

003　尼山学堂的历史使命

013　自由的环境　人文的精神　无限的可能

015　天下兴亡　匹夫有责　深味斯旨　无愧前哲

017　攻坚克难，不避艰险：创新活动的核心精神

020　青年人如何克服焦虑

024　什么是师生传承

027　从学生到老师

049　成功之人须三条件

050　学习与学问

对教师同仁

055　"新文科"与中文学科人才培养

061　把研究生培养成学术人才

065　谈谈博士后的培养

070　谈谈"双一流"中文学科建设中的创新团队

076　如何构建中国特色教材体系

082　谈谈学术评价中的"非量化因素"

088　爱护学校，爱护老师，爱护学生

098　网络空间学术工作的一个例子
　　　——《王小舒文集》编纂情况报告

102　传统道德教育的生动性、科学性和持久性
　　　　附：义仆张妈事略

106　答靳永同志问余字号

人物专题研究

111　纪念饶宗颐先生

113　我所认识的白化文先生

118　怀念冀淑英先生

124　文化传承：如何弘扬李清照、辛弃疾的精神

128　漫谈周一良先生与二十世纪学术界

143　记董治安先生的几件事

151　向吴格先生学习
　　　——在吴格先生荣休纪念暨《文献形役录》新书发布会上的发言

156　关于《红楼梦书录》作者"一粟"是谁

古籍整理出版

161　谈谈版本学与校勘学的相互为用
　　　——以《十三经注疏汇校》为例

176　关于《清人著述总目》出版情况的说明

178　整理经典文献　赓续中国文脉

188　中国学术史的一次"大洗牌"
　　　——《四库全书总目提要》漫谈

221　文献学方法的历史、由来及现实意义
　　　——兼谈纂修《中华典籍全书》的必要性

232　怎样研究民国时期古籍出版史
　　　　附：山东省图书馆藏珍本别录

261　"《永乐大典》存卷综合整理"项目的规划与实施
　　　　附：《永乐大典》存卷综合整理研究项目论证报告

274　对高校古籍整理研究工作的几点建议

277　统筹布局　提高质量　面向未来
　　　——学习《关于推进新时代古籍工作的意见》的体会

288　日本收藏经典古本举要

294　《梅贻琦致朱自清等函底》及其他

325　文言文标点的特殊性

327　附录一：上海博古斋阅书记

333　附录二：壬寅年校经处推荐宋云彬古籍整理奖备选书目

序言与发刊词

355　书家刘元堂之学问

357　《古有意》序

359　《石刻中的山东古代社会》序

362	《桑榆书谭》序
364	《邢侗著作全编》序
366	《文学天地》发刊词
368	《山大草木图志》序
371	《中国小说论坛》发刊词
373	《上庠振铎录》序
376	《明代内府刻书考》序
379	《中国诗史》影印说明
384	《中华三千年文学通史》叙例
387	《王献唐往来书信集》序
389	《山东高等学堂明儒学案讲义》影印说明
391	胥润东整理《盐亭县志五种》序
393	《梁玉绳研究》序
395	《中国社会科学院世界宗教研究所文博馆藏珍本汇刊》序
399	《高等学校中文一流学科参考教材》前言
402	《明清时期山左新城王氏家族文学研究》序
405	《涵芬楼烬余书录》序
408	后记

致莘莘学子

尼山学堂的历史使命

一、尼山学堂的历史使命

尼山学堂回头看，诸君是第十届。浙江大学古籍所有一位副所长叫贾海生，是从兰州的西北师大到浙江大学做博士后，然后留下的。在西北师大有位老师，叫郭晋稀；郭晋稀先生有位老师叫曾运乾。在民国年间，传统音韵学代表性的人物是黄侃、曾运乾，他们的结论几乎是一致的，而方法不一样，甚至现在认为曾运乾的方法更先进。不过曾运乾主要的功夫在于研究古代的数学。他当时有一本书。因为前面我在带着学生们做《尚书注疏汇校》，花了若干年的时间，有些地方费解的时候会查别的书，比方说会查王先谦的《尚书孔传参正》，这个是今古文都有的，伪古文也在内的；还有的时候也看屈万里先生的《尚书今注今译》，这个看起来好像比较容易懂。屈先生是山东鱼台人，曾经是山东图书馆采编部的主任——

山东图书馆当时的馆长是国学大师王献唐,日照人——他应该是王献唐的学生,历任台湾大学教授、"中央研究院"史语所所长、"中央图书馆"馆长,同时还是东吴大学兼职教授;在台湾大学有好几任的中文系主任都是屈先生的学生。看屈先生这本书,我感觉还是比较好的,容易懂,也准确。而曾运乾的《尚书正读》没有什么旁征博引,伪古文也剔掉了,只是标点本,三十二开、三四百页。但这本书倒可以买一本,因为当你感觉到迷迷糊糊,看了几家也不是很明白的时候,看了曾运乾的解释,就觉得非常好。曾运乾在音韵学方面的名声不是很显赫,因为他只教了一个徒弟,就是郭晋稀;郭晋稀先生也只传了一个人,就是贾海生。

贾海生老师在继承曾运乾的音韵学这方面可以说是非常关键的一个人物。他对《周礼》《仪礼》《礼记》都有很深的研究,把目前出土的青铜器铭文几乎都看了,从里面寻求相关的信息来和《仪礼》对照。他写了一些文章,大概每一篇都在七八万字左右,甚至有的能达到十万字。我认为他是一位高人,当然我们没有这样的机会来请他给尼山学堂上课。他是邹平人,邹平倒也出了一位人物——伏生,汉朝初年传《尚书》的伏生,是贾老师的乡前辈。贾海生先生对尼山学堂极为赏识,认为这是目前最为理想的培养国学人才的一个学堂,说尼山学堂要是招满十届的话就了不得了。我当时说,可能能招满。招满第三届的时候,我就给同学们说过:"假如因为不可抗拒的原因不能再招,也就是说只招了三届,那么尼山学堂如果能成功的话,也就成功了。"什么意思呢?尼山学堂能不能成功,终要在十五、二十年后来看。也就是说,它成功与否的最好证据是在座的各位是否成了杰出人才。

什么叫杰出人才呢？就是具有跨一级学科的影响力的人才。比方说，季羡林先生是什么单位？北京大学。北京大学的什么系？东方语言文学系，叫东语系。季先生是山东临清人，在济南上了八年的中小学，业余班只上古文和外文，他背了大量的古文，外文学得特别好，他最拿手的是吐火罗文。这种在西域早已死亡的文字，全世界没几个人认识。他曾经向陈寅恪请教（因为他是清华大学的学生），陈先生就推荐他上德国去学。季先生在德国的老师应该是这个世界上少有的吐火罗文专家，在第二次世界大战应征入伍的时候，他就把季先生托付给了自己的老师。季先生在德国学了十年，二战结束才回来，到了北京大学。当时北大的副校长汤用彤（有个儿子，叫汤一介）和陈寅恪他们都是哈佛大学回来的，但都没有拿到博士学位。你们现在可能觉得很难理解。（因为他们）没有这么多钱，选择了不要学位，要学问，这可能和我们现在的理念不太一样。所以，贾老师对尼山学堂的重视，已经超越了所有的文凭、所有的名分，是希望我们能够出一些杰出的人才，他大约相信一定能出一些人才。

季羡林先生他不是我们学科的，非文非史非哲。他是东语系的，学吐火罗文，为什么他会具有跨学科的影响呢？这就叫杰出学者。优秀学者也不过是在本学科领域内具有影响力。当你是一位历史学家，知道你的都是历史学科的；出了历史学科之后，知道你的人就非常罕见了。但你在历史学界还是享有盛誉的，这属于优秀学者，不是杰出学者。学堂要出杰出学者的话，很可能要二十年才能看到，所以我们现在说尼山学堂很成功，没证据。

为什么说当招三届的时候还没有杰出学者的话就可以停止招

生?因为如果三届学生都没有出一个杰出学者的话,就说明学堂的路子不对。我作为从业人员,在这个行当里至少不是门外汉。从我的个人成长看,尼山学堂肯定是对的。也就是说,尼山学堂会出现杰出学者,也会出现优秀学者。优秀学者至少代表本学科的先进水平,而杰出学者比这还要高。我们具有培养杰出学者的条件,因为我们是跨学科的教学。像王学典院长所说的,非文非史非哲、亦文亦史亦哲。这是尼山学堂真正的好处。

二、尼山学堂如何培养人才

1. 课程设置

尼山学堂在我们国内是非常独特的。我最近这几天都在加班加点,一直加到今天六点半,完成了中国语言文学学科建设的起草论证工作。昨天校长问我们到底需要什么制度,我就和起草小组的几个教授讨论怎么样才能出现杰出人才。难道我们真不知道吗?我们肯定是知道的,可是我们写出来的这个论证,为什么和人家差不多呢?就是因为我们在遵守着一些固定的思维模式。所以我说了几条,第一条就是要改变招生制度。对尼山学堂来说,这个改变是什么呢?当你进入大学之后,比方说,你考上了文学院中国语言文学专业,也要进行一次入学考试,通过这个考试来分班。分什么班?如果要学习文学理论、美学,就到那个班;学习语言学,就到这个班。分完以后,把我们所有的课程分作两部分,都是必修课。其中一部分叫做专业基础课,也就是说,中文系必须学这一些课,包括:古代汉语、现代汉语、语言学概论、古代文学、现当代文学、文学概论，只有这些课是必修课。其他的课都各归专业了，比方说我要讲美学概论、西方美学史，那到美学班去就好了。两门课加起来才能打个底，当然还需要有若干门选修课，这是教育部的规定。也就是说要做专业课的切割，必修课都得修，然后专业课要分出来，不能够无差别培养，无差别培养是出不来人才的。

尼山学堂的招生，大家知道是一张考卷，就是一段文言文，来自于二十四史。大家面对同一张考卷，考进来了——即使你考得很靠后，因为最后一名也是已经考上山东大学，不差，那么入选的这个二十多名学生，当然都是优中选优了。这样我们培养起来才能步调一致，大家在一起得有共同的根基。但是你有这个根基，你不一定成为一类人才。我们说尼山学堂是个大花盆，有很好的土壤，很好的肥料，很好的水分，很好的阳光，但不可能开一种花。为什么不能开一种花呢？因为人性是不一样的，而人性不能改变。也就是说，我给你同样的条件，由于每个人是不一样的，就不能走同一条路。我们也出了学习人类学的学生，比如刘芝茜，她到了贝鲁特美国大学学习人类学，这是中东地区排名第二的大学。中东地区非常乱，但是她去了，硕士毕业以后就被哈佛大学选中为博士生。在她上本科的时候，有一篇论文被南开大学历史方面的一个学会选中了，尼山学堂就给她解决路费、住宿费，让她去开这个会。当然推免硕士生的时候，她第一时间就放弃了这个推免名额，让给了别人，说要出国。我们是百花齐放，但是我们也有个共同的根，要不然的话，我们怎么能坐在一起学习呢？我到文学院当院长，就没有办法这样招生，我说了不算。他们有教育部的教学大纲，无法超越。

但尼山学堂要开什么课，我可以说了算。我们开教授会议，根据章黄学派的黄侃先生国学的开课框架来开课，根据台湾大学、北京大学在中华人民共和国成立以前的门类来开课——叶国良教授是台大文学院院长，他给我提供了这些东西。其他的院系没办法改变开课框架。也就是说，你招来了好学生，你必须给他摆上这样一桌菜，才能成才。不是说摆够样数就行，这个质是不同的。当然，你要开这个课得有这样的老师，我们山东大学无法凑够这些老师，于是就在校内外请老师——不会因为没老师而不开这门课，因为这门课是不能没有的。《周礼》《仪礼》《礼记》这种课非常难找老师，但我们都找到了心目当中理想的老师。那么招来好学生，开了好课程，找来了好老师，达到这三好，才能培养出好学生。其他哪个院系能办得到？其实我填的那个表上的这些所谓的办法，就是尼山学堂的办法。只有咱们尼山学堂是这样。我想在未来的十年、二十年、三十年间，要在国学行当具有较高的能力，可能都是尼山学堂的学生。

2. 培养模式

现在我们国家出土了一些竹简，主要是湖北地区的楚简。简出来以后，总得有人先认识上面的字。认识的人大半都是吉林大学毕业。为什么？因为他们有一门课叫文字构形学——专门认字的学问。认识这个字能不能知道它是什么意思呢？不一定。《老子》这本书我们有多少字不认识？不多吧。《老子》我们能够很好地解释吗？很困难吧。所以认完了字以后，接下来的第一件事情是训诂，就是要知道字义和词义。和训诂学绑在一起的是古汉语语法，这是锋利的武器。因为语法不仅仅是字词的排列规律，同时还是大量的令人难以捉摸的虚词、虚字的运用规律。可这些虚词大多由实词虚化而来，单纯的语法功能无法翻译，所以要学训诂学，同时学习古汉语语法，这样你才能够在字都认识的情况下来解释这个文本。训诂学又有赖于字形，我们汉字是表意的，同时有所谓因声求义或通假。此时，训诂学的辅助手段是文字学和音韵学。当然，你要是学习古代诗歌的声律，那主要学习的是音韵学，那就不是训诂学的辅助了，另有其功能。我们就是要进行这样一些专业的训练。

当然，在这之外，也要进行论文写作的训练，就是我们一年一度的论文报告会。这种训练非常重要。换句话说，究竟是打好基础再研究呢，还是一边研究一边读书呢？应该是一边研究一边读书。打好基础再研究不现实。为什么不现实呢？因为人生太短，来不及，道理非常简单。文学院大一的学生，我给他们讲修身课，带他们到灵岩寺去考察，让他们一人认了一块碑，录入标点。有很多人字都不认识，（因为有很多的）俗体字、异体字。他们来问我，我让他在群里拍照问，就有人马上能认出是什么字，也就是说这个学生有专长。其中一个学生，他认的那块碑是元朝的，上面写着灵岩寺从余杭——现在杭州余杭区——那里请来一部大藏经。我问这位同学，你知道这部大藏经是什么藏吗？他说不知道。那我说你查查中国的大藏经有多少？没几部！全世界也没存多少，然后福州鼓禅寺有的，宋元之间也有，明朝也有《南藏》《北藏》，明朝末年还有《嘉兴藏》。这个藏是哪一部呢？他查了：在元朝，余杭有个普宁寺，它的一部藏叫《普宁藏》。那我问《普宁藏》到灵岩寺这件事情，有人知道吗？《普宁藏》还有传世的印本吗？他说有，不多。他根据这个碑来查考，这部大藏经刊刻成功的时间，几乎就是灵岩寺（离济南 80 里路）获取这部大藏经的时间；也就是说，它是现在已知的《普宁藏》最早的一部印刷本。可惜这部书已经失传了。他这个收获具有创新性，也可能不是很大的事情，但可以说是有所发现、有所发明、有所创新，这是非常可喜的。一个大一的学生，他有多少学问，连碑都断不开句。难道他不能从事研究吗？难道要把"五经四书"都读了才能知道《普宁藏》吗？不是那么回事儿。也就是说，"打好了基础再研究"这一结论和方法都是不成立的。但是毫无疑问，将来你能成为大学者不是靠这种很偶然的发现，系统的基础训练是无法绕过的。这个大一学生从事的这种研究是抽查式，或者在考古学上叫"盗墓式"。由于他掌握了这个墓葬的结构，直接打洞下去，拿了宝物出来；并不像我们的考古学家要讲地层，像开露天煤矿那样大面积地动土。但你得承认，我们现在考古学家的很多本事都是盗墓人发明的，连这个铲子——洛阳铲都是盗墓人搞的。如果他不行的话，你为什么要向他学习呢？所以这个研究方法应该是灵活的。我相信通过他整理灵岩寺这块元朝的碑，他会有一系列的学术收获。比方说他知道了佛教大藏经在中国历史上刻过几次、有哪些存在，几十年也忘不了。你要他看这方面的书，他大部分都记不住。为什么呢？因为他带着这种探索的任务去看书的，对他大脑的刺激程度很深，所以他忘不了。第二点，就是对灵岩寺的碑刻有什么用，他就明白了——看着没什么用，实际蕴含着信息，就看你能不能看明白了。另外，我们大一的学生繁体字也认不全的，当然他可以有第三种体悟：大量在我们今天看来是简化字形式的汉字，在这块碑上已经是这样，而它对应的还有一个繁体字形，当年却没有用。也就是说，不是我们今天的简化字转繁的时候都转成繁,说不定还有转简的。这类情况还是比较多的。就像"干勾于"不能乱转,《尚书》里面基本上都是"干勾于"。像这类问题,不看原典、不看辛亥革命以前的出版物、不看1949年以前的版本,你无法认识简化字之前繁体字系统是什么样的。我们现在用的课本,也都是新时期整理的古籍整理繁体字本,还不是1949年以前的。当然要在电脑上调出图像来对我们来说毫不费事。问题是你有没有这样的一种愿望,如果有,比如说因某种需要,要检索1949年以前的版本,可能你就进步了。汉字是中国文化一个巨大的成就,它不是遗产,至今还在使用。但是创造汉字——并且从创造之日起不断地改进、增加,当然也在减少,也在规范——这一项活动,很多人都做出过贡献,它是一件了不起的文化成果。我们当然得学习汉字,因为我们要看的书都是汉字记载的,认字的学问就是一门大学问。

尼山学堂开这些课,是经过反复的讨论,怎么样把你们培养成高水平的人才,所以希望大家要有自觉性,也要有使命感。为什么?我们再不培养的话,我们高端人才就要断了,会非常少,比起老辈来说会出现倒退。其他地方我都管不了,尼山学堂应该有这个使命感,甚至应该有这个危机感。现在人才匮乏,就算硕士生、博士生满天飞,但高级人才、学问精到的人才的比例非常低。在座的各位,将来能够成为学问很精到的学者,这是我对人家的一个期盼。

我的讲话可能和今天的主题不合拍,太严肃了。但是办尼山学堂对我来说,是件非常大的事情。我们从办尼山学堂到现在,校长已经换了三届,每一届都非常重视,不是一般的重视。但我们现在无法去宣传，更不能去推广。学校能给我们开出一片自留地来，这真是校领导一个了不起的举措，将来说有什么功的话，首先是校领导的功劳，尤其是徐校长、张校长，非常了不起。我们现在的樊校长是经济学家，她也是尼山学堂创办人之一，她肯定知道当年创办学堂的初衷，也看得见我们的成果。

这是纯粹的事业，没办法从其他的方面衡量。希望你们在尼山学堂也要首先考虑这个任务，然后再考虑你的毕业、你的工作——我想大家不可能找不到工作，你的未来这些看得见的东西，要先把学业做好之后再来考虑。

（本文为 2021 年 9 月 18 日在山东大学第十届尼山学堂开班典礼上的讲话。尚树青、魏辰羽整理）

自由的环境　人文的精神　无限的可能

2020年尼山学堂毕业生与往届不同，因为疫情，没有集体举行毕业论文答辩，没有集体举办毕业典礼，更没有一起举杯话别。不过，这一切没有妨碍本届同学圆满完成学业。毕业论文答辩虽然网上举行，但就我的感受，丝毫不影响答辩的水平。就诸君的论文而言，也不乏佳篇精制，较之往届，不遑多让。现代化的网络教学技术，使我们师生虽然相隔千山万水，感觉就在身边，所谓天涯若比邻，洵非虚语。在5月13日尼山学堂第七期韩超同学等发起的招生宣讲会上，有八位同学作了经验分享，这些同学对尼山学堂学习和生活的体会，真挚感人。我在会后摘取部分同学的发言，向学校领导郭书记、樊校长作了汇报。一是周浩贤同学说，进入尼山学堂就好像进入了一个好人的世界，大家没有不好的心思，都在发奋读书。一是邓祥云同学说，尼山学堂的老师学问大，也很风趣，热心回答问题，聊得那么好，我们就像被很多家长爱护的孩子。两位领导阅过也深为感动。我还摘取了另外两位同学龙康、王世藩的发言，总结为尼山学堂风格三句："自由的环境，人文的精神，无限的可能。"这三句实际上是尼山学堂同学的共识。5月17日至18日，通过网上考试，尼山学堂从77名山东大学大一在校生中录取了第九期26名新同学。毫无疑问，尼山学堂国学人才培养实验班已经形成了独具特色、行之有效的高端人才培养机制，在未来的国学研究和教学工作中，尼山学堂出身的专家学者将扮演举足轻重的角色。世界上任何国家，任何民族，要自立于人类文明之林，都不能没有自己的文化传统。中国的文化传统需要强有力的继承者和弘扬者，尼山学堂诸君责无旁贷，并且当仁不让，这是肯定无疑的。在即将毕业之际，学堂编辑纪念册，嘱余一言，以冠篇首，因缀数语报之。杜泽逊2020年5月27日夜。

（本文为2020年尼山学堂毕业纪念册题词）

> 天下兴亡　匹夫有责
> 深味斯旨　无愧前哲

尼山学堂八期将毕业，诸君辑纪念册，雪泥鸿爪，足备他年之怀想。白君宇龙任其事，嘱余一言，用题卷端。愚谓一国之立于世界，赖文化；文化之存于久远，赖书籍。尼山学堂之设立，宗旨在培养国学人才，则于中国古籍之研读，为终身业，不可须臾懈怠也。本届同学2019年下学期考入尼山学堂，明年初疫情爆发于江城，遂奉命家居以避之。其间课业，或腾讯，或慕课，或读书，未尝中辍。至九月始返校恢复课堂学习。今年五月一日，学校发现感染者，旋即奉命迁长清、莱芜诸地，隔离观察十余日，乃阻断传播，安全返校，卜距毕业离校才月余。当疫情初起，百姓不能无恐慌，闭门谢客，坚守不出户，而日用不备，其势固难持久。更艰巨者，武汉救灾，八方驰援，建医院，顾病人，输药剂，供米蔬，谁任其劳，谁担其负，医生护士在前，志愿人士在后，感天地，泣鬼神，无足以喻之也。本班同学有陈一娇者，家青岛，即于社区参加志愿者服务，涉险而不惧，临危而无悔。天下兴亡，匹夫有责，陈君深味斯旨，无愧前哲，是尼山学堂诸君子堪当大任之征也，特书之以谂世人，并与尼山学堂同学共勉之。2022年5月31日杜泽逊恭序。

（本文为2022年尼山学堂第八期毕业纪念册题词）

攻坚克难,不避艰险:创新活动的核心精神

各位研究生同学们,今天我们举办一个特殊的毕业典礼。由于疫情原因,只能保持一定距离,但我们的心是连在一起的,情谊是深厚的。在毕业之际,我给大家说几句话。

人这一生都在不断奋斗,不断用劳动换来果实,而且我们的追求是越多越好。那么,怎样才能用劳动换来更多的果实呢?答案是,让你的劳动有更高的创新含量。

有的同学要进一步深造,读博或者考博。学术研究的追求,是有所发现,有所发明,有所创造。但这还不够,有的成果确实有所创造,但你的创新成果,创新性不够强,创新难度不够大。如果是历史真相的揭示,那么,在证据和结论间是直线,难度就不够大。是曲线,甚至是复杂的网状路线,难度大,你的学术含量才够大。如果是演绎推理,你的推理过程不复杂,成果也就不够高。我希望我们的同学在科学研究上能够攻坚克难,不避艰险,攀登科学的高

峰，不但有创见，而且这个创见要有两个优势，一是可以持久，二是别人难以超越。

有的同学要从事社会工作，到事业单位，到企业，到媒体，等等，毫无疑问，都需要创造性地完成工作，不断登上新的台阶。

近代出版史上商务印书馆是亚洲最大的出版企业，创始人夏瑞芳、鲍咸恩、鲍咸昌，都是排字工出身，没有什么高学历，也没有什么贵重身份。后来业务发展了，聘请参加过戊戌变法的文化名人、翰林张元济先生作为领导人，在近代文化史上树立了一块丰碑。

人民文学出版社已故的编审陈新先生，也没有高学历，校对出身，但是在工作中不断学习，不断进步，成了一位著名学者，退休后被北京大学聘请为《全宋诗》五主编之一。漆永祥教授在《中华读书报》（2018年6月13日第7版）发表过一篇文章《怀念陈新先生》，建议大家看一看。我认识陈先生在1986年，我的硕士论文答辩是陈先生主持的，我认陈先生为老师，我结婚时陈先生送了一床毛巾被，至今我还留着。漆永祥教授说："陈先生由一个小学生水平的学徒，成长为一名学问湛深的学者型编辑。""所有与陈先生有过接触的晚辈，都无不敬佩他的博学。"他的成就"如铜墙铁壁，万仞高峰，你穿不透，也达不到"。漆教授这个话说得好，说得到位。我就是与陈先生接触不算少的晚辈之一，有着同样的切身感受。《全宋诗》完成时，陈新先生有一封长信给我，谈了许多宝贵的感受。他的字很难认，我感到这封信是学术史上的重要文件，怕后人看不懂，就恭恭敬敬用楷书抄了一遍，与陈先生的信钉在一起。北大编《陈新先生文集》，我把这封信贡献出来了。

我们今年碰到了就业困难，请问就业再差，能比夏瑞芳当排字工、比陈新先生当学徒更差吗？他们为什么能成就大事业，成为有贡献的文化名人？靠的是奋斗。"攻坚克难，不避艰险"，我认为这八个字是我们从事创新活动的核心精神，我希望各位用这种精神武装我们的头脑，用智慧，用勤奋，用韬略，创造出辉煌的业绩。我相信，我们的同学一定能达到这一目标。祝同学们前程似锦，一切顺利！2020年6月26日夜。

（本文为在山东大学文学院2020年研究生毕业典礼上的讲话）

青年人如何克服焦虑

各位老师，各位同学，今天我们为 2021 届毕业生举行毕业典礼，对各位同学圆满完成一个阶段的学习任务，表示祝贺！这是人生道路上值得纪念的时刻。

昨天我奉命接受学校安排的采访，其中有个问题，青年学生如何克服焦虑。我说焦虑来自成绩，来自排名，来自升学，来自工作，来自恋爱，来自婚姻，来自升迁，即使退休了，还要为子女的进步而焦虑。焦虑陪伴一生。

焦虑有的来自个人精神疾病，那只能去就医，经过治疗可以好转。更多的焦虑则来自所谓竞争的压力，从孩子未出生就要进行胎教，说什么不能输在起跑线上。孩子生下来就进入幼教、儿童教育、学前教育、课外辅导，总之，人家有的我们要有，人家没有的我们也要有。有条件要上，没有条件创造条件也要上。国与国之间是这样，人与人之间也是这样。竞争是人类进步的动力，这本来是再正常不过的道理。不引入竞争机制，社会发展是很不容易的。竞争机制，包括各式各样的考试、比赛、排名、评优、评奖，目的是让那些优秀分子从普通人群中脱颖而出，袁隆平、钟南山、屠呦呦都是这样从普通人群中凸显出来的。所以，竞争、选拔并没有什么不合理，关键是我们如何对待竞争和选拔。

我觉得对待竞争和选拔，一个重要的思路是实事求是。人无远虑，必有近忧，人生在世，除了吃穿住行这些基本生活条件之外，还有精神追求。精神追求就是追求精神满足，这种满足形形色色，包罗万象，但主流或核心的精神满足是理想的实现和成功的感受。如果理想老是实现不了，而又不能放弃对理想的追求，那就会一直处于焦虑和失望之中。为什么理想实现不了呢？一是懒惰，希望撞大运，希望不劳而获。二是理想定得太高了，高不可攀。人们的焦虑来自第二种情况，也就是理想定得太高的居多。自己的能力才分到底有多大多高呢？要有个实事求是的评估，不能老是看着别人，而要重点看你自己，量力而行，定出合乎实际的奋斗目标，这个目标虽然不能一蹴而就，但经过艰苦努力总是可以实现的。所以，问题的关键还是理想定得太高，脱离了个人能力这个实际，或者脱离了客观条件这个实际。我自1987年研究生毕业留在山大古籍所工作，至今已经34年了，一直秉承一个原则：由易到难，由近及远。先把能做的事情做好，循序渐进，能做多少做多少。做不了的暂时不做，等待条件成熟的时候再做。1987年我研究生班毕业留古籍所工作，所领导霍旭东先生派给我的任务是做王绍曾先生的助手。王先生承担了国家项目《清史稿艺文志拾遗》。《清史稿艺文志》是北洋政府时期纂修的《清史稿》当中的一篇，记载清朝人著述九千种。20世纪50年代中国科学院图书馆的武作成先生编了《清史稿艺文志补编》,增补《清史稿艺文志》以外的清人著述一万多种。王先生的《拾遗》就是对《清史稿艺文志》和武作成《补编》未著录的清朝人著述再编一个目录。这里有个问题:清朝人到底写了多少书呢?当然谁也不知道。既然不知道,你那个《拾遗》还是个半拉子工程,什么时候可以调查清楚清人著作的全部情况呢?我可以告诉各位,这个问题到今天仍无答案。那么王先生的《拾遗》就是本着这样的态度,对《清史稿艺文志》和武作成的《补编》没有记载的清朝人著作,有一种收一种,有两种收两种,收得越多越好,但不可能收全。经过八九年努力,十几个人参加工作,《清史稿艺文志拾遗》共著录清朝人著作五万四千种。这部书目由中华书局出版,获得教育部一等奖。这是我们国家文科科研成果最高奖项。

2000年,国家决定重修《清史》,这次修清史,仍然要回答一个问题:清朝人到底写了多少书?这是认识清朝文化成就的一个参照。戴逸先生问我,我说十万多种。为什么这么说呢?《清史稿艺文志》著录九千种,武作成《补编》著录一万多种,王先生的《拾遗》著录五万四千种,总共七万五千种。我可以在此基础上再增加三四万种,也就十多万了。国家清史委的《清人著述总目》的任务交给了我,王先生那时年纪大了,无法再从事这类艰苦的工作。我发动了三百多位学生和部分专业人员帮助抄卡片,共抄写卡片一百三十万张,经过合并重复、取长补短,共获得清朝人著作的记录二十二万七千种,这就比以往的已有调查研究成果七万五千种,增加了十五万两千种,净增加二倍。这一成绩值得满足,但实际上,仍然不全。所以对待这类工作,我们只能由易到难,由近及远,循序渐进,不能脱离实际,总希望一步到位。我们对学习成绩,排名,评优,评奖,考研,考博,都要本着实事求是,量力而行的态度,有多少能力办多少事。别人能力大,走在前头,我们就踏踏实实跟在后头,一步一步往前走。1985年我大学毕业,没有推荐上研究生,那就自己努力考吧。研究生毕业就工作了,没有考博士。那时候生活困难,只想早点工作,减轻父母的负担,也为家里做点贡献。当时全国考博士都很冷门,听说有的名教授居然没人报考,招不到博士生。这就是实事求是,不好高骛远。我希望我们的毕业生,下一步无论是继续读研读博,还是走上工作岗位,甚至于连工作也还没有落实,都要实事求是制定自己的近期目标和长期奋斗目标。只有实事求是制定目标,才能一步一步实现目标,才能有成就感,才能有幸福感,才能有效地克服焦躁。实实在在做人,踏踏实实做事,比什么都重要。这是我送给各位毕业生的建议。最后,祝各位同学在追求理想的道路上一切顺利,在未来的学习工作中做出令人尊敬的成绩。谢谢! 2021年6月21日夜。

(本文为在山东大学文学院2021年毕业典礼上的发言)

什么是师生传承

各位老师，各位同学，下午好！2022年山东大学文学院毕业典礼和学位授予仪式，有非同寻常的意义。首先我代表文学院祝贺各位同学圆满毕业，祝各位在新的学习、工作岗位做出更优异的成绩，有个美好的前程。

今年的毕业典礼，是在战胜疫情的情况下举行的，是充满自信、充满希望的一次毕业典礼。人生是什么样的？对各位来说刚刚开始，在这里我给大家讲个故事。

陆侃如、冯沅君夫妇，是我们的古代文学著名教授。陆侃如先生的父亲是南通海门的乡绅，支持新四军，与陈毅同志很友好。前夫人去世后，续娶，生次子陆晋如。对陆侃如先生来说，继母的年龄和自己差不多，继母生的弟弟也就和儿子年辈相当。陆侃如先生的父亲去世后，陆侃如先生的继母、弟弟，都来到青岛山东大学和陆侃如、冯沅君夫妇一起生活。家里四口人。后来山东大学迁济南,他们就来到济南。陆侃如先生的继母、夫人冯沅君教授,先后去世,陆侃如先生中风偏瘫,因形势不正常,住在一间小房子里。在这种困难情况下,弟弟陆晋如辞去了工作,照顾自己的哥哥陆侃如,长兄如父。陆侃如先生去世后,陆晋如因为没有工作,生活出现了困难。这时候,陆侃如的弟子牟世金先生,给海门地方政府写信,说明情况。海门地方政府给陆晋如安排了工作。陆侃如先生晚年,曾赠给弟子牟世金一部分专业书籍。牟世金先生尊师命挑选了一箱书,开了目录,请恩师签了字。陆侃如先生的研究生有一位刘文忠先生,毕业后到北京工作,后来是人民文学出版社编审,兼任过文心雕龙学会秘书长。陆侃如先生去世后,刘文忠先生积极促成人民文学出版社出版陆侃如著作《中古文学系年》。这部手稿是陆侃如先生花费多年心血写成的,毛笔书写,共13册。为了不让排版人员损害导师的手稿,刘文忠先生夫妇手抄一遍,拿手抄本交给排版人员,而把原稿送回山东大学中文系保存。陆侃如、冯沅君教授早年合著《中国诗史》,由大江书铺出版,上中下三册,是一部名著。50年代,作家出版社邀请再版。当时陆侃如先生已经重写了上册,中册则由陆侃如在大江本上修改,下册由冯沅君在大江本上修改。这部底本一直保存在作家出版社(当时与人民文学出版社是一家两个牌子),直到数十年后,人民文学出版社清理仓库,才发现这部手稿。刘文忠先生把这部手稿领回家,精心保管,直到2019年8月才电话通知牟世金先生弟子、山东大学儒学院教授戚良德,表示要交给山东大学文学院。戚良德教授约我一起到北京刘文忠先生府上取回这部手稿,征得陆晋如先生之子陆东生先生同意,捐给了山东大学文学院。本来计划2020年春天举办陆侃如冯沅君学术讨论会暨《中国诗史》手稿捐赠仪式,因为疫情没有实现。2021年4月才得以举行。刘文忠先生坐轮椅来到济南,出席会议,大会发言,回忆陆侃如先生往事,痛哭失声。陆东生先生没有来过济南,这一次参加会议,参观了他伯父伯母工作的山东大学,和刘文忠先生长谈,他告诉我和刘文忠先生特别亲。刘先生问到他的家庭和孩子。七个月后刘文忠先生去世了。

从陆侃如、冯沅君先生,陆侃如先生的父亲、后母、弟弟,到陆侃如先生弟子牟世金、刘文忠,再到牟世金先生弟子戚良德等一批教师,现在他们也五十多岁了,可以看出什么叫传承,什么叫传统,什么是父子、兄弟、师生,这些关系与国家紧密相连。希望我们的学生认识自己的父母,认识自己的老师,把这个班接过去,薪火相传,让国家、人民、学校、家庭、个人,一步一步走向美好的未来。2022年6月21日中午起草。

(本文为在山东大学文学院2022年毕业典礼上的讲话)

从学生到老师

尊敬的刘校长、程老师、施老师、曹老师,还有各位同学们大家好!

今天承蒙刘利校长要我讲一次课,我根据三立学堂的要求报了一个题目——"从学生到老师"。这个题目,是要谈我的经历,但需要找到一个立足点。我准备从三个方面来说:第一,怎样当一个好学生;第二,从学生到老师的转变;第三,怎样当一个好老师。这样就能把我的工作结合起来。

一、怎样当一个好学生

我家是农村的,我祖父没上过学,外祖父好像也没上过学,所以就是农村的普通家庭。但是,我的父亲是个老师,从小学到初中到高中毕业班,我父亲全都教过。主要是教语文,也教过多年的数学,还教过农业。因为在这一个历史时期,我们农村有个中学叫陈楼农业中学,简称为农中。这个中学里有土地,有农业课,所以我父亲也教过农业。我也见过他的备课本,上面画着一些植物的叶片,都是用钢笔非常仔细地画出来的。所以说从我上学开始,家里就有老师。这跟一般的学生有点儿不一样,或者说我是比较优越的。我父亲是一个非常受人尊敬的、博学的、会讲课的老师。他现在年纪大了,早就退休了,但还是经常有学生到家里去。

我父亲是老师这对我的影响非常大。但他是老师,而我是学生,这是截然不同的。学生要面对什么问题呢?简单地说,就是考试,无休止的考试。我父亲在滕县一中,也就是今天的滕州一中上初中,初中毕业就考了滕县师范。他在滕县一中上初中的时候,成绩是四个班的第一名。我父亲说,那个时候有的同学晚上还在路灯底下看书,而他总是按时睡觉,按时起床的。

我上小学的时候成绩还不错,基本能考到第一第二,但是我很少能考到一百分,总是会出一点小错。所以,我父亲曾经跟我讲:"你还是不够仔细,还可以再仔细一些。"这句话至今仍然时常提醒我,在任何事上都要争取不出错。我对我儿子也变相地提过这样的要求。他曾经给他的老师刘晓东先生在电脑上录入文件,录入完之后让我看,我有时也会发现一两个错字。一次两次三次之后,我就跟他说:"你能不能争取一个错都没有。"我想这可能对他也产生了影响。我们文科,尤其是中文学科,要求最严格的、最具有科学色彩的就是语言学,理论上讲一个错都不能有。所以我觉得,我父亲的话对我产生了不小的影响。

我初中的时候参加过物理竞赛。起初是在公社参加。后来还冲出了公社，到县里去参赛，不过没有获得名次。高中之后，我的物理和数学成绩不行，但语文、政治成绩很好，并且学起来不费事。我发现自己开始偏科了。我对偏应用的数学几何、物理电路，一开始还比较感兴趣。但是后来，学到一些比较高深的力学，还有解析几何时，成绩就不好了，在中下游了。我觉得照着那个情况下去考大学都够呛。高中的最后一年，也就是高二，我就改学了文科了。而学文科又要面临历史和地理。我只学过世界历史，没学过中国历史，也没学过中国地理。于是在我改了文科以后，我父亲就给我从图书室里面找来了教材——中国历史四册，中国地理好像也是四册，总共八本书，都是崭新的，没学过。这眼看着离考大学不到一年，还有这么多东西没学过，该怎么办？不过，我发现学这些东西不是太难。我把问题归纳出来，用排除法，已经记住了就排除掉，最后也就都记住了。

当时，我对考大学也没有太大的把握，考试之前不断地模拟，成绩比较好的时候大概能拿到第四名，考个本科问题不大。我跟我父亲说："考了中专不去上。"他说："你不去，那你要干什么？"我父亲的意思是考上什么都得去，因为我两个弟弟和妹妹，他们都还在农村。如果我考上了，我父亲就可以带他们出来。没想到我最后考得超乎理想，考上了山东大学中文系。我跟程娟老师一样都是山大中文系，她是1980年考上的，我是1981年考上的，我比她矮一级。我听说自己的语文成绩是枣庄市第一名，大概也是偏科了。

对于中小学阶段，除了都一样的上课这个记忆之外，有几个记忆，我现在回想起来还觉得比较有意义。

第一件事，我小时候，经常有人来我家里找我的伯父和我的父亲写对联。尤其是我父亲,他在教小学阶段,一到春节经常三天三夜不回家。全村的对联,不敢说他全包了,但也差不大些。写对联的时候,谁家有几扇门,是单扇门还是双扇门,他都记着。因为还需要把红纸给人家裁好,一点儿料都不剩。最后剩下一些小的红纸的料,他都会再裁成正方形,用来写"福"字,写成菱形的样子,贴在门口、面缸上,或者贴在一些家具上,完全一点儿纸都不剩。写完了之后,我会帮他端到一边晾上。晾干了按一家一份再卷起来,用纸绳系成筒。然后我父亲在上面写上是谁家的,第二天人家就会来拿。除了写对联之外,就是写结婚的婚约,叫"婚启",作为正式登记之前的私下订婚的婚约,用红纸写的。

再就是办丧事,有老人去世了,要写"帐心"。办丧事,关系比较亲近的人,要买一块白色或者蓝色的大布作为帐子送去,吃饭时挂在墙上,把悼念性的话用大头针别在布上。中间是比较简单的四个字。比如说"寄托哀思"。比较复杂的就不好办了,会有典故。比方说老太太去世了,写"德配曹孟",意思是说,你的德行与曹大家(班昭)和孟母这两个人能够匹配。这四个字写在四张纸上,挂的时候得知道"德配曹孟"这个顺序。有人就开玩笑说,谁家的老太太去世,娘家写了"德配曹孟"。可是办事的人没看懂,挂成了"配曹孟德"。曹孟德曹操是奸臣,"配曹孟德"不是骂人吗?所以在客房里面一旦出了这种错误,人家是拒绝吃饭的,并且不予解释,让你很难受,说明你没文化。所以说,挂帐心是一种很大的考验,有人还写小篆,就更麻烦了。

那时候,经常有人找我伯父和我父亲替他们写对联。不仅是过年的时候,像是结婚娶媳妇也要写,更换一新啊。这是我小时候的一个记忆。有些对联我现在还记得,"春风大雅能容物,秋水文章不染尘","看门外青山绿水,问家政读书耕田",还有"劳动门第春长在,勤俭人家庆有余",也写毛主席的诗。这些书法有繁体字,是毛笔写的,再者对联理论上讲是文言文,还要讲究对偶,还要讲究平仄。我作为一个小孩子,那时没怎么注意平仄,只是背下来一些,也不是有意去背的,看着看着就记住了。这是一件事情。

第二件事就是我姑姑给我讲故事。我姑姑住在邻村,离我家二里路。她家里有姑娘五个,我表姐表妹。我姑姑每年都要来我们家,住一段时间。我那些表姐表妹都跟着来,都是小孩儿。我姑姑刷锅的时候,我在边上,她就一边刷锅一边给我讲故事,讲"呼延庆打擂""十二寡妇征西""杨家将""罗成"这一些。她也不问我听懂听不懂,也不怎么抬头看我。跟那说书的没什么两样。我姑姑只上过几天夜校,没上过学。可是从我记事起她就喜欢看书,她看的书有一些还比较深,比如说干宝的《搜神记》中华书局标点本。实际上,她给我讲的故事是听说书的或者看唱本背下来的。这对我也是非常有影响的。有一些字的读音,她念得还是旧音,比方说"给"念"jǐ";刘备的"备"她念"bì",这也都属于旧音。当然,那时我只是记得这个事情,也不知道什么语言知识。

第三件事,我到滕县县城里头上学那阵子,我父亲多次带我听说书。那时在我们当地最有名的说书人,就像现在单田芳这些人一样,叫王子祥。王子祥先生在1980年的时候,应该有六十左右了。他讲的《张方》,也叫《童林传》。《童林传》写的是雍正时期的宫廷斗争,讲的雍正皇帝杀兄霸嫂,这个里边充满了传奇,我的印象非常深。在观众到齐之前,王子祥先生会讲一些别的笑话。这个就是古典小说的所谓"楔子"。后来上大学,学习古典文学,讲到"楔子",我一听就懂了,所以对这件事印象比较深。

第四件事,我父亲从我记事以来整天躺床上看书。在农村家里,我父母住东厢房,我爷爷住堂屋。东厢房的窗户比较小,我父亲躺床上以后,书对着窗户,看鲁迅先生的《且介亭杂文》。告诉我这个"且介",就是"租界"。我真不知道"租界"什么意思,应该是我到上大学才知道什么叫租界,但当时我父亲这么说,我记住了。我还记得他看《牡丹亭》,看《萧红选集》,萧军、萧红,他们都属于抗战时期的东北作家群。我也不知道萧红是什么人物,但是父亲他在看《萧红选集》的时候,告诉我还有个萧军,我就都记住了。

第五件事是有关《红楼梦》的。《红楼梦》是我父亲特别熟悉的,不知看了多少遍。上了高中之后,我开始读《红楼梦》,我父亲就给我借了一本《〈红楼梦〉注释》。这个注释有三个作者,父亲告诉我一个叫徐振贵,是曲阜师范学院的老师;一个叫李伯齐,是山东师范大学的老师;一个叫戴磊,是山东大学的一个女教授。当时我在读高一,非常仰慕这几位作者,觉得《红楼梦》里这些看不懂的东西他们都能注释好。我看《红楼梦》就参考这本《〈红楼梦〉注释》。起初看着可能懂,又看看人家的注释,才知道自己不懂。于是就对这个注释这样一种形式加深了认识。中学教材也有注,但这种注很少去引用别的书。《〈红楼梦〉注释》不一样,一些典故、辞藻、文化知识,都是有来历的。我父亲有时候也会给我讲一讲。《红楼梦》里边有些诗词赋,像是《警幻仙子赋》,我父亲就给我讲过,我现在都有印象。1981年我考大学,语文考试有两篇文言文，不太长。我一看，这两篇我都见过，心里就不慌了。当时，中国青年出版社出了一本书叫《古文选读》，我父亲借了这本书以后说："这个你有空看看。"我都看了，但是没有特别刻意去记。但考试的时候打开一看，见过这篇文章，心情就不一样了。所以《古文选读》这本书我一直记在心上。它的书名四个字是隶书，感觉太好了。

第六件事，我上高中的时候，有一个老师，他叫刘宗洲，这个老师是山东大学历史系毕业的。到了高二，高中最后一年，他给我们上历史课。刘宗洲先生，他提到了不少人的名字，并且反复地提，像顾颉刚、范文澜、郭沫若、王仲荦、杨向奎、童书业，还有冯沅君、陆侃如、萧涤非、高亨、丁山，都是刘宗洲先生在高二阶段告诉我们的，一般教材哪有这个？有一次，刘宗洲先生在黑板上写了一篇文章的名字，叫《释三九》。他说，丁山先生讲过这一篇，中国古代的数很重要。他当时说没说《释三九》的作者我记不清了。等到上研究生，我才知道这是清朝乾嘉学派一个学者叫汪中，是训诂学家，也是一位作家，骈文写得很厉害，是扬州人，《释三九》是他的名篇。一个中学老师能提到那么多大学者，还能提到这么偏门的《释三九》。他把篇名用粉笔写在黑板上，我到现在都记忆犹新。所以，我在中学阶段，印象最深刻的老师除了我的父亲以外，就是刘宗洲先生。刘宗洲先生让我了解到了人学的老师。今天回过头来看，这些人都是我们文史学界的大师、顶尖学者，在中学，一般是不会接触这些的。

1981年高考，我考上山大中文系，我觉得这于我个人是一个大转折。四年大学，无论是对我的同辈，还是各位在座的同学们来说，中国的大学生活都是雷同。所以在中文系学习什么课，我就不说了。大学时期有几件印象比较深的事情，我在这里重温。

第一个是王力先生主编的《古代汉语》，这四本书是中华书局出版的。我们上大学的时候实际上只讲完了第一册、第二册，第三册、第四册没讲，但是我大部分都翻看过了，一直讲到了诗词。王力先生的《古代汉语》的文选部分，选到《左传》时会介绍《左传》，选了《诗经》也会介绍《诗经》这本书。除此之外，他还会介绍《左传》杜预的注，孔颖达的《春秋左传正义》。讲到《诗经》会提到毛亨的《毛传》、郑玄的《郑笺》、孔颖达的《毛诗正义》，还会介绍马瑞辰的《毛诗传笺通释》及陈奂的《诗毛氏传疏》。讲到《论语》，还会介绍杨伯峻先生的《论语译注》等。他选的这些文章都是有注释的。比如，《战国策·赵策》中"触詟说赵太后"这一篇，讲的齐国让赵太后的儿子长安君去当人质，赵太后不同意。"詟"念作"zhé"，王力先生在《古代汉语》当中告诉你，马王堆出土的帛书《战国纵横家书》中"龙"和"言"是两个字。这个人的名字其实叫"触龙"，两个字竖着写的时候，"龙"和"言"写紧了，就错成一个"詟"字。

王力先生的《古代汉语》注释非常好，选文又能兼包各体。我记得其中关于"赋"的内容，首先有汉赋，后来衍生了骈赋，还有律赋，科举考试这些知识，都是从王力先生《古代汉语》里学来的。所以到今天几十年了，我还经常会查这个王力《古代汉语》，命题的时候还会从里面翻题目，把它的注释作为标准答案，把它的文本作为可靠文本。它的通论部分介绍的语言学知识、工具书和文化知识，到现在来说都是非常重要的。它的常用词部分实际上就可以认为是常用词词典。王力先生《古代汉语》不仅仅是语言学的书，我认为在朱东润先生主编的《中国历代文学作品选》之外，最重要的文选就是王力《古代汉语》。同时，它也是中国古代文化知识的一个读本。它既是语言学，也是古代文学，还是文化知识。所以我认为王力先生的四册《古代汉语》，是我大学教材里面影响终身的一部教材。这是一件印象深刻的事。

第二个就是当时的大学图书馆可以把古籍线装书借出来。我曾经借过扬雄的《方言》，这是我国训诂学、方言学历史上的一部名著经典。我借的是《四部丛刊》影印的宋版。我用比较薄的白纸铺在上面描。在版本学上，这叫"影抄"。但是我没抄完，太慢了。这种影抄的活动。后来居然成了我的专业——版本学。我还曾经借过清代学者张玉谷的《古诗赏析》，那个是正儿八经的木版线装书。当时北京大学中文系编过一套古代文学参考资料，其中有一本叫《先秦文学史参考资料》，一个叫《两汉文学史参考资料》，一个叫《魏晋南北朝文学史参考资料》，后面就没有了。这三套书太好用了。文选有注释，有评论，有作家的传，参考价值非常大。到现在为止，我认为这是古代文学教学最好的参考资料。我从北京大学中文系编的古代文学参考资料里，发现它频繁引用张玉谷的《古诗赏析》，我想我得把这本书借来看看。这个书的内容，我也记不很清了。我真正有印象还是北大参考资料里引用的部分。这是第二个印象。

当时的图书馆古籍部可以借线装书，现在能给你看就不错了，别说是借了，看都不顺利。这个是不太好的倒退。为了古籍保护可以不借，但是应该充分地服务学生的阅览要求，同时外单位外校的人来看也要热烈欢迎,因为我们毕竟也要求人,所以要互相帮助。现在哈佛大学、东京大学、京都大学、早稻田大学都在网上往外挂出了很多珍贵的中国古籍。中国国家图书馆第一批就挂了一万六千种善本书。但是我们各大高校图书馆,正是用书的单位,却很少有积极地往外挂善本书的。我感觉到我们国家的一流大学建设还有很长的路要走,因为我们的思想还达不到一流大学的标准。

第三个就是看期刊和报刊。本来这个期刊学术刊物,像我们语言大学的《语言教学与研究》是名刊,像《北京大学学报》属于学报,咱们山东大学有《文史哲》。习近平总书记还专门给《文史哲》杂志社的编辑回信,可见领导人是多么重视。在中学里不知道有期刊和学报这回事,到了大学就可以到图书馆阅览室里随便看。我的印象非常深刻,真的是随便乱翻。80年代美学热,就看周来祥、李泽厚、朱光潜、宗白华。比较文学的就看乐黛云先生,那时候也不知道她是北大老师。还有颜学孔先生,这些人的文章,我印象中看得很多,虽然不能读懂,只瞎看,但是通过这种方式知道了大量学术刊物、大学学报,知道了科学研究论文是什么样的。在大学阶段能有这么个印象,我觉得就不错了。

第四个就是逛书店,这个也是我大学生活中印象比较深的事情。山东大学校园里有个新华书店,洪家楼有新华书店,历下区那里有新华书店。当时到处都是新华书店,哪像现在,没大有人去逛书店了,都在网上买书了。济南市纬三路还有古旧书店。那个时候只休星期天,没有星期六。星期六正常上课。星期天我就经常泡在纬三路的古旧书店,基本不买书,光看书。纬三路的古旧书店开架,你可以随便看。其他新华书店都有柜台,你在柜台外面,指着书架上哪本书说:"同志,拿这本书来,我看看。"如果你在柜台前面,看完不买,再看下一本,店员就烦了。幸好纬三路的古旧书店开架,我一泡就是一天。那时候出版书的数量有限,我几乎看遍了,连佛教的书都看,熊十力的《佛家名相通释》《新唯识论》之类的我都看,也有很多看不懂的。买书一般六毛到八毛钱一本,一块多钱的书就厚一点。那时候不买光看,因为没钱。所以逛书店这件事印象很深刻。我也买过大书,那就不得了了,得把吃饭的菜票卖出几块钱,把其他的书处理了才行。我宿舍里一个同学特别要好,叫王正刚。他是浙江东阳人,《送东阳马生序》的东阳,浙江金华地区东阳县。我们两个到纬三路,一人买了一部《十三经注疏》,中华书局出版的,两大本,藏在箱子底下,害怕丢了。王正刚毕业之后到了北京语言学院,就是贵校——北京语言大学。在名刊,刚才我说的《语言教学与研究》,当了几十年的编辑,为他人做嫁衣。给人家看稿子,自己就不写了,什么样好稿子没见过?所以逛书店这件事,是我大学生活里无法忘记的一个记忆。

  第五件事就是当时可以随便到老师家里去。那个时候私人家里没电话,更别谈什么手机,想也没想过后来人世间会有手机。那就没法跟老师打招呼,提前跟老师说我要到家来拜访。所以不论是老师方便与否,不论是什么时间,是不是合适,就敲门,到老师家去玩,看望老师。一般在晚上吃完饭之后到老师家里去,有的时候老师家里在吃饭,老师就拿个板凳,让我先坐在一边等着,老师有的时候也边吃饭边聊。等老师吃完了饭,再坐一会儿,这就告退了。当时我有个语言学的老师叫朱广祁,朱老师。我上他家去过几次,他教给我怎么查《经籍籑诂》,训诂学的一部名著,阮元主编。我也看到他书架上有本书，我始终没有拿到手上看一看，日本人出版的《殷墟卜辞综述》，作者叫岛邦男，是有关甲骨文的。我还看到他家里许多油印书。咱当学生的哪有什么书？图书馆书很多，可是老师家里的书不一样，都很专业。还有吉发涵老师是我们辅导员，王洲明老师是古代文学老师，杨端志老师是教训诂学的。当时都到老师家里去，而现在一般不到家里去，到家去也得先发微信，约好了才行，轻易不去。那个时候，我发现一个现象，大学老师课少，一个星期见两回就不错了。我父亲是中学老师，天天晚上加班改作文，从周一到周六，从不间断。语文教研组一直灯火通明，老师加班改作文。大学老师一星期才见两次面，有的只见一次面。下了课就不见了。当时我觉得这大学老师也太轻快、太自由了，想干什么就干什么，想写什么就写什么。我在一些大学学报、期刊上也看到我们老师发表的文章，感觉大学老师比中学老师好过，于是就产生了当大学老师的想法和意愿。

二、从学生到老师的转变

经过观察，我发现77级、78级大学本科生毕业可以留校当大学老师。到了我们上大学时候，1981年，得硕士研究生毕业才可以当大学老师，于是我就想考研究生。1985年我大学毕业，那个时候大学毕业分配特别好，我们班45%的学生都到了中央各部委。国家有分配的名额，不用你自己找工作。但是我考了研究生，考上了山东大学古籍整理研究所研究生班。1985年古籍所第一次招生，招十个人，是根据教育部批的名额来招生的。我从那以后，直到今天，仍然在从事古籍整理工作。所以考硕士生是我专业上的一个转折点。研究生班两年就毕业了，完全是专业训练，搞古籍整理。

我记得霍旭东先生，他是高亨先生的研究生，他给我们开孔颖达《毛诗正义》这门课，让我们抄写《生民》《皇矣》《大明》，这些篇目，特别长。连着《诗经》的正文，带着毛传、郑玄的笺、孔颖达疏、陆德明释文都在内，让我们抄。用繁体字一个字一个字板板正正地抄，一边抄一边标点。我分得一篇，好像是《大明》。我给它装订起来，厚厚的一本。

另外就是王绍曾先生、王培元老师，还有山大图书馆的张长华先生，他们讲目录学、版本学、校勘学。还有刘晓东教授，他是章黄学派殷孟伦先生的研究生，毕业留校，他教音韵学、训诂学。这个刘晓东先生，《十三经注疏》读了好几遍，《皇清经解》及《续编》全看完了，高邮王氏四种，王念孙、王引之，那都不用说了。《广韵》手抄五六遍，任何反切张口就来。这样的老师不多。他教我们音韵学、训诂学。徐传武老师讲《史记·天官书》。我们的专业训练，是每人标点一两部清人学术笔记。我标点了惠栋的《松崖笔记》《九曜斋笔记》两部书。

1987年研究生毕业，我就留下了，十个人留了三个。霍旭东先生就跟我谈话，说："你跟着王绍曾先生当助教，他让你干什么，你就干什么。"王先生是1910年出生，到1987年，他已77岁了。搁现在的话早该退休了，但王先生那时还没退，已经是老专家了。王绍曾先生是无锡国专的毕业生，他的毕业论文的指导老师是钱基博先生。钱基博就是钱锺书的父亲。

毕业之后，既然古籍所的领导霍旭东先生跟我谈，跟王先生当助手。那么，这不就是从学生到老师的转变了吗？

可是那时我还没有进行硕士论文答辩。我1987年毕业，到1988年底，我们所有的十个同学都写完了硕士论文。我的硕士论文的指导者是王绍曾先生。我们通过了答辩，获得了硕士学位。

这就是毕业之后一年的事了。因为我们两年就毕业了，来不及写毕业论文呢。毕业留下来写论文的时候，实际上王先生已经给我派了活儿了。我跑到合肥住了半个月，看了100多本书。这些书为什么叫我去看呢？王先生当时主编《清史稿艺文志拾遗》，通俗来讲，就是清朝人著作的目录。要分类，经部、史部、子部、集部。有些书不知道是什么内容，分不了类。很多都是手稿手抄的孤本。我记得一共有一百多部。我去安徽图书馆、安徽博物馆看，一天看几种，住了两个星期才看完。

毕业之后，我一方面要写硕士论文，另一方面，还要干一下王先生的项目。但是跟王先生干项目，难道就成老师了吗？跟学生有什么分别呢？从学生到老师的转变究竟是怎么个转变法呢？

王绍曾先生当时有好几个项目，年纪这么大了，还动过手术，所以他急于把他研究生的课交给学生。课的名字叫"古籍目录版本校勘学"，古籍目录学、古籍版本学、古籍校勘学，捏在一起成一门课，用今天的话就是文献学。王先生就让我替他上，课程表写的还是王先生。我在家里赶紧备课，一节一节地讲，王先生是每节课都去听，一共五六个学生听课，王先生也在那儿听。教室就是一间房，有个木头架子架着的黑板。王先生大概听了我三四次，顶多五六次就不来了。他认为大概可以了。从那以后呢，我就变成老师了。但是在以后我讲课若干年,每次上课我还把王先生请来,讲第一堂课,一直到王先生行动不方便了为止。王先生活到97岁,2007年去世的。这就是我怎么样从一个学生变成老师的过程。

成为老师的主要标志是讲课。我刚才也说到,当学生面对的最大的问题是考试,无休止的考试,而当老师的任务就是上课,课上完了就要考试。以前是老师考我,现在是我考学生。考试是不能取消的,不考试有什么办法?不考试怎么给成绩?大学如果不考,怎么样能说你是优秀的呢?考试不是十全十美的,但是不考试又能怎么样呢?所以这个成绩依然很重要。这是我讲的第一门课。

第二门课就到了1999年了。我1987年毕业,到1999年时已经工作了12年了。12年了,我年龄也不大。山东大学文学院的教授们暑假里开会,决定给全体研究生开必修课,这个课的名字叫"文献学"。当时的院长是谭好哲教授,也是我的亲老师。我们上大学时,他教我们马恩文论。谭老师栖霞方言很厉害,有时听不懂,但是这个老师学问大得很,据说上大学时就发表了论文,在《江汉论坛》还是什么刊物,很有名,论文的题目叫《论丑》。"丑"是个审美对象,因此丑就是美。当时同学们都知道谭好哲老师这篇文章。1999年他是院长,他让我开文献学,我不能不开。这个时候已经是8月20日了,9月1日开学就要上课。我给谭老师说:"我没上过文献学课。"谭老师很吃惊:"你不是搞文献学的吗?"我说:"我是,但是我们这个文献学呢,它拆开了:版本学一门,目录学一门,校勘学一门,捏在一起叫文献学概论。"他说:"那也没办法改了。"我就拟了章节的目录请王绍曾先生看,还请蒋维崧先生看,也拿到北京大学请先生们看,冀淑英、黄永年、裘锡圭等几位先生都看过,大家认为基本可以,略作调整。

我一边备课一边上课。霍旭东老师跟我说过:"上好一门课,就是一碗饭。"无论如何要上好课。怎么上好课?我这一个星期放弃所有的工作,就准备这一次课。文学院排的研究生的文献学,一个星期虽然只上一次,但是一下子上四节,一下午讲到六点,四节课四学时。学生还很多,我又害怕把学生讲跑了。当时换了三次教室,旁听的人多,盛不下,这个课最后也成功了。我一个星期光备课,十八个星期,我写了十八本讲义。那十八本用的是山东大学的方格稿纸,一百页一本,一页四百字,寥寥草草写了十八本,用线缝上。这本书后来在2001年由中华书局出版了。出版以后,受到了欢迎。中华书局每年印八千本,一直到现在。后来,这本书入选了"十一五"国家级教材,在去年又获得国家教材建设一等奖。别的学校我了解得少,我们山东大学全校只有一个一等奖,就是我这本讲义《文献学概要》,这真是一个莫大的荣誉。不过从1999年到2021年也经历了22年。

我1986年读研究生实习时到过西安。陕西师范大学教授黄永年先生给我们上过一堂课,讲版本。他说:"老师在课堂上要讲学术心得,不能光讲教材。"我记住了黄先生这个话,把我的学术心得都贯彻到《文献学概要》里去。当然,首先要讲基本知识,然后举例子,还要讲心得。那么心得从哪里来呢?我1987年参加工作,1999年写讲义。在这十多年的时间里,到底是积累了什么样的经验?从哪里获得了心得呢?这就是我要说的第三个问题——怎么当一个好老师。

三、怎样当一个好老师

最近习近平总书记在中国人民大学的讲话，我认为非常值得好好地学习一下。他说：建设世界一流的大学，必须有世界一流的大师。也就是说，我们老师是要求要达到国际一流的水平的。怎么才能达到这个水平呢？光搞教学比赛是不够的，光讲教法也是不够的，光拍慕课也是不行的，关键是要有核心性的一流水平，要内涵式发展。

我在1987年到1999年这段时间不断地参加国家项目。1987年留校，王绍曾先生派我去了合肥，看那一百多部书。他负责的项目《清史稿艺文志拾遗》，就是国务院古籍规划项目、教育部全国高校古委会规划项目，是国家项目，也是中华书局的约稿。实际上，我个人参加了八年，才完成了正文。又编索引。到2000年才出版。那么在这个过程当中，古书的目录，可以说是反反复复地翻遍了，包括日本的、美国的，都翻遍了，对目录学、版本学已经非常熟悉了。

接下来，北京大学季羡林先生、刘俊文先生主持了国务院的大项目叫《四库全书存目丛书》。"存目"就是保存目录。纪昀他们修《四库全书》，乾隆主编，总共　万多部书，其中的三分之一，三千四百多部书，收入了《四库全书》；还有三分之二，将近七千种，《四库全书》没有收。但是每部书都写了个提要，存了目录，所以叫"存目"。《四库存目》就是一份目录，有七千种书。这批书两百年来，还在不在人世间？什么版本？在哪里？我在从事该项调查研究。据我所知，全国就我自己从事这项研究。1992年国务院古籍规划会上，胡道静先生、周绍良先生提出，《四库存目》很重要。要进行调查，并且要把这些书印出来。国务院古籍规划会的内容是要落实的。所以季羡林先生、刘俊文先生他们就响应号召，承担了国务院的这个项目。

辑印《四库全书存目丛书》，书在哪里呢？我看了国务院的《古籍整理与出版情况简报》，就给我们古籍所的所长董治安先生汇报说："《四库存目》受到国务院的重视，我现在正在做调查研究工作。"董先生说："我给你几个人的名字，你把你的规划寄给他们，征求意见。同时也就让他们知道，山东大学有人在做。"我想我只是个小青年儿，人家能瞧得起我吗？但不管怎么样，我按董先生的意见，给这些先生们写了信。这些先生中有北京大学的安平秋先生，中华书局的傅璇琮先生、赵守俨先生，南京大学的周勋初先生，陕西师大的黄永年先生，复旦大学的章培恒先生等。写信征求意见，由此他们就知道我在从事《四库存目》这七千种书的调查研究。于是傅璇琮先生、刘俊文先生就邀请我去参加北京大学主导的《四库全书存目丛书》。我一干就干了四年。我看过的古书中稀见的《存目》书有五千种，不是挨排看，而是研究它的版本，做详细的文物鉴定记录，最终被采用的有四千五百多种。还有一部分看着不能用就不用了。我做了详细的记录，又经过好多年的努力，前前后后15年，我写了一部大著作，叫《四库存目标注》。其中心目的就是弄清楚，当年《四库存目》的书，《四库全书》没要，这些书在哪里？是什么版本？鉴定的根据是什么？这部《标注》精装本正文有六本，还有两本是索引，由上海古籍出版社出版，都是版本学的内容。

与此同时,我还参加整理了国学大师张元济先生主持的一部《百衲本二十四史校勘记》。张元济先生是清朝的进士,参加过戊戌变法,是中华人民共和国成立前后商务印书馆的一把手,第一届中央研究院院士。《百衲本》当年留下的《校勘记》有一百八十多册,都是毛笔写的,潦潦草草的,所以需要整理,王绍曾先生曾参加过该项工作。商务印书馆委托王先生整理,他就带着我们做,一做做了八年,参加的有十几个老师。这部手稿整理出来,最终由商务印书馆出版了,共十八本。

这三项工作,《清史稿艺文志拾遗》是目录学,《百衲本二十四史校勘记》是校勘学、版本学,《四库全书存目丛书》是版本学。目录、版本、校勘是文献学的核心,所以等到1999年我上课的时候,脑子里边已经堆满了目录、版本、校勘的心得和鲜活的例子。

我写这本讲义,是根据黄永年先生的意见,贯彻我的见解和心得,最终完全做到了。所以中华书局副总编辑、中央文史馆馆员程毅中先生,看了我的《文献学概要》,说:这个书"总结了20世纪古籍整理"。这当然是个夸奖,但是也确实是我努力的方向。所以要当个好老师,写出一本好教材来,不敢说是一流水平,但也必须要有前沿水平。写一本好的教材,还要写一部著作,我的著作是《四库存目标注》。然后再把论义结集出版,我那本书叫作《微湖山堂丛稿》,上下两册精装,上海古籍出版社出版。

我在台湾开会,有学生采访我。我说:"一个大学老师,一个学者,需要靠三根柱子支撑起来。"这三根柱子是什么呢?一本好教材、一部专著、一部论文集。三根柱子可以支撑一个学者。我在讲这"三根柱子"的时候,举的例子是裘锡圭先生。他有《文字学概要》,有《古文字论集》,还有《古代文史研究新探》,裘先生当时的代表作就是这三本书。当然后来,裘先生的成果就多了,但裘先生的成名成家就这三本书,一本教材《文字学概要》,商务印书馆出的;一本专著《古文字论集》,中华书局出的;一本论文集《古代文史研究新探》,江苏古籍出版社出的。我是以裘先生为榜样,照这个方向去努力。

所以说要当一个好老师,首先要把自己的业务水平提上去,这是核心中的核心。当一个好老师还要热爱教师工作。十年树木,百年树人。树人是伟大的工程,宁愿少写一篇文章,宁愿少写一本书,也要好好讲课。把心血花在讲课上,你才能够成为一个合格的老师。

今天我们三立学堂有很多的同学。实事求是地讲,我们上了这么多年学,从小学到初中,从初中到高中到大学,本科到硕士到博士,有多少老师是让你非常满意的呢?是少数而不是多数。谁不想当个好老师呢?当个好老师是多么难。

当个好老师,首先要提升,不断地提升,不断地学习,才能对得住学生。

当个好老师要热爱教育工作,还要多花时间备课,十个小时准备一个小时的课都不够。在课堂上要讲的任何话,都要把它写下来,只有写下来才能够真正落实。因为当你写的时候,你才发现这个字的读音没把握,那个字的写法是不是有错误,你才会去查,查的时候就记牢了。同时,你也会发现有些字真的读得不对,理解得有偏差,一定要写下来。用现在的话说,就是要敲到电脑上,以前就是拿笔写，我现在还是拿纸拿笔，多花时间备课。

还要瞄准学术前沿，不是光学习现有的知识，还要面向未知，面向未来。我们中国 40 年来有个定向思维，那就是人家有什么，咱也要有什么，看着欧美，看着日本。人家有什么，咱也要有什么，甚至说要做得更好。但是，人世间没有的东西，有也要从我们中国开始，这样的想法，我们还不够。这叫原创性，叫发明创造。过去说仓颉造字，人世间没有字，仓颉造了字；伏羲画八卦，人世间没有八卦，是伏羲画出来的；毕昇发明活字，人世间没有活字，活字从毕昇开始。创造人间未有的东西，发现人们不知道的东西。有所发现，有所发明，有所创造。我们当老师也要有这样一种精神。如果说仅仅是人家会了，我们也会。过去我们学英语，有个教材，叫《Follow Me》(跟我学)。仅仅是这样是远远不够的，一定要有创造性、创新性，有所发现。要总结出我们语言学上的一些规律，要及时总结我们的新词汇、新语法，这些都属于新的。要结合世界上各种语言的共同规律来研究我们的汉语。我觉得这样做就属于创新性的活动。我们的版本学、目录学、校勘学，如今这些学问特别固化，创新不多，我感觉不是很满意。我们要有这么一种创新的精神。创新不是猎奇，创新是呕心沥血、实事求是后才能够实现的。

那么，我想我们国家很需要老师。我希望我们三立学堂的同学将来能够做各种各样的老师。大家现在都是成年人了。我们的孩子上幼儿园的时候，我们就希望他的老师是最好的老师；我们的孩子上小学的时候，我们就希望他的老师是最好的小学老师；孩子上初中了，还是希望他的老师是最好的初中老师。所以，一个幼儿园的优秀老师是多么重要,一个优秀的小学老师又是多么宝贵,不一定都要教大学。所以,当老师,当一个好老师,哪怕他不是高等学府的老师,也是非常伟大的,并且也非常的不易,不是你想当就能当的。

以上就是我的心得体会。我说的也不全面,有些地方说的可能也不对,请老师们、同学们加以批评。

(本文为 2022 年 6 月 26 日在北京语言大学

教师教育学院三立学堂的线上演讲,

北京语言大学教师教育学院兰天启据录音整理,

经杜泽逊教授审订)

成功之人须三条件

凡成功之人须三条件,一曰聪明,二曰勤奋,三曰韬略。聪明者,过目不忘,反应灵敏。半出天生,似难训练,唯中才而勤奋有韬略者,足以成事。勤奋亦有天性,而家庭熏陶、社会经验、自我约束,均可加强,其要则在持久不懈。韬略于三者为最要。待人接物,明辨是非,权衡利弊,因地制宜,分析轻重缓急,合理规划前程,善于合作,忍性内敛,忠于职守,珍惜友谊,均是也。吾见聪明过人者多矣,而或不能成事,则勤奋不足者半,韬略不足者半。张文襄有误用聪明之说,予则谓枉得聪明也。

学习与学问

显茗足下，来示敬悉。承询读书之事，亦各有所好，未可绳之以一律。余1981年入山东大学中文系，老师讲现代文学，即读《彷徨》《呐喊》《骆驼祥子》，而于《四世同堂》缺乏兴趣。讲欧洲文学，即读《古希腊神话》、《神曲》、巴尔扎克小说，而于莎士比亚缺乏兴趣。讲古代文学，即看《论语》《孟子》《诗经》《楚辞》，皆追寻老师进度，草草看一二篇，不能终卷也。又跑图书室看大学学报，喜古代文学，以为欲知诗词格律，必习音韵训诂，乃读小学书，颇感兴趣。考研究生原拟报考殷焕先先生，唯同学有孟子敏兄，与殷先生过从甚密，亦步亦趋，知不能敌，乃报考本校古籍所，成绩才过，幸甚。时1985年也。忽忽三十七年，至于今，从事古籍整理研究，不复改变。余在大学，尝为外国文学课代表，于文艺学深得狄其骢先生赏识，可见学术兴趣可以培养，殊难预定之也。要在细读原典，参阅时论，勤学深思，未可随风而动，人云亦云也。君好读书，是可贵者，当持之以恒。又学习与学问稍异。学习者，人知我亦知之，随老师、随课本而行。学问，则读书有不解者，求其解，或难字难词难句，查旧注疏或近人编大字典、大词典，必得其来历，明其训诂而后已。或文字训诂虽明，而微言大义、审美意趣难解，则读近人哲学阐释、诗词鉴赏之文，必达其旨而后已。或苦心孤诣，一得之愚，欲发其覆，抉其隐，则写札记，撰文章，投学刊，登网站，公之同好，冀得知音。其中苦乐，唯寸心知之耳。倘得师友一言之赞赏，不啻空谷足音，终生不能忘。盖学问乃人类进步之阶梯，读书之鹄的也，可谓尚矣！此区区之意，或亦他山之石也。专此奉覆，即颂撰安。泽逊。2022年4月20日。

（本文为致覃显茗书）

对教师同仁

"新文科"与中文学科人才培养

"新文科"建设是国家为培养适应新时代拔尖人才而采取的重要措施。教育部新文科建设工作组组长、山东大学校长樊丽明教授指出：中国建设"新文科"的核心要义是要立足新时代，回应新需求，促进文科融合化、时代化、中国化和国际化，引领人文社科发展。（2021年4月9日"新文科建设高峰论坛"主旨发言《新文科建设进入新阶段》）可见核心任务是培养"引领人文社科发展"的人才，对于中文学科来说，"新文科"的任务就是培养引领中文学科发展的一流人才。

什么是引领中文学科发展的一流人才呢？学习中国古文字的人都喜欢说"甲骨四堂"——罗雪堂、王观堂、郭鼎堂、董彦堂，还有于省吾、唐兰、陈梦家、容庚、商承祚这些先生，近时则李学勤、裘锡圭先生，都是公认的一流人才。今天看到《出土文献》公众号转发《出土文献》2021年第2期发表的裘锡圭先生《在〈李学勤文集〉发布会上的发言》,一再强调"李先生在学术研究上所起的引领和推动作用",认为李先生"能够发人所未发,解人所不解,对有关学术研究起明显的引领和推动作用,影响深远"。举出了在战国文字研究中,李先生提出了"五式(系)说","对战国文字的研究起了极为重要的引领和推动作用"。这种引领作用的具体表现,裘先生也举出了若干例。对甲骨文研究,裘先生也举出李学勤先生提出"历组卜辞"的有关论断"是完全正确的",认为"李先生的这些研究是殷墟卜辞断代研究中一次里程碑性质的巨大的跃进"。鉴于李学勤先生、裘锡圭先生是我们熟知的前辈,不至于被认为是"时代性"不强的人物,那么,我们有理由认为在中文学科、历史学科"古文字学与出土文献"领域,他们就是一流人才的代表或范例。

中文学科包括的二级学科有中国古代文学、中国现当代文学、文艺学、汉语言文字学、语言学及应用语言学、中国古典文献学、中国少数民族语言文字、比较文学与世界文学,共八个,还有自设的民间文学等。每个二级学科以及二级学科之下的研究方向("古文字学与出土文献"在中文学科就是"汉语言文字学"或"中国古典文献学"之下的研究方向),都有"标杆人物",也就是一流人才。有了这样一些榜样,我们才能对"一流人才"有个可触摸、可接近、可学习的感觉。苏舜钦说:"天为移文象,人思奉典型。"无论我们"新文科"怎么新,在古文字学与出土文献方面能达到李学勤、裘锡圭先生的水平,应该是我们后辈的理想吧。

为了培养古文字学人才,教育部设立了"强基班(古文字学)",山东大学是第一批被批准办"强基班(古文字学)"的大学之一,已招收了两届学生。根据教育部的设计,"强基班"是本、硕、博连读，从大学一年级开始，八年才可以毕业。还要求推行"导师制"。一年招十个左右学生，八个年级招满了，就有八十个左右学生，我们的培养显然是要"芝麻开花节节高"，开设的课程要显示出二年级比一年级高，五年级比四年级高，八年级比七年级高，专业的老师既然是"导师制"，那么门下弟子就有可能同时存在八个年级。除了"强基班"，我们的老师还要随着正常的研究生招生，年复一年地招收硕士生、博士生。那么到底需要一个多大规模的"强基班"导师队伍呢？众所周知，"强基班（古文字学）"是针对"冷门绝学"的，既然是"冷门绝学"，各高校现有的古文字学老师大都很少，两三个人是常态，于是存在一个"引进人才"问题。人才到哪里找呢？答案是从复旦大学、清华大学、吉林大学、中山大学等几所以古文字见长的大学里找。

恰恰是古文字学人才培养难度大、产量低，假如我们在古文字人才培养上"大干快上"，那么后果是可想而知的，"强基班（古文字学）"将因此面临教师匮乏的窘境。假如一年级至四年级都是那三两个老师，那和贫困山区的小学一个老师同时教几个年级的境况有什么不同呢？这个话我在多个场合说过，近日与清华大学李守奎先生通电话，又重复这个话，守奎先生听了就笑了。我们不能自欺欺人，如何才能培养出一流人才，我们作为从业人员还是有点数的。我们不断听到"学科交叉融合""国际化""信息化"，不管你是什么化，总要临写甲骨片子、铜器铭文。你是学习古汉语的，文章一篇篇发，书一本本出，我古书看不明白，遇到"拦路虎"，字典查了，网也上了，还是解决不了，向你请教，你也解决不了，那要你这个专家干什么呢？

2012年山东大学成立"尼山学堂"国学拔尖人才班,初步设计本科大二、大三、大四共三个年级的课程,原典导读课有《周易》(2学分)、《尚书》(4学分)、《诗经》(4学分)、《左传》(4学分)、《周礼》(2学分)、《仪礼》(2学分)、《礼记》(4学分)、《四书》(4学分)、《史记》(4学分)、《汉书》(2学分)、《通鉴》(4学分)、《史通》(2学分)、《老》《庄》(共2学分)、《荀子》(2学分)、《墨子》(2学分)、《昭明文选》(4学分)、《文心雕龙》(2学分)、《世说新语》(2学分)、佛教要籍(2学分)、《四库提要》(4学分)、《楚辞》(2学分)、李杜诗(2学分)、韩柳文(2学分)等,还有必修通论课:文字学(4学分)、音韵学(4学分)、训诂学(4学分)、中国经学史(2学分)、中国文学简史(2学分)、中国史学简史(2学分)、中国哲学简史(2学分)等。当时聘请的授课老师49人,都是某一方面的专家,遍布山东大学文、史、哲、儒学各院,还有校外专家如南师大王锷教授讲《周礼》、山师大晁岳佩教授讲《左传》等。

十年下来,尼山学堂毕业生已显示出可喜的势头,受到各大院校老师们的好评。那么,尼山学堂国学班本科三个年级都要几十人的教师队伍,可见"强基班(古文字学)"要想真正达到培养"引领学术"的一流人才的目标,对于教师队伍是一个什么需求。我给李守奎先生说:"八个年级怎么着也要十几个古文字老师吧。"有偏甲骨文的、金文的、战国文字的、《说文解字》的、隶书的。汉以后文字衍变极其复杂,它出现在古书中,你是避不开的,也要去研究,去释读。汉字之源、汉字之用,都要用功,才可以培养出不同类型的人才,从而解决不同的问题。

我们经常听到"立足新时代,回应新需求"这样的话,对每个领域来说,这个"新需求"是各式各样的。以前楚文字材料不太多,这些年却大量出土,这就是"新需求"。如果在人才培养上有"先手棋",就可以适应需求。没有人才储备,就比较被动。对优秀传统文化的传承创新,是国家战略,也是提高文化自信的重要手段。读不懂古书,看不懂古汉字,不能领会优秀传统文化的精髓,如何去传承,又如何去创新呢?所以,对古文字学与出土文献的强基班来说,"新文科"对它的要求首先是配好老师队伍,打好基础,同时用好各种数字资源、海外资源,用现代化的手段作为检索、分析的辅助,来提升学术水平,达到培养"引领学术"的一流人才的目标。

我所在的中文学科的二级学科是中国古典文献学,对培养创新人才来说,也同样首先强调基础。中国古典文献学有个骨干分支"版本学",其任务是"古籍版本鉴定"。与鉴定其他文物一样,需要多看古代的版本,才可以掌握鉴定方法。不过,一个传统上常用的方法"比对书影",在数字化、信息化的今天,得到长足发展,对版本鉴定来说,无异于插上了翅膀。2007年沈津先生邀我去哈佛参加费正清中心访问学者何朝晖先生主持的中国书籍史方面的会议,普林斯顿大学艾思仁先生用演示文档展示了宋代眉山程舍人宅刻印的《东都事略》三个书影,一个是我国台湾"中央图书馆"藏本,一个是日本静嘉堂藏本,一个是日本宫内厅书陵部藏本,中国大陆已没有这个宋版了。三个都是宋刻本,都有牌记:"眉山程舍人宅刊行,已申上司,不许覆版。"但经过比对书影,确定不是一版印刷,而是三版。当然究竟哪个是真正的程舍人宅刻本,哪个是翻刻(盗版),已不易分别。这使我感到数字化、国际化对版本鉴定十分重要。

我们当然欢迎任何新材料、新方法、新手段,但根本的基础方法还是最重要的。没有基础培养，东西摆在面前，也看不出任何结果。业内叫"看本子"，这个"看"的功夫，无法超越。北大漆永祥教授在访问韩国期间刻苦治学，研究《燕行录》，写出了大部头专著《燕行录千种提要》，这当然需要"国际化""数字化"，但他自己在给我的信中说："没有理论，没有方法，死读书，豁死命，是最笨的。"（2022年3月26日漆永祥《致杜泽逊》）我是三复其言，感慨不已。

"强基班"，一个是"强"字，一个是"基"字，已道尽了"新文科"的内涵。张之洞总结治传统学问的路径说："由小学入经学者，其经学可信。由经学入史学者，其史学可信。由经学、史学入理学者，其理学可信。以经学、史学兼词章者，其词章有用。以经学、史学兼经济者，其经济成就远大。"（《书目答问》）在今天，张之洞说的这些领域已隶属于不同学科，那么"学科交叉"也就是必须的了。我们必须踏踏实实读原典，抓住根本，同时实事求是地进行学科交叉融合，利用国际化、信息化资源和手段，切实提升学术水平。只有这样才能真正培养出一流人才。

中文学科的若干领域我缺乏体会，反倒对中国史有较多的认识，对"儒学"也接触不少。所以对文、史、哲学科交叉，我感到是自古已然，今天更应继承弘扬这一学科交叉的传统。

关于"新文科"旗帜下的中文学科建设和人才培养，我就谈这些体会，不当不周之处还请读者批评。2022年4月3日。

（本文为应四川大学文学院李怡院长之约所做关于"新文科"中文学科建设的笔谈）

把研究生培养成学术人才

各位专家,下午好!感谢华东师范大学主办"全国中文学科一流研究生教育论坛"线上学术研讨会邀请我参加,给我一个学习的机会。

今天的话题是中文学科如何培养一流研究生,这是一个综合工程。华东师大的培养制度已很完善,值得学习。山东大学中文学科研究生培养也采取了若干改进办法。在这里简要汇报一下。

第一,在招生环节,博士生基本上是审核制,审核报名材料,加上一部分笔试和面试。这个效果明显好于以往的笔试办法,有利于选择有学术潜力的学生。硕士生则大部分为推免生,少部分为考试录取。

第二,继续开设一定数量的专业课,以完善学生的专业基础理论和知识系统。

第三,为研究生设立科研项目,提供经费。要求每位研究生向专家组报告项目的设想、计划,要解决什么问题,已有的成果情况,如何解决新问题。专家组提出意见,并打分,最后公布排名。确认25项至30项立项。每项经费3 000元。研究期限为一年。每年立项一次,结项一次。

第四,每年一次研究生学术论文报告会。先在二级学科报告,确定一、二、三等奖。其中一等再到文学院报告一次,学位委员会听取报告,打分,确定一等奖,未入选的,直接定为二等奖。学术报告会一等奖在博士毕业时相当于一篇C刊论文。这个办法由文学院学位委员会通过,学校研究生院也批准了。学术论文报告会,与研究生科研立项相呼应,每次报告会都出现多篇水平较高的论文,老师们很兴奋,对哪位同学哪篇论文特别好,如数家珍。

第五,设立读书会,每学期登记一次,由指导老师牵头申报,学院给予经费。这几年文学院读书会都有二十个左右,我主持的"四库全书总目读书会"参加的学生几十个,已经三个学期了。每周一次两小时,由学生领读、讲解两篇提要。在讲之前,我把学生的注释看一遍,大约用三个小时,给学生指出改进办法。这个效果也很明显。学生在准备讲解时,发现了不少需要辩证的问题,也写出了若干有质量的论文。

第六,研究生中期考核、开题、毕业论文答辩,基本上沿用已有的办法,没有大的改变。

第七,硕士生毕业没有发表论文的要求,我赞成华东师大的办法,可以公开发表一篇,或参加一次学术会议。山东大学实际上是把学年论文报告会的论文作为毕业的条件之一了。

第八,博士毕业,山东大学文学院要求发表两篇C刊论文,变通办法正在探索，上面说学年论文报告会一等奖可以顶一篇C刊，不论是否发表。正在讨论另一种办法，就是已经发表一篇C刊，另一篇如果不是C刊，也不是一等奖，那就由申请毕业的学生提供一件代表成果，由文学院学位委员会邀请专家匿名评审，按百分制，85分以上为通过，可以进行毕业答辩。希望这个办法常态化。当然从长远考虑，两篇论文都应当由同行专家评审，而不应看发表于什么刊物。

第九，鼓励研究生参加老师主持的科研项目。为什么叫鼓励？因为不是所有老师都乐于搞项目，也不是所有项目都适合学生参加，所以只能是鼓励。我是从事古文献学研究的，从1987年开始参加导师王绍曾先生的科研项目，先后有《清史稿艺文志拾遗》《百衲本二十四史校勘记》，后来参加季羡林先生主持的《四库全书存目丛书》，又戴逸先生主持的《清史》，分担《清人著述总目》《清史艺文志》。我把这个阶段叫"跟着做"。到了中年就要自己做。到了中年以后自己有了大项目，又要带着做，带着研究生做。带着做的有《清人著述总目》《十三经注疏汇校》《日本藏中国古籍总目》《订补大清畿辅书征》等，规模都比较大。跟着我做项目的研究生实际上是我的团队成员，他们的科研能力明显提高，写出的论文也水平较高，在合作中培养了学术眼光，对合作精神的培养也十分有效果。项目组的同学们经常议论些学术问题，交流学术信息，哪里开了个什么会，出了本什么书，水平如何，有时候评价也比较尖刻，而且前沿性很强。有了问题如何解决？材料如何找？他们当面或在群里讨论一下，大部分就解决了，所以是一个很好的学术平台，对人才培养有很特殊的效果。"以项目带队伍，以项目出人才",是我的口号。

总之,把研究生培养的重点放在培养过程中,而不仅仅在设关卡上下功夫,应是实现研究生培养内涵式发展的大方向。研究生培养仍然要因地制宜,因材施教,不能千篇一律。杰出人才大都有独特的成长之路,我们培养人才也要不拘一格。山东大学的做法和我的这些意见仅供参考。谢谢!

(本文为在华东师范大学"全国中文学科一流研究生教育论坛"的线上发言,由孔妍文录入整理)

谈谈博士后的培养

各位领导、各位同志、各位博士后同学,上午好!博士后工作会议,这还是第一次见到,这个会开得好,开得有必要。

博士后归人事部门管理,属于工作经历,而不属于学习经历,这只是一个管理上的制度,却不代表博士后的身份不是学生。我的感受,博士后仍然是学生,是在博士毕业后继续上学。因为跟导师继续学习,要写出站报告,要发表成果,没有很固定的工作,除了不再上课,几乎看不出与博士生有什么区别。我最近请学校博士后管理中心查了查我带过的博士后,竟然有40位,其中非定向就业博士毕业生14位,在职人员26位。可以不折不扣地说,这40位博士后是我的嫡系部队的一部分,当然也就是山东大学嫡系部队的一部分。他们在山大期间,以各种方式与我合作研究,他们自己有了很大长进,而我在与他们的合作中也有各种各样的学术收获和友谊收获。我和我的博士后,属于师生关系,所以我也只能认为博士后的实际身份是学生。

从入站时间看,较早的博士后是南京大学博士杨洪升,2005年入站,全职博士后。直接参加我主持的国家清史重大项目《清人著述总目》,有创始之功。其后是与王学典教授合带的焦桂美,2006年入站。她是我的硕士生、徐传武老师的博士生,全国百篇优秀博士论文获得者。多年来积极参加我主持的国家清史重大项目《清人著述总目》,做出了特殊贡献。再后是2008年入站的复旦大学博士解旬灵,2009年入站的南京大学博士江合友。解旬灵是全职博士后,参加国家清史项目《清人著述总目》、山东省重大文化工程《山东文献集成》,发挥了特殊作用。例如《山东文献集成》特别收入了一批清代"高密诗派"的作家诗文集,主要利用了解旬灵的学术成果。江会友则负责《清人著述总目》集部词类的编纂工作,同样是因为他是清代词学的专家。其余博士后在学术上的合作和收获由此可以想见,这里不再一一列举了。

那么博士后与博士研究生有什么不同呢?首先是年龄比博士研究生大,学术比博士研究生成熟。和我这个合作导师的关系,虽说我们仍认为是老师和学生的关系,但却增加了一些朋友的成分,亦师亦友,师友关系,也许更符合实际。有一大部分博士后是在职的大学老师,从事着和我同样的职业,不少人已经生儿育女,做了父母,所以师生之间的思想沟通可以更多一些,共同语言也更多一些,或者可以说友谊更深厚一些。我在学术界有很多朋友,友谊也很厚,可是与自己带过的博士后还是不太一样,博士后更亲近一些。我也带过很多硕士生、博士生,师生感情同样很深,但与博士后仍然不一样。研究生是学生,博士后是学生加朋友。有些博士后因为不需要上课,他们有自己的工作,不一定可以常见面,但师友感情仍然很深,这就是我体会的博士后和合作导师的特殊关系。

如何指导博士后?这是很值得讨论的问题。我的体会,仍然是因材施教。博士后刚刚博士毕业,研究方向比硕士生考博士时更定型,换句话说,你很难改变他,那么就需要向他靠拢,甚至向他学习。李卫军从事《左传》评点研究,孙宝从事南北朝儒学与文学的关系研究,黄杰从事出土文献与古文字研究,都是我感到稍微陌生的领域,至少不是我擅长的领域,在这种情况下,最好的办法是勉励他们继续自己熟悉的研究方向。去年入站的南京大学博士罗超华,擅长宋代文献与文学,我就专门邀请文学院的孙学堂教授合作指导。孙教授擅长宋代文学,我的专长在文献,这就可以满足指导上的需求,这也可以认为是导师向博士后靠拢吧!为什么要这样呢?中心目的还是让博士后得到学术上的提高。

因为工作太忙,课多、项目多、会议多,我对博士后的帮助确实很不够,但内心的关注却不能放松,尽量做一些力所能及的工作。杨洪升出站,要去南开大学试讲,我组织了研究生听他的课,听了两遍。第一遍提了不少修改意见,包括口头念错的字,到了第二遍就很少问题了。他到南开试讲,根本不用看备课本,表现非常完美。这岂止是帮他去了南开?对他一生的教学科研工作都是一次很好的教育。

近年,我们学校设立"特别资助博士后"制度,这项制度对充实青年人才队伍非常有效。以前我要留下优秀学生,很困难。一方面，制度受限。另一方面自己有顾虑，怕别人有意见。"特别资助博士后"入站门槛提高，待遇提高，出站条件提高，达到合同要求，可按合同留校，不占正常名额，这样导师的心理负担减轻了。我已留下两个特别资助博士后，成为得力助手、学术骨干。

在博士后培养方面，我们从制度上还可以再科学一些。例如博士后一定要发表多少篇 C 刊才能出站，而对博士后出站报告的学术质量要求却不是太严格，我认为出站报告的学术水平应该再严格一些，而发表论文的要求应有一定的灵活性，博士后培养应更多地关注出站人员的学术成就，或者说学术贡献。

博士后参加国家重大项目，对重大项目的顺利开展很有帮助，对博士后成长也具有关键作用，但人文学科重大项目周期长，一般要十年才有成果。博士后两年出站，他的贡献看不到正式出版的成果，不能作为出站的成果依据，这就导致合作导师不敢把太多任务交给博士后，甚至有意让他少干项目，多干自己的，以保证按时出站，这就事与愿违了。

理工医学科发表成果，导师是通讯作者，博士后是第一作者，双赢，就不存在这个矛盾。学校人事部郭春晓部长问我为什么人文学科教授招博士后积极性不高？我想，导师对博士后的单向付出，可能是重要原因。如果博士后可以全力投入国家项目，而对项目的贡献可以成为出站的条件，导师的积极性会提高。二是特殊原因：人文学科从大学开始，女同学多，决定了硕士生、博士生女生多，博士毕业 29 岁，婚姻问题提上来了，一般选择就业，不选择再做全职博士后。高层次博士后主要是男生，男生偏少，就业比较容易，愿做博士后的比例就更少了。

我的体会就这些，不当之处请大家批评。谢谢！2021年12月2日夜匆草。

（本文为在山东大学博士后工作会议上的发言）

谈谈"双一流"中文学科建设中的创新团队

各位老师,上午好!

我们专门召开"双一流"建设"中国语言文学"学科建设讨论会,有这样一个背景。7月30日教育部办公厅下发了《教育部办公厅关于开展新一轮"双一流"建设方案编制工作的通知》,这个文件的附件一是《山东大学2021—2025"双一流"建设学科建议名单》,共有四个学科,中国语言文学是其中的一个。樊校长把这个消息发给我,并附信表示祝贺,希望下一步,按照教育部和学校部署,加大谋划和建设力度,更上一层楼。在那之后,学校召开了几次会议,商议申报方案,要求有关学院深入研究,做好规划。学校的核心希望还是出标志性、代表性的成果,这正是双一流建设的最终目标。一流大学、一流学科,标志是什么?一流的师资队伍、一流的学生、一流的科研水平,这一切都有赖于一流成果去证明它。

一流成果是怎样形成的呢?在中文学科,途径不一,不过无非两个模式。一是独立完成,二是合作完成。高亨先生的代表性成果,《周易古经今注》《周易大传今注》《诗经今注》《老子正诂》《墨经校诠》等,萧涤非先生的代表作《汉魏六朝乐府文学史》《杜甫诗选注》,殷焕先先生的代表作《反切释要》,都是独立完成的。但是萧涤非先生主编的《杜甫全集校注》、董治安先生主编的《两汉全书》,吉常宏先生主编的《汉语称谓大词典》,又是团队完成的,还有我们熟悉的具有标志意义的《汉语大词典》《汉语大字典》,则是庞大的跨地区团队合作完成的。有些大项目,不通过团队合作,是无法完成的,一个原因是工程浩大,另一个原因是一个人的知识无法满足项目的需求。历史上的《永乐大典》《四库全书》也都是团队历时多年才完成的。历史告诉我们,一个人的能力可以完成一部甚至若干部具有标志意义的著作,顾炎武的《音学五书》《日知录》等名著,不都是一个人完成的吗?可是有些著作只能集体完成,而且具有标志意义的大工程,尤其需要团队。

现代科学告诉我们,团队合作是创造具有重大学术意义的学术成果的常见手段。原子弹、航天飞机、航空母舰,这是为大家熟知的,我们文科,《中国大百科全书》也是很好的例子。我们山东大学中文学科,既然要建一流学科,而一流学科需要一流成果的支撑,是不是应当考虑组建学术团队呢?在此我要声明,组织团队不是搞群众运动,也不带有任何强制性,更没有任何偏见,无论是个人奋斗,还是团队合作,只要拿出一流水平的标志性成果,我们都要向他致敬,而且个人奋斗拿出标志性成果,更令人钦佩。学术自由,学术模式自由,仍是我们的基本精神。更何况,有的课题根本无法合作完成,只能一个人苦心经营。正如杜甫诗所说的"意匠惨淡经营中"。这里讨论中文学科的学术团队，只是从历史到现实的学术工作模式选项之一。

学术团队的组建，具有时代特点，历史上的《永乐大典》《四库全书》《全唐诗》《全唐文》，都是由朝廷直接下令征调学者，当代的《汉语大字典》《汉语大词典》也是如此。可是这种组织团队的模式，在经济体制改革以后，就不容易办了。因为计划经济时期，学者把公家的科研项目作为一项工作来对待，参加集体项目就是一个工作岗位，你靠这个岗位获得工作和工资，你去上课教学生，我去编词典写词条，只是工作岗位不同而已，不太涉及个人的利益。改革开放以后，问题就出现了，教师要评职称，项目主持人、第一作者、第一获奖人在荣誉和评职晋级中的待遇都有明显差别，哪怕是并列主编，也有排在第一位和第二位的差别，由此引发的合作者之间的矛盾也就自然产生，不可避免。一些重大项目就搁浅了。有的项目虽然完成了，却在团队内部留了难以弥补的人事矛盾甚至伤害。可是为什么有的团队运转正常呢？我体会，在新形势下，要想团队正常运转，获得成功，应考虑几个因素：

第一，团队成员之间应有特殊关系。叶圣陶编《十三经索引》，成员都是他的家庭成员和亲戚。今天更常见的则是一个导师带着自己的学生或友好教师的学生，大家的关系是师生关系。学生与老师合作比较容易，而且学生会毕业，干不太长时间，如果想离开，忍耐一下也就趁毕业自然离开了，不会在明处伤了友好关系。学生参加项目，可以从老师那里及一起参加项目的同学那里，获得知识，学到技能，积累经验，甚至还可以获得少量劳务费、稿费，获得署名机会，这对学生的学术成长、升学、求职等，都有一定帮助。所以学生参加老师的项目，不一定需要强制，或者仅仅靠面子来维护。有时候参加某某学者的团队，还是光荣经历。王绍曾先生早年在商务印书馆参加张元济先生的"校史处"工作，校刊《百衲本二十四史》，他就多次回忆，为此自豪。我本人参加季羡林先生主持的国家重大项目《四库全书存目丛书》编纂工作，任总编室主任、常务编委，对我来说就十分光荣，尽管在山大评职晋级中我都是零分，也从不认为这一经历是吃亏的。对参加别人的项目，是否扮演主要角色，每个人的认识容有不同，在这种情况下，只能自觉自愿，无法勉强。

第二，团队带头人是关键。组织学术团队就如带兵打仗，搞不好逃兵多了，队伍就散了。如何搞好团队的团结呢？作为带头人，应充分考虑团队成员的诉求，应向成员传授知识，帮助成员解决一些学术上、求学上、工作上的困难，应平等对待成员，不能有亲疏远近，更不能允许成员分派分伙，应及时发现成员的矛盾，予以化解。对成员的学术贡献要明确表述，要尊重成员的署名权，要尽可能帮助成员出题目、改论文、推荐发表，对成员要特别爱护，在工作中培养学术友谊。带头人要亲自参加项目工作，带头研究，带头攻克难题，不能光依靠成员干，自己挂空名。

第三，集体项目的设计应充分考虑集体的特点。团队成员有几人？水平和特长是什么？完成的条件是否适合于自己的团队？规模过大，周期过长，难度过大，不易分工合作，看不见阶段成果，都不适合，往往是半途而废的重要原因。

第四，集体项目在开展过程中要集思广益。集体项目出于众手，又有很多问题临时出现，错综复杂。因此想要团队、项目正常运转，最好定期开会，集中讨论，就事论事，形成纲领或条例。同时，也要培养团队成员日常讨论解决问题、互帮互助的习惯，这有利于提高集体项目运行的效率、质量。经常讨论，也是消除分歧、统一认识的最好办法。

第五，集体项目成果应考虑是否具有原创性或知识产权、著作权。如果不具有原创性，不具有知识产权、著作权，将来容易被人家合法取代或变相取代，学术水准不高，这样的项目成果有短期效应，却缺乏长效性，对主持人有一定好处，对参加者却无法长学问、长经验，就不应该花过多精力去组织团队。

第六，集体项目的主持人，应充分考虑成员的困难。让成员花费较长时间，付出较大精力和智慧，却没有相应的学术名誉及经济回报，就有占用他人劳动和知识成果的嫌疑，这样的集体项目难以正常维持，也难以保证质量，甚至久拖不完，半途而废，得不偿失。

第七，集体项目的成果，不可避免地带有集体的烙印。例如体例不整齐，水平不均衡，主持人应采取一定办法去弥补，并且最终应当能够容忍一定的不完美。如果主持人是完美主义者，容不得成员出错误，那最好不要组织学术团队。

第八，集体项目应有一定的经费保证，对研究场所、资料、出版，也要有解决办法，这是主持人或主持单位应当承担的任务。如果不具备这样的能力，也不适合组织学术团队。

第九，对集体成果的署名、稿费、获奖等后续获益，应依据国家有关法律，合法依规办理手续，充分尊重团队成员的权益。必要时应签署文件，规定权限和授权等事宜。好聚好散，合作愉快，才是学术团队的理想状态。

以上这些因素都关系成败，当然也不全面。至于青年学生或者青年老师，要不要参加团队，我的体会是，要追求大成就，如果有参加高级别学术团队经历，那还是一种重要资源。我曾长期参加导师王绍曾先生的学术团队，完成了《清史稿艺文志拾遗》《百衲本二十四史校勘记》整理；参加季羡林、刘俊文先生团队，完成了《四库全书存目丛书》编纂；也与王学典教授合作组织团队，完成了《山东文献集成》编纂工作；自己组织团队，完成了国家清史重大项目《清人著述总目》《清史典籍志》；目前正在从事《十三经注疏汇校》工作，已完成出版《尚书注疏汇校》，完成《周易注疏汇校》交给中华书局，即将出版，完成《毛诗注疏汇校》，还没有定稿；同时完成一些小型项目，如《静嘉堂秘籍志》《大清畿辅书征》的整理工作，都产生了较大的学术影响。我还与助手王晓静同志承担国家古籍保护中心委托重大项目《日本藏中国古籍总目》编纂工作，进展大体顺利。在学术界，大家认为我有能力组织学术团队，因此享有一定的信誉，国家有关部门愿意把重大项目委托给我，这对我个人和山大，都算是扩大学术影响力的一种途径和贡献。我希望这些关于学术团队的意见对我们的"双一流"建设规划有参考的作用。当然参加集体项目，在学术评价中吃亏，这个问题有赖于改良我们的评价体系，这个问题需要另作讨论，这里不再详谈了。谢谢！杜泽逊 2021 年 8 月 26 日夜。

（本文为 2021 年 8 月 28 日在山东大学文学院"中国语言文学一流学科"建设讨论会上的发言）

如何构建中国特色教材体系

各位领导、各位同事，上午好！

今天列席党委理论学习中心组学习会议，听取传达"全国教材工作会议暨首届全国教材建设奖表彰会"精神，并代表山大获奖教师发言，很荣幸。"全国教材工作会议暨首届全国教材建设奖表彰会"是10月12日在北京召开的。根据国家教材工作委员会通知，各省、自治区、直辖市设分会场，线上参会，樊校长带领山大获奖团队到山东省政府礼堂参加了会议，我也随队参加，聆听了大会传达的习近平总书记指示、李克强总理批示、孙春兰副总理讲话，深受教育。

今天是山大党委理论学习中心组的学习会议，我的《文献学概要》获得了一等奖，吴臻校长说这个一等奖很宝贵，对山大很重要。樊校长也给予了表扬。我想，这份荣誉来之不易，在这里我把这部教材的情况介绍一下，也许对今后的教材建设工作，尤其是研究生教材建设有参考作用。

习近平总书记提出要加快构建中国特色哲学社会科学，这是我们文科的最大任务，也是最大的历史使命。"中国特色哲学社会科学"是全局性的系统工程，中央根据习总书记的一系列讲话综括为四大体系建设："学术体系、教材体系、话语体系、评价体系建设"（2020年12月10日王沪宁在马克思主义理论研究和建设工程会议上的讲话《深入学习研究宣传习近平新时代中国特色社会主义思想，扎实推进马克思主义理论研究和建设工程》）。

就我的体会来说，学术体系、话语体系，作为体系，就不是一篇论文可以建构的，学术体系和话语体系建构比较适合的形式是编纂教材。教材是对学科或分支学科较为系统全面的概括、总结和阐述。习总书记在教材建设方面指出的方向是："用心打造培根铸魂、启智增慧的精品教材。"教材凝聚学科的学术智慧，也体现各学科的治学精神和学术追求，不仅引领学术，而且引领学风，是立德树人的重要依托。就是说学术体系、话语体系和教材体系建设必然是同步的、相互支撑的、三位一体的。至于评价体系，则可以保障学术体系、话语体系、教材体系建设的前瞻性和评价的科学性、公正性。

山东大学的中国古典文献学学科最主要的开创者是我的导师王绍曾先生，也许可以说没有王绍曾先生，就没有山东大学的目录学、版本学、校勘学这样一些文献学学科建设的核心领域。1981年我考入山大中文系，1985年毕业考上了山大古籍整理研究所研究生班，这个班有10个研究生，他们是根据教育部规划招收的，而且只招收了这一届。王绍曾先生是指导老师之一。1987年研究生毕业,我被留下来,所里安排我做王绍曾先生的助手,1988年王先生指导了我的硕士学位论文。到2007年王先生97岁去世,加上研究生班两年,我跟王先生学习工作共22年。这22年,是在王先生75岁以后。我留校那年,北大毕业的刘心明同志分配到山大古籍所,也被安排为王先生助手,王先生又招收了一名研究生,即后来留校的王承略同志,我们三个人跟着王先生,组成了一个团队。王先生那时主持了八九个项目,其中最大的是教育部古籍整理委员会项目《清史稿艺文志拾遗》,这个项目历时八九年,由中华书局出版,2003年获教育部人文社科成果一等奖。紧接着王先生受商务印书馆委托,组织了十几个人的团队,历时八年完成了《百衲本二十四史校勘记》整理,2006年获第四届中国高校人文社会科学研究优秀成果二等奖。1994年至1997年底,应北京大学邀请,我参加了季羡林先生主持的国务院重大项目《四库全书存目丛书》,担任总编室主任、常务编委,前后工作四年,这部大型古籍丛书共一千二百册,收入四库全书存目的书四千五百零八种,获得第一届霍英东贡献奖。由于这个特殊原因,在季羡林先生参加山大百年校庆时,特别表扬了我。

1999年文学院院长谭好哲老师通知我为文学院全体研究生开必修课"文献学",每周四学时,共四个学分,是一门大课。我接到任务后,半年时间停止一切工作,一边写讲义,一边讲课,每星期用山大古籍所方格稿纸写一百页讲义,十八个星期写了十八本讲义,正好全部写完,全部讲完。接着历史文化学院、哲学院也邀我讲文献学。2000年山东大学等三校合并之前,研究生院通知申报研究生课程建设项目,可以出版教材,我把这十八本讲义通过古籍所推荐上来,幸运入选,给了四万元经费。当时的研究生院院长王琪珑同志告诉我:"找最好的出版社出版,钱不够找我。"这部书就这样在2001年由中华书局出版了。出版后很受欢迎,每年重印,后来固定在每年八千册。2006年入选"十一五"国家级教材。到现在已经印了十几万册。2021年获首届全国教材建设优秀教材一等奖,实际上经历了22年的建设,我也在讲台上站了22年,每年听讲的学生都在百人以上。这门课2010年秋由超星公司拍成视频公开课(第一章则是2011年2月补拍的),2012年挂在网上,若干媒体又转相传播,网上听众很多。

回想这部《文献学概要》撰写,只用了一个学期,其实浓缩了三个重大项目的学术实践,它们是《清史稿艺文志拾遗》《百衲本二十四史校勘记》《四库全书存目丛书》。在写讲义过程中,脑子里像过电影,一个一个学术问题是如何发现的,又是如何解决的,甚至不需要复核。这部书出版后受到广泛关注,著名古籍专家、中华书局原副总编辑程毅中先生来信说,这部书"总结了二十世纪古籍整理[的成就]"。唐代文学学会会长、复旦大学教授陈尚君先生特别指出这部《文献学概要》最大的特点是多为个人学术心得。十几年来,这部《文献学概要》一直是国内通行的教材,我国台湾,甚至日本的学校也要用这部书。

总结这部书取得学术界认可的原因,我想答案基本是两句话:"重大项目产生重大学术成果,重大学术成果支撑精品教材。"精品教材好比金字塔的尖,《文献学概要》是文献学学术体系建构的主要成果,这也是它长期不能被其他教材取代的主要理由。但这个体会可能只适用于研究生教材。

　　当然，三个重大项目耗费了十几年心血，也获得了重要奖项，由于都不是第一完成人，不是第一获奖人，第一作者是导师王先生，还有季羡林先生，所以在考核、评职称、评人才中几乎都得了零分。这种现象普遍存在，不是哪个大学的问题。但我也从不后悔，不跟上老先生，学问从哪里来呢？没有这些大项目、大成果，又哪来的教材一等奖呢？小时候看《红灯记》，李玉和唱的两句："栽什么树苗结什么果，撒什么种子开什么花。"可以说是千真万确。由此引发的是"四大体系"建设中的"评价体系"建设问题。大部分情况下，教材与著作相比，在考核评价中教材只相当于半部著作。绝大部分学术评价标准是"不见兔子不撒鹰"。项目旷日持久，或者他到不了当第一作者、第一获奖人、重大项目首席专家那一天，就先被人家挖走了，对学科建设就会造成一定损失。在评价体系上我们要考虑某种情况下"下先手棋"的可能。下先手棋有个前提，那就是允许伯乐有效地发现人才、举荐人才，当然是在人才冒出来之前。这是评价体系问题。再一个是长周期培育问题。王绍曾先生八九个项目，没有房子，他就"赖"在图书馆古籍部阅览室，年复一年"盘踞"在那里，人家委婉地赶了几次，也不走，最后实在没办法，搬到数学楼二层古籍所资料室外间的一张桌子上，做了最后的收尾工作。有一年春节放假，我们仍在加班，校办主任张华同志、副主任张宇同志巡视安全，看到我们还在干，张华同志说："什么都会有的。"钱曾怡老师也鼓励我："小杜，什么都少不了你的。"文科大项目所涉资料多，需要团队集中坐班，而且一干十几年，可是空间问题实在难办。最近十五六年,王琪珑副校长、王学典院长等各方面负责同志在这方面给予了大力帮助,我们真是感恩不尽。我说完了。谢谢!2021年10月31日。

(本文为在山东大学党委理论学习中心组"传达学习全国教材工作会议暨首届全国教材建设奖表彰会精神"会议上的发言)

谈谈学术评价中的"非量化因素"

学术评价,对一个学者和一个学术单位乃至一个国家学术地位的确立,都是至关重要的。那么学术评价的标准就成了关键问题。各式各样的学术评价标准,已让人眼花缭乱。不断调整的标准,更让人感到跟不上趟儿。我认为执简驭繁的办法是首先把学术评价的因素切分为两个部分:一部分是量化因素,一部分是非量化因素。量化因素指那些可量化,能直接填入"考核表"的学术因素,包括学历、学位、职称、职务、头衔、论文、著作、获奖、项目、经费等。这些在学术评价中可以直接赋分。非量化因素,则是无法填入考核表,无法直接赋分而又可以提高学术影响力、形成学术声望的因素。我们对可量化因素,大都比较熟悉而且习惯接受了。而对非量化因素,则处于有认识而无法充分纳入考核标准的状态。

非量化因素,在教学上表现为教学效果良好,善于讲课而且水平高。据我的老师霍旭东先生说,高兰先生上课,学生甚至屁股会不自觉地离开座位，处于半站半蹲的状况。袁世硕先生也曾模仿赵俪生先生讲课的口气，神采飞扬。吉常宏先生也曾绘声绘色地讲述季镇淮先生上课的精彩和见解独到。在我们熟悉的考核标准中，这都不能直接赋分。在信息化的今天，上网课、拍慕课、电视授课、线上演讲，有的老师听众甚多，有时观众成千上万，疫情期间表现尤为突出。山大文学院青年老师寇鑫在疫情期间上网课，讲"现代汉语"，听课学生的数量就远超于想象。这同样无法在考核中直接赋分。非量化因素广泛存在于辅导学生读书、写论文，为学生改文章，带领学生搞读书会，辅导学生学习社团等教学生活中。这些影响学生一生，甚至促成学生成才的重要因素同样属于非量化因素。一所优秀大学，一个优秀老师，其优秀及学术影响力，很大程度上取决于这些教学活动，可是这些活动长期以来构不成老师提职晋级、评人才帽子的条件，所以都属于非量化因素。

非量化因素还经常表现在辞书及百科全书编纂上。辞书、大百科全书，具有包罗万象的跨学科特点，同时要求有较高的准确性，是对人类已有知识的总结。我国辞书《辞海》《辞源》《新华字典》《现代汉语词典》《汉语大字典》《汉语大词典》都有很高的学术信誉，可是每个词条都不知道是谁写的，有的有主编、副主编、编委，有的则署集体名，没有任何个人署名，使用辞书的人也并不留意辞书的编者是谁。我的几位老师参加过《汉语大词典》编纂工作，十年辛苦，评职称时不敌别人一本小册子，哪个词条是你写的呢？说不出来。原创性词典，首先要从一本一本的书中把"词"析出来，同时析出例句。如果书中有旧注，也要抄出来。所有的条目再合并起来,一个词在哪些典籍中使用过,就可以通盘考虑其基本词义,分析出"义项",每个义项拟出准确释义,再跟上例句。一个词条拟出初稿,还要进行二审、三审,最终形成的词条,往往是几个人的智慧凝结而成的。一个短短的词条,署谁的名字呢?蒋维崧先生是《汉语大词典》副主编,在《汉语大词典》编写组跟蒋先生当过助手的刘晓东老师曾回忆,蒋先生对"面首"一词的含义的确定,其早期含义是"娇美的男子",大约唐代才有了"供贵族妇女玩弄的男人"这一含义。蒋先生虽然是负责山东省编写工作的副主编,他的名字也赫然在词典前头,可是谁会知道这个义项是他的见解呢?至今还有评职称的学术成果认定办法,规定辞书不是学术成果,或者辞书只相当于著作的一半。辞书的著作方式是"编"。《中国大百科全书》具有很高的权威性,其中"中国文学卷"当中的"宋代文学"这个条目是刘乃昌先生写的,这部书倒是为撰稿人在条目末括号内署名了。刘乃昌先生撰写这个条目,说明他在宋代文学研究领域具有权威性,可是一个条目字数了了,我们通常的学术成果认定办法还对论文的字数有规定,字数少了也不算。更何况,这类条目一般被认为是综括总结性的,而非创造性的,在对"创新"的要求泛化到每个角落的年代,刘乃昌先生的这个词条是否被认为是学术成果也还是个问题。时至今日,"学术综述"不被认定为学术论文,也还是较为普遍的评价规则。刘建亚教授送给我他主编的《数学文化》杂志,有一期介绍日本人编的《岩波数学辞典》(第四版),介绍者认为第四版吸收了世界数学界的最新成果,比起第三版,已大规模改写了,刷新程度无异于重新编写的一部新书。《岩波数学辞典》是日本数学界协作的、代表世界数学界前沿水平的数学辞典。我问刘建亚教授，我们中国为什么不能编一部数学辞典呢？我考虑与我们的学术成果评价办法有关，参加编写大辞典，结局是什么呢？得不到承认与尊重。季羡林主编的《敦煌学大辞典》在当时被认为是敦煌学成果的集大成之作，白化文先生负责撰写"非佛经"的"四部典籍"词条，这也可以代表白先生在敦煌学界的地位，可是白先生希望当一名"编委"，也还不顺利。所以说，辞书编纂，一方面被认为是人类知识的总结，具有权威性；另一方面是参加者的个人成果在学术评价中几乎无法直接进入评价体系，无法直接填入考核表"得分"。湖北大学汪耀楠先生多年前向我谈到编词典的艰辛，援引一位外国人的话，认为参加编辞书是一种"劳役"。辞书可以赢得学术声誉，在学术考核中却是非量化因素。

非量化因素还常见于大型集体科研项目。萧涤非先生主编的《杜甫全集校注》，由于种种原因，历时三十年才完成出版，获得多个大奖，可是参加工作的三代人，在成果出版时已去世一半，而且所有参加的人，几乎都没评上教授。为什么呢？我们的学术评价只承认已出版的成果，一天不出版，一天就是零分。第二点是主要承认"第一作者"，至于在一片署名人中有你的名字，那几乎约等于无。所以即使你活着，也还是得不到多少分。具有新中国标志意义的《全宋诗》《全宋文》《全元文》，参加者的学术待遇也类似。有人看明白了，从来不参加大型长线科研项目。可是，具有文化上的建设性意义的成果，从《永乐大典》《康熙字典》《四库全书》到中华人民共和国的《汉语大词典》《汉语大字典》，哪一项不是合作的成果呢？单打独斗，可以成全一名优秀学者，却无法铸就具有时代标志意义的文化史上的丰碑。人们总是要求"奉献精神",可是奉献者为什么总要受委屈呢?

非量化因素当中较大的一个方面是"特殊人才"。我的老师刘晓东教授,可以不折不扣地说是"九经三传皆通习之",《十三经注疏》研读多遍,《广韵》手抄五六遍,任何一个字的反切张口就来,深受导师殷孟伦、蒋维崧先生赏识,大江南北各大高校的同行对刘先生的学养公认不疑,深致尊敬,可是在"量化标准"面前却不占优势。一个人物的存在,对一个学科、一个大学,是无形的学术资源,叶嘉莹之在南开,林毅夫、杜维明之在北大,叶国良、龚鹏程之在山大,没有人问他们是否有人才帽子,是否主持国家重大项目,发了多少C刊,获得几个大奖,他们是自然发光,桃李不言,下自成蹊。在我们的"学科评估表"中,他们几乎填不进去,可是带来的学术声誉甚至高于可以填入表中的"代表性学者"。

我们在学术评价体系中过多地依赖量化因素标准,极端结果就是"五个唯"。在这种情况下,具有重大意义的大型科研项目极不容易开展。作为参加者,最后可能是受苦者。作为主持人,邀请自己信得过的同事、友人、门生参加大型长线项目,十年合作,一无所获,自己也就成了坑害朋友的人。可以说是"两厢不情愿"。大型长线项目热热闹闹开题,悄无声息结项,甚至虎头蛇尾、无疾而终,也就是自然而然的事了。从长远看,不参加淮海战役,或没有跟随巴顿横扫欧洲战场的经历,要出名将,是困难的。我们下一代规划、组织、实施国家重大项目的领军人才如何产生,是值得深思的问题。高度重视学术评价中的非量化因素,把非量化因素用合理的科学的方法纳入到学术评价体系中,使量化因素与非量化因素相结合,才是实事求是的、科学的,有利于国家可持续发展的学术评价体系。高度重视非量化因素,对我们的学术组织者和职能部门负责人制定学术政策、人才政策,尤具战略意义。2021年8月7日。

(本文发表于《光明日报》2021年10月26日15版,此据原稿)

爱护学校，爱护老师，爱护学生

各位新上任的领导，下午好！罗校长让我给大家讲一小时课，其实我们都一样，都是山东大学的一名工作人员。这里谈三个方面的体会，与各位共勉。

一、爱护学校

什么是"爱"？发自内心的喜欢。什么是"爱护"？不仅发自内心喜欢，而且全心全意去维护她。我1981年考上山东大学，9月1日报到，来到山大中心校区，在今天九号楼前边的马路旁边报到，各个系都在那里迎新生，辅导员王德禄老师是研究现代文学的，本校78级研究生，81年毕业留校，直接当我们81级辅导员。当时天黑了，王老师耐心告诉我，宿舍是10号楼639房间。什么是10号楼？什么是639房间？没有听说过。我是滕县一中毕业的，学校也算重点中学，可是都是瓦房，没有几号楼、几房间这样的说法。正在为难，过来一个同学，他说自己是滕县书院街小学毕业，算是老乡，现在家在金乡县，是中文系80级的。他提着我的行李，一路说着话，把我送到10号楼639室，床上贴着我的名字。他说你休息吧，有事找我。我第二天想找这位同学，竟不知他的名字，到哪里去找呢？过了几天才发现，他住在同一层楼上，于是表示了感谢，问了名字，叫陈波。他说他父亲担任滕县副县长，调到金乡县工作了。我感到有了一个很重要的依靠。在入学后两三天，又有两位78级学长来房间看望，他们是滕县人寻寰中、李建勋。寻寰中的父亲是滕县三个十七级干部之一，他哥哥寻红老师，是滕县一中的体育老师，和我父亲是中学同学。这个关系在入学之前就知道了。入学之后的感受是学校很大，找不到教室。10号楼刚建好，楼梯等处还有电焊善后工作，卫生间不让用。一个楼六层，每层大约四十个房间，每间八个学生，也就是说10号楼大约有三千多学生。我们村一千八百口人，当时我觉得很吃惊：一个楼可以容纳一个村的人还绰绰有余。卫生间不能用，如何办呢？当时不知道临近的9号楼、8号楼里头也有卫生间，中学的卫生间都是户外的公共卫生间，于是在校园里寻找，发现大操场东南角有个卫生间，比较宽大，大家就去那里解手。大学生活就这样开始了。大学的图书馆在文史楼西头向北拐出来的一角，书比较多，楼上还有线装古书，学生也可以借回宿舍。文史楼北楼一层西边大厅，是阅览室，靠里头是教师阅览室，大厅西边还有新华书店。这些地方我经常去。书店的营业员姓齐，态度很好，时间长了也认识了，只是看书多，买书少，没有钱。有一次买到一本《楚辞集注》，说是殷孟伦先生买重的，拿来代售。同学关系非常好,一个宿舍有河北、安徽、浙江、北京、江西等地的同学,天南海北,什么话题都谈。老师与中学相比,我发现他们课很少,古代文学的老师王洲明、王培元、萧华荣几位,每周来两次,每次两小时,然后就不见了。他们那么多时间干什么呢?后来在阅览室看学报,才知道他们写论文在学报上发表,认为很厉害。课少,时间多,不坐班,写文章发表,太令人羡慕了!于是产生了将来当一名大学老师的念头。校外专家来讲学的不算多。记得季羡林先生来过,在公教楼108(现在的董明珠楼)。季先生说新疆发现了一本古书,不知什么文字,拿到北大给他看,他说是吐火罗文,并告诉他们书名是什么。第二次去,又把内容搞清楚了。季先生还说孙悟空这个形象是从印度来的,是个神猴,一个跟头可以翻到斯里兰卡(锡兰)。还有一位著名学者王利器先生也来过,讲《水浒》,讲李卓吾"童心说"。中文系主任张可礼老师在旁边时时用粉笔写"李卓吾""童心说"。因为听众有老师,也有大量学生,张老师怕大家听不清楚。讲完了,王利器先生让大家提问题,递纸条子,递上去不少,王先生当场回答,上至《周易》,下至明清小说,当时非常吃惊,这么有学问!随着时间加长,许多老师都认识了,有时到老师家里玩,朱广祁、王洲明、吉发涵几位老师那里去的次数多。那时没有手机、电话,也不懂事,不问几点,直接到老师家里敲门,老师总是很高兴。老师家里正在吃饭,我就坐在旁边看着人家吃,老师边吃饭边和我说话。1984年底我决定考研究生,顺利考上古籍整理研究所的研究生。那时狄其骢先生教马克思早年手稿解释,我的成绩很高。狄老师见了我说:"小杜考上古籍所了?"言外之意我应考文艺理论。老师的爱护和关心,也许是一句顺口的话,我都记了几十年。我们为什么要爱学校？为什么要爱护学校？因为那是我们学习成长的地方，一切进步的喜悦都和这个地方紧密相连。各位同事也许不都是这里毕业的，那么总是有自己读书的母校，对自己的母校如果可以尽一份力量的话，应当及时尽力。至于山大，我们在这里工作，是我们生存工作的地方，唇亡齿寒，学校如果不景气，我们也就无法进步了，一损俱损，一荣俱荣，所以各位同事应当爱护我们山大。

二、爱护老师

我说的老师包括学校的全体工作人员，中小学时都是称呼"老师"，也就这么习惯了。我们办大学，招学生，靠的是老师，大学尤其重要。我的孩子上小学，我看他的书本，也有些不同看法，但我们两口子与孩子约法三章："凡是爸爸妈妈说的与老师不一样，都是爸爸妈妈不对，以老师的为准。"为什么呢？我们把孩子送到学校，就要靠老师，如果孩子不信任老师，孩子就很难一心一意跟老师学，那对孩子有什么好处呢？家长与孩子相处的时光比老师少得多，无法有效地辅导孩子，所以要维护老师在孩子心目中的权威。到了孩子上大学，我才开始对学校的课本表达不同看法，这时候也会把持不同看法的根据告诉他，大大激发了他的讨论思考兴趣。我们当然可以早一点介入，但那对孩子来说会引起偏科，考不上大学，一切都不好办了。这样看，大学老师比中学老师更重要，尤其是在把孩子培养成才方面更重要。

我是学习文献学的，文献学的核心内容是目录学、版本学、校勘学。我们国家从事文献学研究工作的专家不算少，但从事以目录、版本、校勘为核心的所谓"纯文献学"研究的却不多。我们山大之所以在"纯文献学"方面有特色，得益于一位老师，那就是我的导师王绍曾先生。王先生是无锡国专毕业，大学毕业论文是钱基博先生指导的，题目是《目录学分类论》，文言文的，6万字，钱先生打了100分，当时就出版了。毕业后到商务印书馆协助张元济先生编校《百衲本二十四史》，今天看属于版本学、校勘学。以后担任无锡国专图书馆主任、文言文写作老师。中华人民共和国成立后，王先生来到济南工学院工作，考上了高亨先生函授研究生。高先生把他调到山大图书馆从事古籍工作。1983年教育部批准山大成立古籍整理研究所，王先生调任古籍所教授。1985年我从山大中文系本科毕业，考上古籍所研究生班，1987年毕业留下，所里指定为王先生的助教，到2007年王先生过世，跟王先生学习工作了二十多年。古籍所给王先生配的助手还有刘心明、王承略两位教师。80年代后期，一个小规模的研究所，为一位老先生配三个助手，非常不一般。这件事情主要是副所长霍旭东先生做的。霍老师是高亨先生的研究生。多年来我们山大的文献学在国内受到重视，我在1999年为文学院研究生讲授文献学，撰写了一本讲义《文献学概要》，2001年中华书局出版，被广泛采用为教材，今年被评为首届国家教材建设奖一等奖。没有王绍曾先生，这一切怎么会有呢？我们山东大学像王先生这样身怀绝技的人很多，可是绝大部分是默默无闻地工作，尽心尽力做学术研究，全心全意地讲好每一节课。我带的尼山学堂已经十年了，在2012年开始时，聘请了49位主讲导师，面向全国聘请，因为我们山大没有这么多合适的专门导师。我们中国传统学术的主流是儒家学问,而儒家学问又叫"礼乐文化","礼"包括三部经典:《周礼》《仪礼》《礼记》。这三部核心经典,能一字一句准确讲授的,在中国大约是个位数。我们山大的刘晓东先生、胡新生先生,以及聘请的全职讲席教授叶国良教授都可以做到。尼山学堂的《礼记》开始是刘晓东先生讲授,那是当之无愧的"权威学者"。后来刘先生年纪大,推荐南京师大方向东先生、浙江大学吴土法先生。方先生有事不能来,就请吴先生来了。刘先生学问那么大,也只是四级教授退休,并没有作为大师来尊重,为什么呢?在那个"量化"的年代,这种高难学问不能紧跟形势,无法当"先进",当"模范"。吴先生在浙大,是礼学大师沈文倬先生的高足弟子,按照沈先生的意见,吴先生专攻《周礼》。《周礼》最重要的注释是清代光绪年间浙江人孙诒让的《周礼正义》,这部书至今不能超越。中华书局出版了校点本,32开,一套14册,吴先生读烂了四套,全中国在《周礼》方面如此专精的学者,怕是没有第二个了。他为什么副教授退休的呢?也是"量化"评价体系的结果。吴先生虽然退休了,却没有忘记导师的教导,孜孜不倦从事他的著作《周礼考》的写作,向我表示要用这个成果到地下去见自己的导师。当山东大学邀请他来讲《礼记》时,他也不太情愿来,因为时间太紧了,但他又觉得很高兴,世上还有大学看得起他,专门请他。他来到山大,讲了两年,就说不能继续来了。我了解到,吴先生是生病了,需要在医院治疗。我很难过,就请尼山学堂听课的学生康博文(第五届)、刘紫藤(第六届)整理吴先生的讲课录音,整理成《吴土法讲礼记》,二十多万字,又请吴先生弟子韩悦校订。我跟中华书局俞国林先生商量,俞国林先生表示愿意出版。我就让韩悦向吴先生请示，希望吴先生允许。没想到吴先生坚决不同意，认为课堂讲课不能完全周密，还是希望能集中精力完成自己的系列论文《周礼研究》。吴先生在这样的处境下，仍然坚守学术标准，不愿苟且出版，这说明他把学术事业看得非常神圣，超越了一般人所认为的是非得失。这样好的老师，传递给学生的是何等的品德，难道不应该受到特别的尊敬吗？以前读毛主席《纪念白求恩》，说白求恩是"一个高尚的人，一个纯粹的人，一个脱离了低级趣味的人"，对于这三句话没有真正明白，尤其是"纯粹的人"，根本不能领会。当我们面对像吴土法先生这样的老师，就什么都明白了。我在担任文学院院长之后，2019年我建议文学院编辑出版一本"同人录"，得到党政联席会议通过，于是邀请懂得摄影而又能写人物通讯的刘梦冬女士承担起这个项目。凡山大文学院在世的教师、职工，每人一幅照片，加上简历、工作心得，按年龄大小排列顺序，就形成了《2019年山东大学文学院同人录》一册，由山东画报出版社正式出版。我看过几遍稿子，生怕有错，每一次看都深受感动。文学院的教师、职工，绝大多数默默地工作到退休，退休之后依然一心挂着自己工作过的文学院。例如于和芳老师，1979年到文学院，在办公室、图书室工作，直到退休，他的简历只有两行，而工作心得还不足两行，已不能再简单了。他在工作心得中写道："为老师们服务，为同学们服务。老师们满意，同学们认可，是我工作最高的，也是唯一的标准。"没有多少人格外关注他，他日复一日抱着崇高的信念工作着，荣誉似乎与他无关，甚至他不会有获得什么荣誉的奢望，就这样平平常常退休了。我们山东大学教师员工总有七八千人，维持着大体灵活的运转，就如一艘航空母舰，每个人在自己的角落，就如一颗颗螺丝钉，守着自己的岗位，保证了庞大学校的运转。绝大多数，99%的人，没有获得过任何荣誉，可是他们似乎完全不在意这些，仍然兢兢业业做好自己的那份工作。这是我们最宝贵的财富，最宝贵的精神，所以我们要特别爱护我们的老师、我们的普通老师。

三、爱护学生

学校的第一功能是培养学生，没有学生，学校就要解散了。一所学校没有培养出合格的学生，学校也没有存在的必要了。老师对学生，也许不如他的父母，但大概仅仅次于他的父母。学生对老师也是这样，父母之外，教导自己最重要的人是老师。生我者父母，教我者老师。许多高校都会制定一些鼓励政策，以便"留住好学生"，这些激励政策包括提高对优质生源的待遇或予以奖励。我曾在一些场合表达过这样的看法："如果是你自己的儿女，你会怎么办呢？北大、清华不去，留下来？"我奉命分管尼山学堂十年了，对每个学生的出路，我几乎一个一个地管。但凡有利于成才，我都尽力去帮助。沈珍妮同学在戏曲方面有特殊爱好，写出若干篇优秀论文，对一个本科生来说，这很难得。我说："沈珍妮，你要去哪里念研究生？""老师，我想去中山大学，跟黄仕忠先生读。"我说："你心真不小，黄老师是长江学者。"紧接着说："好吧，我推荐。"我让沈珍妮写了自荐信，说明自己在尼山学堂学习了什么，论文情况，还有读过黄老师什么书，什么文章，受了什么启发。附上两篇论文。我把邮件发给黄仕忠先生，当然又加上我的推荐。黄先生接到信就回复了："欢迎沈珍妮考中大。如果来了，我安排学生照顾她。"过了两天又来一封邮件："如果该生来中大，预留名额。"沈珍妮顺利考了中大，不久又硕博连读了。侯振龙同学对晚明史有研究，经过山大的何朝晖教授向南开大学历史学院的何孝荣教授推荐，何孝荣教授对侯振龙的论文《崇祯南迁之议》大加表扬，非常欢迎侯振龙到南开读研究生。这个过程中遇到一个麻烦。尼山学堂国学班，大学毕业文凭在中文、历史、哲学任选一个，大二下学期确定，上报教育部备案。侯振龙当时报的中文，南开历史学院规定不收跨学科学生，如何办呢？我找山大本科生院院长赵炳新同志，请他帮助，他直接找到教育部有关部门，把侯振龙的毕业文凭改成了历史。他说："这种事只办这一次。"我说："胜造七级浮屠。"张鸿鸣同学大学期间就参加我的项目，有时白天干项目，晚上整理心得上万字，明确要跟我念研究生。等到推免成绩出来，并列第一。我说："鸿鸣，咱家的本事你已经看得差不多了，我推荐你去考北大吧。"我直接向北大中文系的顾歆艺老师推荐了他，在考试中成绩优异，顺利录取。后来又读博士，获得教育部第十六届古文献一等奖学金，在中华书局出版古籍整理成果《春秋穀梁传注》，获得中华书局年度十佳图书。山大百廿校庆，知名校友会接到邀请，我们的小辈还在各大学读研究生，他们从北京、上海、南京、广州相约来到山大，看望自己的老师，庆祝母校一百二十岁生日。你对学生付出多少，学生一分不少地会报答你。我们山大的学生素质很高，我们的教学水平和学风也十分过硬，将来山大毕业生会涌现一大批一流人才，我希望山大的优秀校友遍布大江南北、世界各地，这才是我们建校章程上说的"为天下储人才，为国家图富强"。

我们的学校是最好的学校，我们的老师是最好的老师，我们的学生是最好的学生。爱护我们的学校，爱护我们的老师，爱护我们的学生，这就是我切身的感受。

我几次讲大学精神由三种精神汇聚而成，那就是墨家的科学精神、法家的法制精神和儒家的仁爱精神。三者的有机结合，就是中国大学精神，而仁爱精神尤为宝贵，它是人类作为人类的根本精神。2021年11月17日中午起草，18日中午补写完。

（本文为在山东大学党校新任处级干部培训班上的讲课）

网络空间学术工作的一个例子
——《王小舒文集》编纂情况报告

各位老师上午好！近日疫情，各位不得不居家工作、上网课。那么在这种情况下，可以做什么呢？我这里讲一件事。

2020年8月19日，我给青岛中国海洋大学文学院的青年教师贺琴女士微信联系，她是王小舒老师的博士弟子，读书期间经常讨论王士禛及他的兄长王士禄等人的著述，她有不少发现，对我们的清史项目《清人著述总目》帮助很大。我给贺琴说："有件事，我曾经给王冰鸿（王小舒女儿）说过，可以编《王小舒文集》，她答应考虑。这件事有没有好办法？"我说："我希望你们弟子能分工完成编辑任务。"贺琴表示可以，她说自己和王冰鸿有联系，她还说同门"耿锐也可以做一些工作，她做事很踏实"。于是我交待了任务："编辑《王小舒文集》，第一件事情是你们同门拉个微信群，凑篇目。然后是凑复印本。第三是按写作先后编顺序。前头加目次，加一篇编辑说明，请王冰鸿写一篇传略。就可以了。"贺琴问文章收录的范围，我说："发表、未发表的都要收进来，从容易办的开始。"请贺琴先拉起"《王小舒文集》编辑群"，并要求"这个群只讨论《文集》编辑工作，时间两个月"。

第二天（8月20日），贺琴就告诉我："我建了'《王小舒文集》编辑群'，把您也拉进群来了，您有一些具体要求，可以直接在群里指导我们。"这一天，王小舒老师的弟子们，还有王冰鸿共12人就开始了紧张的工作。首先是耿锐发出来一份长长的目录，有几十篇，并说能找到的文章都下载了，请其他同学查找补充。很快，你一篇，我一篇，后来刘雪乔又建了一个目录，我就把收集的范围作了一个明确建议："发表过的论文、赏析、讲话、访谈录、札记、随笔，为别人写的序言、评论、介绍、传记，都要收，有学术价值的书信也可以选择若干。"并告诉大家："要复印件，或者扫描、拍照、下载的图像版，不需要整理录入。每篇末括号注明发表的刊物、年月、第几期，有写作时间的尽可能保存。"又告诉大家："同时有当时的电子版，也很需要。"耿锐提出来上海古籍出版社2014年出版的《渔洋山人感旧集》是王小舒先生写的前言。我就告诉大家："题目是：'《渔洋山人感旧集》前言'，文章末括号注明：'《渔洋山人感旧集》卷首，2014年上海古籍出版社出版。'"包括鉴赏辞典的词条，都要拟定一个正式的文章题目，然后在这一篇末括号注明见于哪本书第几页，哪年哪个出版社出版。贺琴提出来共同署名的文章，我说都要收进来，文章末注明白原始署名方式，并要给合作者说一声。还有会议论文集，未正式出版、发表的，比如在法国参加会议的论文。最后贺琴把体例综括起来，形成了一个文件"《王小舒文集》收录要求与体例"。这一天一直工作到晚上很晚，取得了巨大成绩。

第三天（8月21日）上午，我又告诉大家，汇齐后按《目录》理顺，全部统一页码，形成一份"齐、清、定"的纸本，作为出版、校对的依据。电子材料另编一个文档，一起交来。孙雪霄提出来，各地师友有很多回忆、悼念文字。我要求大家汇集起来，可以写入《王小舒年表》。贺琴不断在群里提示大家两个月完成："8月20日算起，10月20日截止。"孙雪霄建议核对引文的工作先做起来。王冰鸿从电脑里找出了一些未发表的文稿，也加进去。经过考虑，我后来调整了文章编排的顺序，按照文章讨论的内容的时代先后排，讨论先秦的在前，然后两汉，直到清代、近现代。这样就形成了一份定稿。

10月21日，我让李香月排好目录，并提出王冰鸿写编辑说明，具体建议主要内容有哪些。

10月23日，我给各位写了一封信："各位同学，经过大家共同努力，《王小舒文集》编辑工作顺利完成，哀然巨帙，令人肃然起敬！王冰鸿的《编辑说明》我也改定了。现在需要大家做一件事，把参加编辑工作的同学名单开列出来，加入王冰鸿的《编辑说明》，建议按进入王小舒先生门下的先后排列，同时进门的同学按年龄大小排列。我想各位不会有不同意见，这也是对王老师温良恭俭让风格的继承吧。"这些同学的名字是马琳、孙雪霄、孙洪江、贺琴、姚金笛、耿锐、蓝青、马瑜理、刘雪乔、兰洋洋、李香月，加上王冰鸿，共12人。

《王小舒文集》收入了王小舒先生已发表和未发表的文章共209篇，计75万字，已经交山东大学文学院列入《山东大学中文专刊》，交给山东大学出版社了。我建议在出版后开个座谈会，以表示对王老师的尊敬。

用同样的方式，我和刘晓艺老师组织已分散各地的山东大学毕业的学生们整理完成了《鲍思陶文集》120余万字，最近已全部完成了，准备纳入《山东大学中文专刊》，交齐鲁书社出版。

王小舒先生、鲍思陶先生都英年早逝，他们不能作为代表性学者为我们的学科挣分了，他们的文集也填不进学科评估表，但是，山东大学不会忘记他们，学术界不会忘记他们，就凭这一点，他们会一直为我们山东大学中文学科加分，是我们最宝贵的财富。

各位老师，希望大家在家里和在学校一样，抓紧时间读书治学、备课、上网课，把平时因为事情多而无法做的工作，利用这个时间来做，防疫不误工作，因地制宜，因时制宜，相信各位一定能克服困难，做出更大的成绩。祝各位老师全家平安！谢谢！2022年4月2日匆草。

（本文是 2022 年 4 月 2 日在山东大学文学院全院大会的发言）

传统道德教育的生动性、科学性和持久性

开展传统道德教育十分必要,建议注意三点:

1. 生动性。传统文化本身是活的,我们要进行发掘、选择。春秋时期齐国、晋国两个诸侯大国在鞌(济南历城)发生了一场战争,齐国败了,齐国国君的车在华不注山前面的华泉附近被树绊住,走不动了。敌人从后面追上来,齐国国君的车右叫逢丑父,在危难关头,逢丑父与齐国国君换了位置,晋国将领韩厥误认逢丑父为齐国国君,逢丑父让齐国国君下车到华泉取水,因而脱身。这个小人物逢丑父不大为人注意,不像孔子、孟子,是公众人物,但逢丑父临危不惧,把危险留给自己,这种道德可以归入忠义一类。非常生动,不需要任何加工,就足以感人。

2. 科学性。在进行传统教育时,应把历史和文艺作品加以区别。二十四孝之一闵子骞,孔子的学生,比孔子小十五岁,比颜回大十五岁,也是孔子弟子中年龄稍大的。《论语》《史记》都说:"孝

哉闵子骞，人无间于其父母昆弟之言。"说他和父母兄弟关系特别好，别人无法离间。嘉祥武氏祠有闵子骞画像石，东汉的，说闵子骞后母给他的衣服薄，冬天驾车，从车上掉下来了（失椎chuí）。画面上是父亲用手拉车下的闵子骞。但唐以前的书上没见到关于这个故事的记载，我们现在看到的记载是唐初欧阳询的《艺文类聚》，该书引用西汉刘向《说苑》，可能是《说苑》的佚文。上面说闵子骞后母给他的棉衣单薄，天冷，闵子骞驾车失辔（缰绳）。父亲查清原因，要休后母。闵子骞说："母在一子单，母去四子寒。"四子，两个亲的，两个后母生的。这是和后事不完全相同的。到五代李翰《蒙求》，就不再说两个亲的了，只说一个亲的，两个后母生的，成了"母去三子单"了。这就避免了人们疑虑：为什么亲的两个，只有闵子骞受虐待？还有，《蒙求》出现了棉衣里是"芦花"这一细节。到了宋代《太平御览》引《孝子传》，才有父亲打他，但衣服没打烂。元代郭居敬《二十四孝》也没有打烂衣服露出芦花的细节。清代后期才有史梦兰的鼓书《鞭打芦花》，而真正的普及在20世纪，1949年前后。把这个过程捋清楚，告诉读者，有利于科学地对待传统文化。

3. 长期性。清代光绪时期山东堂邑出了要饭办学的武训，光绪末年官方开始表扬，宣统元年山东提学司出版了一本《山东武义士兴学始末记》，非常感人。中华人民共和国成立后批判《武训传》是毫无道理的。武训舍己为人，称义士，义就是舍己为人。他没上过学，没有学校教育，没有父母的家庭教育，也没参加任何社会办班。为什么能出现这样的义士？其实这类平民百姓还有不少。童书业先生家的保姆张妈，原在青岛一家当保姆，不幸男女主人去世，留下四个孤儿，张妈到童书业教授家当保姆，挣的钱接济那四个孤儿，在童先生家，大小事务都是张妈管，粮票、布票、油票，童先生外孙子小宝都归张妈管。剩饭张妈热热自己吃，给童先生、童太太做新的。她和武训一样，没受过学校教育，为什么会出现这种义仆？是中国的土壤。这种土壤弥足珍贵，可是被当作"封建主义"批判了。要恢复这土壤，是长期的，甚至要一百年。我们要认识这个持久性，才能有耐心，不至于搞"大跃进"。

（本文为在济南市社联"弘扬中华优秀传统文化研讨会"上的发言，2015年6月30日草于舜耕山庄贵宾楼大厅一角）

附：义仆张妈事略

杜泽逊

义仆张妈，不知何许人也，在青岛某氏家做保姆。其家夫妇四子女，忽遭变故，夫妇皆亡，四子女失怙，生计无着。无已，张妈转至山东大学童书业教授家，仍做保姆。时山东大学在青岛，后迁济南，亦随之至济。童先生夫妇，有外孙黄寿成，幼名小宝。国家计划经济，供应凭票，有粮票、布票、油票、肉票、鸡蛋票、糖票等，童家票证常由张妈领取。小宝在大学宿舍区，来往于王仲荦、路遥、董治安各教授家，如穿街市，口称王公、路伯、董叔。尝云："王公夏天写书，光脊梁，忽红卫兵来,即躺床装病,红卫兵去,爬起来再写。"家中开饭,张妈即大呼:"小宝!小宝!吃饭了!"四邻尽闻之。童家浙人,夫人能做南方菜,张妈北人,口味不同,常自为之,遇有剩饭菜,不忍弃,则回锅加热自食之。所获酬劳皆寄青岛老主人四子女,俾免于饥寒。时局渐紧,不许佣工,张妈复无所依,则青岛四兄妹迎以奉养之。今寿成教授年近花甲,十数年前来济,余陪同访故旧,至董先生府,娓娓叙旧事,谈及张妈,董先生叹曰:"义仆。"余重有感焉,时萦于怀,因记之,以告世人。2022 年 7 月 13 日。

答靳永同志问余字号

靳永同志：承询字号，奉答如下。大学时取过字"进之"。出《论语·先进》："求也退，故进之。由也兼人，故退之。"逊是谦退之义，名、字义相对。堂号有几个。1984年大学时取"困顿斋"，是年甲子，与内人程远芬相知，太岁纪年子为困敦，亦作困顿，因取堂号以为纪念，亦寓生活困顿，甘之若饴之意。王绍曾师云困而知勉，当改困勉斋。历史系考古专业同学陈根远君刻有"困顿斋"白文印。后来则有"槐影楼"，有《槐影楼日记》，今得85册。我家滕县望冢乡陈楼村，家有古槐，人称我家为"老槐树底下的"，忠厚传家。80年代随父移居县城，旧宅渐废，形诸梦影，因取此堂号。友人刘蔷女士刻过"槐影楼"白文印。"微湖山堂"，出版过文集《微湖山堂丛稿》。宋国开国之君微子启，古之贤者，所葬之山曰微山，湖曰微湖，合称微山湖。我家在湖东六里，取此堂号，亦寄故园之思。又有"清济堂"，取杜诗"浊河终不污清济"。我1981

年来济南,因家焉。取此堂号,一为居住地,二亦寄托情志,三则子美为杜家先人也。大连李书强先生刻"清济堂物"朱文印。"向岚书室",向,刘向;岚,纪晓岚。皆目录学上之模范,予所习者。有印章,亦大连李书强刻。"燕啣斋",读叶圣陶为王伯祥作《书巢记》,至"如鹊运枝,如燕啣泥,不以为劳",心有戚戚,因取为斋号。90年代在北大与纂《四库全书存目丛书》,有年轻同事问:"杜老师,槐影楼在哪里?"副总编张公忱石笑曰:"杜老师到哪里,槐影楼就在哪里。"文人陋习,幸勿见笑也。专此奉闻,即颂撰安。泽逊顿首。2020年7月26日。

人物专题研究

纪念饶宗颐先生

一代国学大师饶宗颐先生2月6日去世了,这是中国学术界的巨大损失。饶宗颐先生非常渊博,我主持的山东大学尼山学堂国学班曾经整理过饶先生1960年至1962年在香港大学授课的学生笔记,记录者是当时的港大学生吴怀德。吴先生把他的听课笔记捐给香港大学,2016年香港大学饶宗颐学术馆影印出版,书名《选堂教授香港大学授课笔记七种》。从笔记可以发现,饶先生当时开设的课程有中国文学批评、楚辞、诗经、文选学、目录学、词学、文字学,这些课程属于中文学科,可以发现饶先生的治学范围既有古代文学、古代文论,也有语言文字学、文献学,中国大陆的大学中文系基本上涵盖文学、语言学、文献学三个大的学科门类,饶先生可以说是三者贯通了,在中国大陆的大学中文系,这样的老师还没有听说过。考虑到《授课笔记七种》是港大影印的,内容非常精彩,但是随堂笔记比较潦草,加上饶先生的方言,使得随堂记录偶有同音替代情况,如"洪亮吉"作"孔亮吉"、"颜师古"作"颜思古"、"游国恩"作"杨榖恩"。我就组织山东大学尼山学堂学生集体做了认真的整理工作。整理工作得到饶宗颐学术馆郑炜明先生支持,给了我们授权书。我们把整理稿交给了中华书局,准备出版。抗战时期,饶宗颐先生受顾颉刚先生的委托编辑《古史辨》第八卷,这一卷的专题是历史地理,该卷的目录发表在顾颉刚先生主持的齐鲁大学国学研究所刊物《责善》上,而书没有能够出版。2011年至2014年我的博士后胡孝忠在港大饶宗颐学术馆做博士后研究员三年,在饶先生指导下把《古史辨》第八卷汇编成书。但是,该书收入的一些论文发表在《禹贡》等刊物上,当时国家艰难,印刷质量不高,某些文字模糊不清。我和胡孝忠组织山东大学尼山学堂学生逐一进行了审校,确认补足了模糊的文字。《古史辨》第八卷有一百万字,分为上下两册,中华书局即将出版。以前出版的《古史辨》共有七卷,加上饶先生的第八卷,就算齐全了。我主编的《国学茶座》2014年第2期曾经在封二、封三专门介绍饶宗颐先生,并发表郑炜明、胡孝忠的《饶宗颐教授学术简历》一文。2015年饶宗颐先生百年华诞,《国学茶座》当年第四期又开辟了专栏"万古不磨意——饶宗颐先生百岁华诞贺寿专题",发表了郑炜明、汪德迈、谭世宝、胡孝忠四位学者的论文。近年饶先生曾把2003年(癸未年)书写的《波罗蜜多心经》"心无罣碍"四字条幅复制若干份,钤盖"美意延年""饶宗颐"两印,装裱成轴,分送友人,胡孝忠为我求得一帧,挂在我的校经处,如今成了瞻仰凭吊之所了。2018年2月6日于山东大学校经处。

我所认识的白化文先生

白化文先生7月6日去世了。作为白化文先生的忘年小友,多年来受白先生提携教导,往事涌上心头,写下来作为悼念文字吧。

我的导师王绍曾先生有一天告诉我,北大的白化文先生来济南,看望他的同学吉常宏先生,提出来要看望王绍曾先生。王先生说和白先生没有交往,为什么要来看望呢?见面才知道,是李鼎霞先生让他看望的。王先生早年在商务印书馆校史处协助张元济先生校勘《百纳本二十四史》。一·二八事变,商务印书馆被日本飞机轰炸,工作中止,王先生去了无锡国专,担任图书馆主任,接替考上清华研究院的蒋天枢先生。中华人民共和国成立后王先生到济南工学院图书馆工作,再后来经高亨先生推荐调到山东大学图书馆工作,直到80年代调到山东大学古籍所担任教授,王先生大部分时间在图书馆工作,从事古籍整理编目。所以和北大图书馆的李鼎霞先生早就有书信来往。李鼎霞先生是白化文先生夫人,这一点王先生并不知道。从这次见面,王绍曾先生和白化文先生建立了友谊,书信往还、著述赠送,前后二十几年,直到王先生去世。王先生去世,白先生寄来挽联。后来把王先生写给他的信全部复印寄给了我,让我转交王先生的儿子。我照办了,并且复印留存了副本。我1985年山大中文系毕业,考上山大古籍所研究生班。导师是"董治安等指导小组",这个小组有王绍曾先生、蒋维崧先生、霍旭东先生、刘聿鑫先生、刘晓东先生、徐传武先生等。1986年霍先生、刘聿鑫先生、徐传武先生带我们研究生班到开封、洛阳、西安考察访学,请洛阳的蒋若是先生讲关于"亳"的问题,陕西师大黄永年先生讲版本鉴定。有一天黄先生通知我们,白化文先生去敦煌经过西安,黄先生请做报告。要我们去听。白先生很客气,提到山东大学关德栋先生,马上站起来鞠躬道:"关德栋关先生,那是我师叔!"原来,白先生的老师是周绍良先生,关先生的老师是周绍良先生的父亲周叔伽先生。所以在山东大学,白先生还有一位联系较多的先生就是关德栋先生。白先生在陕西师大讲课,主要讲敦煌学。他手里拿着一本《敦煌遗书总目索引》,说是他的老师王有三(王重民)先生主编的,其中《伯希和劫经录》是王有三先生编,《斯坦因劫经录》是刘铭恕先生编的。他们在条目上作了简要提示,哪个卷子后头有题记,背面有诗,等等。白先生说,自己十几年来从事敦煌学,写了若干文章,都是受《敦煌遗书总目索引》启发。说实在的,我了解敦煌学一点知识,就是从那次听白先生学术报告开始的。那之前看过姜亮夫先生《敦煌学概论》等书,都没有入心,这次入心了。白先生说自己"没嗓子",特别问后排同学能不能听到。今天想来,35年过去了,白先生那种"派",就如在眼前。那种感染力,不能不说是长久不消。1994年4月,我因为参加《四库全书存目丛书》编纂工作,应邀到北大工作了将近四年。由于王绍曾先生的关系,也由于《存目丛书》总编纂季羡林先生,季先生是白先生特别尊敬并且交往较多的老师,所以我和白先生就有了特别交往。我曾经受王先生委托去承泽园白先生家里拜访,请教过《四库存目标注》工作。后来《存目丛书》开会,王先生是学术顾问,来北大参加会议,登门拜访的是周一良、顾廷龙、白化文三位先生,都是我陪着。王先生到了白先生家楼下,白先生快速下楼,站在楼门外东旁,鞠躬,请王先生进楼。到了家里,李鼎霞先生在家,一起接待。白先生请王先生到书房坐沙发上,沙发非常整洁。过了一会儿,白先生拿出相机,用广角镜头为王先生和我拍合影照,又教我拍,然后为他们二位拍合影照。王先生告退,白先生又是快速下楼,站在楼门外东旁,微微鞠躬,送王先生出门。白先生是满族人,礼数重,给我们外行人以夸张的感觉。《存目丛书》编委会开始在湖北宾馆909房间,后来搬到北大东门外路北力学系一个废弃的实验室。再后来搬到北大西门机动车门西边的一个大院,这个大院原是海淀医院,后来搬走了,我们进去时,还有残留的"心电图室"等牌子。蟑螂奇多。不过几十间房子够宽敞的。据说要拆了盖楼,我们先用。在这里干到1997年底项目结束。这个地方北边是蔚秀园,西边是承泽园,白先生家离这里近,他有几次来找《存目丛书》副总编、中华书局历史编辑室主任张忱石先生,托他给王府井中华书局副总编程毅中先生带信。白先生进来,在走廊那头很远处就开始大声念叨:"忱石啊,您真是个大好人呐——!"到了编辑室,见了张忱石先生,把信交给他,然后马上说:"再见了!"快步离开了。我送他,他都说:"您别送,忙吧!"他是不想耽误我们的工作。白先生送给我的书,第一本是《承泽副墨》,都是他给别人的书写的书评。他说,给别人写书评,都是应邀,发表的地方人家找好了,篇幅要照顾人家的发表空间,当然要说好话,但要实事求是,最后留下一点空间,曲终奏雅,谈谈体会,包括不同看法。白先生认为书评涉及作者方、出版方、发表方、读者方,还有写书评方,"五方四面",都要满意。他不主张只说好话。还有,大出版社出版的书,不写书评,这和白先生治学理念有关,不凑热闹,不搞锦上添花。这本书我好好读了,深受启发,主动写了书评,也学习白先生,曲终奏雅,提出了一点不同意见。白先生看了完全赞成,不改一字,我就自己发表了。另一本书是《行历抄校注》,是对唐代日本来华留学僧圆珍在中国的见闻日记节录本《行历抄》的注释。我也仔细读了,没有写评论,而是写了一封信,汇报心得,其中也有个别注释的不同看法。不久白先生来信,说出版社要求写书评,既然你读了我的书,书评请你来写。我就认真写了书评,力求言之有物。这次是写好交给了白先生。1997年底《存目丛书》结束,我回到山东大学古籍所。又经过几年努力,《四库存目标注》接近完成。我给白先生写信请赐序言。白先生愉快答应了,写的序言是骈文。他说,我给青年后辈写序,都是骈文,"用华丽的辞藻,掩盖空虚的内容"。白先生的骈文当代知名,他却这样夸张表达。这是他的风格。当《四库存目标注》历时15年完成,交给上海古籍出版社的时候,我写信报告了白先生。白先生参加国家古籍出版资助项目评审,发现没有我的书,当场提出来,结果评上了,上海方面补交了材料。这真是少有的"破格",让我深深感动!白先生还给我寄赠过《人海栖迟》《三生石上旧精魂》《闲谈写对联》等，都认真拜读，但没有写评论。原因是越来越忙，顾不过来了。后来，我奉命分管山东大学尼山学堂国学班，办了一份刊物《国学茶座》，邀请白先生撰文，多多益善。白先生写了不少文章，大大提升了刊物档次。这几年白先生年纪大了，很少看到他的文章，每次见到有关朋友，都要问问白先生近况，听到白先生身体健康的消息，总是很高兴。白先生血糖高，控制有方，我还讲给我父亲及其他师友听。白先生故去了，总觉得他还活着。他是一位值得尊敬的先生。2021年7月8日，写于济南赴呼和浩特火车上。同行者内人程远芬，门生邵妍、孙欣婷，学友王少帅。

怀念冀淑英先生

冀淑英先生去世20年了,每每回忆往事,犹如目前。我是从导师王绍曾先生那里得知冀淑英先生的。有一次,在山东大学图书馆古籍部阅览室,我们参加王先生主编的《清史稿艺文志拾遗》编纂工作,来了一位客人,找王先生。客人拿来一部朱子《周易本义》,白纸本,很典雅。请王先生鉴定,问是不是宋版书。王先生说,这部书宋刻本发现较晚,康熙时内府发现的,影刻出来。要落实这个问题,最好到国家图书馆请冀淑英先生看看,对照一下。王先生好像写了介绍信。后来客人到了北京,见到冀先生,冀先生确定为康熙内府影刻本。当时客人走了,王先生说应该是内府刻本,可是为了让客人心里踏实,还是请他们找冀先生比较好。我们初学版本,觉得冀先生了不起,很神秘,而王先生对冀先生很尊敬。那时候有一本《中国古代文化史讲座》,很流行,每一讲都是大家,其中有冀淑英先生一讲《古代目录学简述》。我当时读了这一篇,印象很深。当然，王先生推荐的目录学经典著作是余嘉锡《目录学发微》、姚名达《中国目录学史》、汪辟疆《目录学研究》。

90年代初，到中华书局送《清史稿艺文志拾遗》部分稿子，我们曾到国家图书馆《中国古籍善本书目》编委会拜访冀先生，同时见到沈燮元先生、陈杏珍先生。冀先生一边看《善本书目》卡片，一边和我们说话。我们因此看到了卡片的格式和内容，卡片上的内容是油印剪贴上的，沈燮元先生说是陈杏珍剪贴的。我们偶尔看到冀先生修改卡片文字，书写很板正。这是定稿工作。王先生主持的《清史稿艺文志拾遗》也是用卡片，格式差不多。沈先生很热情，他是南京图书馆的专家，却长驻国家图书馆，编辑《中国古籍善本书目》，人称"沈常委"。

我在《四库存目标注》开始的时候，曾经把样稿给王绍曾、冀淑英、顾廷龙、昌彼得、沈燮元、黄永年等先生看，征求意见。冀先生建议把《四库全书总目》记载的各书由哪家进呈，标注进去。我照办了，并且在后来的工作中，有不少发现。1993年以后，我应邀参加《四库全书存目丛书》编纂工作，住北大，冀先生和王先生都是学术顾问，因为老辈的友好，我和冀先生交往多了。有一次冀先生看了我的一篇文章，发表在中国历史文献研究会刊物《历史文献研究》上，题目是《四库提要辨伪方法探微》。我去国家图书馆查书，见到冀先生，冀先生特别夸奖我，说这篇文章很见功夫。《存目丛书》编纂过程中，有一道工作是查核书品，编委会印好《书品查核单》，填好书名、版本等信息，寄给图书馆的专家（一般是固定的编委），请调出原书，看看页数全吧，版本对不对，纸张如何，确定可不可以照相或复印。其实包括了再一次的版本鉴定。

国家图书馆的书多，任务大，固定的编委是陈杏珍先生。她是冀先生的助手。陈杏珍先生身体弱，冀先生年纪虽然大很多，可是经常分担书品查核任务，我亲眼看到冀先生在古籍阅览室调出古籍一页一页看，板板正正填写《书品查核单》。全国的查核单——我觉得是很大的成果——就用锥子钻眼，订成十多厚本，放在编委会架子上，经常查阅。这里头冀先生亲笔填写的查核单尤为珍贵。

《存目丛书》编委会多次开会，大都邀请冀先生、陈杏珍先生参加。有一次冀先生给我一个精致的本子。那时候刚刚开始有一种讲究，开会发一个上档次的本子。冀先生给我的这个本子，我很珍惜，里头写明是冀淑英先生送的，只有重要的学术内容才往里头记，而且字也写得认真。满满一本，至今还珍藏着。有时候开会也请刘乃和先生来，她们见面必然在一起，她们是辅仁大学同学。有一次同桌吃饭，我坐在冀先生左手边，刘乃和先生在冀先生右手边。刘先生告诉冀先生：“唐长孺先生去世了。”我平时听到大家读"长"为"常"音，这次听刘乃和先生读长幼的长。才考虑了一下，是自己读错了。由此考虑"刘长卿""苏长公""王长公"，当然也读长幼的长。老辈讲究，值得学习。还有一次开会，来了不少老先生，会后到国家图书馆参观善本。到了图书馆，稍微不顺畅，冀先生很严肃地和馆里同事说什么，不大高兴。旁边朋友给我说，很少见冀先生这样严肃。《存目丛书》快要结束时，有一次开会，会后在北海公园吃饭，王绍曾先生也从济南来了，他们边走边谈，太阳要落下了，我抓紧时间为两位老师拍了照。为了表现《存目丛书》收入的珍贵古籍版本，我和罗琳学长编选了《四库全书存目丛书珍本图录》，我写了每个版本的说明，到图书馆请冀先生审阅。冀先生一边审阅，一边给我讲一些善本和题跋者的故事，点评一些藏书家。这本图录拍好了彩色书影，可惜匆匆不及出版。《存目丛书》结束时，在人民大会堂香港厅开会庆祝，请了几位人大副委员长、政协副主席，并且，安排老先生前头坐，可以上中央电视台晚间新闻，而冀先生悄悄坐在后排。我发现了，请冀先生前排坐，她用手势示意我不到前头。我就陪冀先生坐后排了。

冀先生有一次体检，发现房颤，她是全国政协委员、知名专家，医生要她住院。我和一位朋友去医院看望，冀先生很和气，说："医生来查房，问我有什么不舒服，我说没有。他们觉得不正常，认为我会不舒服。可是确实没有什么不舒服。"过了几天也就出院了。那次冀先生还谈到一件事，可以看到老辈遗风。她说，顾廷龙先生去世了，顾老给我的信有一百多封，我装在一个牛皮纸信袋子交给顾诵芬了。1997年底《存目丛书》结束后，我回到山东大学，开始《四库存目标注》写定工作。有几次写信给冀先生，请教问题。冀先生都仔细回复。例如《华夷译语》洪武刻本，见于《中国版刻图录》，注明北京图书馆藏，可是《中国古籍善本书目》没有著录。冀先生回复，说这是原北平图书馆藏，拿到台湾去了。冀先生一次来信说我的《四库存目标注》"厥工至巨，厥功亦至伟"，给我莫大的鼓励。

1999年我奉命为山大中文系研究生开设文献学课，同样是写好纲要，请教了王绍曾、冀淑英、黄永年、裘锡圭、安平秋等先生。冀先生提出了若干建议，其中一条是增加历代笔记，为一个章节。虽然因为课时安排没有增加，但至今认为先生的见解很有眼光。我还曾经奉王先生之命到冀先生家看望，特别在北京买了食品带去。冀先生拿出《国家图书馆古籍珍品图录》给我看，是新出版的，彩印，指着其中一些珍贵古籍和我讲故事。看到《唐女郎鱼玄机诗》，冀先生说，印章这么多，是因为她是个女性。是啊，冀先生作为女性学者，得到她的老师赵万里先生真传，出类拔萃，付出的努力也是多于常人的。我看到冀先生在《中国古籍善本书目》结束后，整理《赵万里文集》，书稿摆在办公桌上，那时陈杏珍先生还在。冀先生讲到她和赵万里先生编《中国版刻图录》的往事，说宋元版都是她一部一部带到文物出版社，拍大片子，珂罗版印；蝴蝶装可以拆开，馆里老师傅可以恢复原样，不加任何新料儿，现在不敢拆了，没有老师傅可以恢复了；宋元版的说明是赵先生写的，明清版是她写的。这些话就像在耳边。冀先生还拿出报纸，上面有常熟翁氏宋板十多种售归上海图书馆的文章，王世伟同志写的各书介绍。冀先生说本来要让给国家图书馆，常熟翁家和冀先生有长期交往，1996年文物出版社影印《常熟翁氏世藏古籍善本丛书》线装32册，就是请冀先生写的各书解题。冀先生说文化部议而不决，被上海图书馆买去了。言下很不满意。当时《中国古籍善本书目》油印的征求意见稿，是特别常用的参考书，我陆续复印了不少。冀先生知道了，说不要复印了，这里还有复本，等找出来送你一套。这件事哪里敢麻烦冀先生呢？也就不了了之了。

冀先生去世后，国家图书馆整理《冀淑英文集》，收入《芸香阁丛书》出版。冀先生女儿孙晓修女士来信请王绍曾先生写序言。王先生年纪大了，要我起草。我起草好了，留下空白，让王先生加上他和冀先生的交谊。这是我为冀先生做的最后一件事。王先生曾建议孙晓修女士整理《冀淑英古籍善本经眼录》，说冀先生过目善本数量很大，记录都很仔细认真，别人比不了。还希望我可以帮忙。希望这份学术遗产有一天可以问世。2021年7月23日写于济南至烟台火车上。

文化传承：如何弘扬李清照、辛弃疾的精神

各位领导、各位专家朋友，上午好！

作为山东济南的骄傲、文化自信的资本，著名词人李清照、辛弃疾站在文学家的前列，无愧于词坛宗匠，他们的爱国主义精神和文学艺术的高深造诣，永远值得我们崇敬，值得我们学习。在这里我代表山东大学文学院、代表山东省古典文学学会，向"李清照、辛弃疾爱国精神及文化传承学术研讨会"圆满召开表示热烈祝贺，向与会的各位领导和专家学者、各位朋友、各位同学，致以诚挚的问候。

在这里，从今天的主题之一"文化传承"的角度，我重申三个话题：

第一，《李清照集校注》和作者王仲闻先生。我们学习李清照的作品，会经常使用王仲闻先生的《李清照集校注》。该书1979年由人民文学出版社出版，2020年中华书局收入《中国古典文学基本

丛书》予以再版。该书问世40多年,被认为是最完善的李清照集校注本。作者王仲闻先生,是王国维的次子,早年在邮局工作,后失业,在中华书局做临时工,担任编辑,花费大量心血,对唐圭璋《全宋词》进行再整理,抽换底本、改写小传、补其遗漏,可谓焕然一新。由于历史原因,没有署"王仲闻订补"。在编辑整理《全宋词》过程中,王仲闻先生继承其家学"词史互证",撰写了一部专著《读词识小》,钱锺书先生看过,叹为"奇书"。这部书稿当时已经交给中华书局,1969年中华书局等文化部系统的知识分子到湖北咸宁"五七干校"接受劳动改造,王仲闻先生是临时工,没有参加干校的资格,也就不得不回家自谋生路了。临别,中华书局的同志考虑书稿放在中华书局不保险,就交给王仲闻先生带回家了。王先生因为生活无着,年龄已近70岁,自杀身亡了。这部《读词识小》也就不知下落了。他的另一部书稿《李清照集校注》交给了人民文学出版社,有幸逃过劫难,"文革"后1979年出版问世,这真是学术界的幸事,也是李清照研究界的幸事。当我们学习李清照、纪念李清照的时候,不应当忘记王仲闻先生。

第二,广信书院与《稼轩长短句》十二卷。辛弃疾的词集,宋代曾经有《稼轩词》四卷,又有信州本十二卷,著录于南宋陈振孙《直斋书录解题》,这两个本子都已失传了。现在可以看到的最早的版本是聊城海源阁旧藏的元大德三年广信书院刻本《稼轩长短句》十二卷,这个本子称得上国宝级文物了。据专家考证,广信书院在江西铅山,宋时属于信州路,那里有辛弃疾故居。元代广信书院的这个刻本在书法字体上也非常不一般,漂亮的行楷,是元版书的上品。据专家推断,元大德广信书院本是重刻的南宋信州本。广信书院本《稼轩长短句》在明代嘉靖年间重刻过两次,明末毛晋汲古阁《六十名家词》又刻过一次,改名《稼轩词》,合并为四卷(大概是根据陈振孙《直斋书录解题》著录"《稼轩词》四卷"),但内容和顺序仍与广信书院本同。到了光绪年间,王鹏运校刻《四印斋所刻词》,从聊城杨氏海源阁借到元大德广信书院本作为底本,成为读者最信赖的版本。1957年古典文学出版社缩小影印元大德广信书院本,1959年中华书局原大影印广信书院本,这个元大德广信书院本《稼轩长短句》才进入寻常读者家,上去大德三年(1299)已650多年。我们研究辛弃疾,学习辛弃疾的爱国主义精神,应当对元大德三年江西信州的广信书院刊刻出版《稼轩长短句》十二卷本表示敬意。

第三,《刘乃昌文集》的整理出版。《刘乃昌文集》在刘先生高足刘靖渊教授努力下,由中华书局出版,很快可以问世。全书440万字。这部书是山东大学文学院主编的山东大学中文名家文集十八家之一,列入山东大学学科建设经费补贴项目。刘乃昌先生是二安学会老会长,在此对刘乃昌先生表示敬意。

我们中国文化源远流长,中国文学更是灿烂辉煌。李清照、辛弃疾是文学的一流创造者,为我们留下了极其宝贵的财富。在21世纪,中国由大变强的道路上,如何对优秀传统文化进行继承发扬,如何进行创造性转化、创新性发展,从而加快构建中国特色哲学社会科学,五百年后写中国文学史,我们这个阶段有没有李清照、辛弃疾这样级别的文学家?这是我们需要思考总结并积极为之努力的。只有这样,才无愧于我们的时代。过去的辉煌给我们以自信,给我们以榜样,新的创造才是我们真正的历史使命,能不能在我们的中文专业大学生、研究生中培养出词人呢？词人是怎样成长出来的？祝愿我们的会议能够在这方面拿出建设性、指导性意见。谢谢！2021年10月27日草。

（本文为在"李清照、辛弃疾爱国精神及文化传承学术研讨会"开幕式上的致辞）

漫谈周一良先生与二十世纪学术界

昨天见到文学院搞敦煌学的张鹏老师,我无意之中提到周一良。张鹏老师便问他的研究生:"是否知道周一良?"学生很生疏。张鹏老师说:"周一良先生,《世界通史》。"我想到一个问题,我们对于现当代学术史上的人物,应该首先了解。比如我们上《诗经》的课,要知道几十年来、近百年来《诗经》方面的学者的名字,对他的工作单位、著作、主张、经历,他的老师、学生,这类问题也要有所了解。当然像王国维、陈寅恪这样的学者的名字是容易听到的,还有一些可能听不到。

周一良先生涉及的领域:魏晋南北朝史、中日文化交流(这是他的一个强项)、中国佛教史等。他在哈佛大学是学梵文和佛教史的,在哈佛的博士论文是关于唐代密宗的,但是他在哈佛大学任教的时候教的却是日本文学。我们在做《日本藏中国古籍总目》,它的20世纪30年代的书目,抗战以前的解题,我们想找人翻译下来放里面，但是没人做得了。如当时日本人编的《昌平学宋元板所藏书目》，我们找山大外文方面的人来翻译，他们说这是文言文，而且和现在差距非常大，翻译不了。这才多少年呢？也就七八十年。

我就想到在 20 世纪 90 年代，北大历史系搞唐律的刘俊文教授，他是王永兴的学生，王永兴是陈寅恪的学生。王永兴先生以研究唐代历史为主，主要是财政史、制度史方面。中华书局标点的《通典》，王永兴、刘俊文就参加了。刘俊文 1978 年考上的研究生，和徐超老师他们是同一届研究生。《四库全书存目丛书》主要是靠刘俊文抓起来的，同时他意识比较先进，开发了"中国基本古籍库"，贡献很大。作为访问学者，他到京都大学访问了两年，做了一件非常大的事情。日本京都大学和东京大学派系不一样，很难融合，刘俊文先生就在八九十年代把两个大学的一些有成就的先生都拜访了，编了一套《日本学者研究中国史论著选译》，中华书局出的，精装十册。刘俊文先生邀请了一些人翻译，其中有一个翻译叫索介然。

索先生大概在"文革"之初就被关在东北的监狱，具体原因我还不清楚。当时他已经有两个孩子了，他怕连累夫人和孩子，便和他们脱离了关系。"文革"后很多人都平反了，他的大儿子这时已成家，小儿子也十六七岁了。他的家人到处寻找，最后在东北的监狱找到了他。他的档案丢失了，监狱的人也没有告诉他，因此没能出狱。而他自己表示："我不出去，我出去已经没有什么意义了，监狱里对我很好，好到什么程度呢？——我想什么时候上街就什么时候上街，因为他们知道我是一定会回来的。"索先生在监狱里自修了英语和日语，水平极高。索先生的儿子对他说如果留在监狱的话，家里的小孩子们名声不太好。索先生一听这个就赶紧出来了。

索先生恢复工作后成为了中国社会科学院研究员，分到一套房子，补发了工资，他把这些都给了孩子们。社科院给他小儿子安排了工作。我见过他这个小儿子，在后勤上工作。索先生另外申请了社科院集体宿舍的一个单间小房子。

刘俊文先生的这套书中有一册是索先生翻译的。后来我作为总编室主任在北大搞《四库全书存目丛书》，索先生来审阅稿子，刘俊文先生留了一斤白酒，对我说索先生今天晚上来，你陪他喝点儿。我说好。索先生来了，戴着近视镜，面色红润，知识分子相，可好了。他用像牛皮纸那种颜色的包装纸包了一包猪头肉，说杜先生你吃。我看着这个肉，他看出我的意思来了，他说这是稻香村的，保险没问题，你吃。我吃了一块，味道不错，不过挺肥的。这一斤酒我没有陪他喝，他自己就喝完了，肉也吃完了。吃完以后索先生就开始看稿子，虽然他面色红润，但是毫无恍惚的感觉。然后我们两个就住在了一间宿舍，我住在上层，索先生住在对面的下层，我床的下层是辽宁大学李春光教授。就这样住了一个月，一天早晨五点，我突然听到"哐当"一声，他从床上掉下来了。那时候天还挺冷，我就从床上跳下来，把索先生扶到床上。扶到床上以后，索先生就歪到一边，我又扶正，他又歪到一边。他就用左手抓住床腿，话说不出，要纸笔，写了好半天，给我写了两个繁体字，我猜出是"瘫痪"两个字。后又写"不要急"。我不可能不着急。我把北大负责我们这个项目的总管、政治系的党委书记李成言叫来。天才刚亮，我们蹬着三轮车赶快把索先生送到了西苑医院。

医生说是中风,不要紧。后来又送到同仁医院,这件事就算过去了。三个月后索先生来看望过我们,说要请我们吃饭,还说要回来再干。

索先生对于宋人笔记这些都非常熟悉,因为在监狱里读书太多了。刘俊文先生那套丛书山大图书馆有,共十册,一册同时便是一卷,索先生翻译的是第五卷——五代宋元卷。全书的第一册有一篇长篇序言是周一良先生写的,将日本的中国学史谈得那是一清二楚啊。周一良先生在改革开放后曾经访问过日本,也曾到过美国。"文革"后他在日本京都大学做了一次演讲,当然是用日语。日本京都大学两个教授表示:听了周先生的报告,我们要重新学习语言。周先生用的就是那种所谓雅语,我想肯定有不少古日语夹杂在里面。

张鹏搞敦煌学。敦煌学领域中也有陈寅恪、周一良,更有周绍良,周绍良是周一良的堂弟。周一良参与编纂了《敦煌变文集》,搞中古史的人如果不参与敦煌那是没有可能性的。张鹏搞敦煌学,在敦煌道教文献方面可能是最好的学者之一了。他的导师王卡先生是中国社科院宗教所搞敦煌道教文献最重要的一个专家,这个人已经过世了。

当年印《四库全书存目丛书》,由季羡林先生牵头,刘俊文先生主管。北大历史系的邓广铭教授在《光明日报》发表了一篇文章——《论〈四库全书存目丛书〉不宜印行》,认为存目书是纪昀他们淘汰的,里面伪书很多,现在把这些假冒伪劣的书找出来、影印出来是沉渣泛起等。邓广铭先生很有名,也是走陈寅恪这条路的,著有《〈宋史·职官志〉考正》《〈宋史·刑法志〉考正》《稼轩词编年笺注》等,《〈宋史·职官志〉考正》是陈寅恪写的序。那时候邓广铭年轻,陈寅恪一给他写序,那当然邓先生的名头就起来了。周一良也是陈寅恪的弟子之一,但是邓先生和周先生在北大历史系并不是很近,甚至可以说是两派的代表。我见过邓广铭先生给《光明日报》写的这个信,那时候他已经是晚年了,手都是哆嗦的,因为那个笔画看上去像小曲线一样,但是他的脑子一定还是很清醒的,文章写得也非常好,还举了一些实例。当然最好的书——《十三经》、《二十四史》、诸子百家、名家文集等都在《四库全书》里了,但是从宏观上讲,《四库全书存目丛书》是个大史料库,里面史料的量非常大,那些书有各种各样的用途,所以"不宜印行"这个结论肯定是错误的。即便是伪书也有价值。因为伪书的问题很复杂,《黄帝内经》可能不是黄帝写的,这就涉及真伪问题了,但是《黄帝内经》的价值从未有人否定过。这种情况多了——《列子》是不是列御寇的?《尚书》的注是不是孔安国的?《毛诗序》究竟是谁写的?最晚的说法说是卫宏写的,最早的说法是子夏。这类问题非常多。所以邓先生这个意见应该是不对的。

后来王绍曾先生在《光明日报》也发了一篇文章,不同意邓先生的意见。《光明日报》大概发了三四篇相关的文章吧。我也在《瞭望》发了一篇,讨论得就比较仔细了,当时这也算是一个热议。

在这样的背景下,《四库全书存目丛书》编委会在北京大学临湖轩开了一次座谈会。北京大学现在的校园是当年的燕京大学,老北大在北京市里头,沙滩、红楼,文物出版社现在在那个地方,后来的国家文物局那一带。中华人民共和国成立后院系调整,北大迁到西郊,占了燕京大学的校园。未名湖南岸有个类似于贵宾室的地方,叫临湖轩。在那里开了一个座谈会,季羡林、周一良都参加了,他们都发了言。周一良先生说,这个《四库存目》里头有很多书不为人知,但却很好。他举了一本书叫《启札青钱》。这部书在修《四库全书》的时候没有见到原书,是从《永乐大典》中辑佚出来的。但是在日本流传了这本书的元朝的刊本,日本人影印出来了,所以周先生熟悉。另外周先生研究敦煌书仪。书就是书信,仪就是格式,书仪就是写信的模板,这个名字太雅了。周一良先生留心敦煌的书仪,所以他就留心了《启札青钱》这本书。里面都是写信的模板,好比今天写给父母、导师、同学、商人、军区司令、省长……各种身份的人里面都有。类似我们上学时学外语的商务信函。周先生说这本书很有价值,可以上接敦煌的书仪。

他还举了宋朝时作者不明的一本小书《袖中锦》。这本书里都是格言。线装只有二十页,大家如果打字打出来的话,可能也就三页? 这本书构不成一本书,但它是一卷啊。里面大部分格言我觉得都非常有意思,但周先生举了其中一条,说"人生有四事不可久恃——春寒、秋热、老健、君宠"。非常有意思。原因是什么呢? 周一良先生从哈佛回来,进入北京大学历史系当教授,后来我们国家政治运动一场接一场,"文化大革命"中成立了北京大学和清华大学两校联合大批判组,叫"梁效",谐音就是"两校"——北大、清华两个学校。大批判组主要是批封建这些东西。上海也有大批判组,叫"罗思鼎",谐音就是"螺丝钉"。当时就有顺口溜:"小报抄大报,大报抄梁效。"那时候小报很多,小报再下面就是传单。从文体上讲这个应该算是谣,它不是谚。"月亮带风圈,一连刮三天"——这属于谚。谣有个特点——绝大部分和政治有关。那时候主要是听广播喇叭,连收音机都非常少,电视机没有。你如果听见广播喇叭说今天《人民日报》发表了"梁效"的文章,基本上就可以认为那是党中央的声音。"梁效"的成员中有北大、清华的名教授,其中有年轻的、才华横溢的、进步的,比如汤一介、何芳川——北京大学副校长、著名历史学家。何芳川的父亲叫何兹全。北师大历史系有两老——白寿彝和何兹全,这两个人活得年龄都很大。何芳川先生来过山大,我在北大的时候也和他稍有接触。何芳川就是"梁效"之一,那就不得了了,有时候列席中共中央政治局会议,他们写的文章水平很高。

因为毛主席的谈话中涉及的古典非常多,当时最红火的学科就是历史学了。"梁效"里面有四位老先生:冯友兰、魏建功、林庚和周一良。魏建功是《新华字典》的主编,曾任台大中文系主任、北大中文系主任。林庚是著名古典文学史专家,袁行霈先生的老师。

1976年"四人帮"倒台,"梁效"的成员们同时被拘禁。他们未经审判,只是被关押。汤一介、何芳川当时都年轻,吓坏了。周先生毕竟是经历多啊,他告诉这两个青年,你们不用害怕,我们没有自己做任何事情,只是奉命做事。周先生用推孩子的车推了一车书到关押地。由于他在回国后长期响应国家号召研究亚非拉,研究世界史、中日交流史(因为那时中日关系很友善),他原来喜欢的魏晋南北朝史长期不能做。也许大家知道他和武汉大学教授吴于廑主编的《世界通史》。周一良、吴于廑是哈佛的同学。《世界通史》有四册,直到今天也还响当当。周先生推的这车书便是关于魏晋南北朝史的,具体什么书呢?估计有"两史八书"——《南史》《北史》

《宋书》《南齐书》《梁书》《陈书》《魏书》《北齐书》《周书》《隋书》，这是研究魏晋南北朝史看家的书。我估计周先生推的书里面最多加上《晋书》《三国志》。周先生在被关押期间写了《魏晋南北朝史札记》，这是传世之作，是上承钱大昕、王鸣盛的。

中华书局标点《二十四史》的时候请周先生参加，他不愿意参加。认为这件事情远离社会运动，远离国家的政治生活。他将主要的精力都放在响应中央号召上了。我们山东大学王仲荦先生负责南朝五史，武汉大学唐长孺先生负责北朝四史，当时叫作"南王北唐"。

"梁效"活动的地方在北京大学招待所，简称为"北招"，是未名湖北岸的一个专门的小楼，这个小楼级别非常高。"北招"可以收入中国历史辞典，这个地方产生了很多东西，比如五先生本的《中国文学史》也是诞生在"北招"。由游国恩、王起、萧涤非、季镇淮、费振刚五先生主编的《中国文学史》作为教育部颁布的教材，当时天涯海角的院校都在用。王起，字季思，是中山大学的先生，研究戏曲。魏晋南北朝隋唐五代则全部由萧先生一人写，先秦两汉是北大游国恩先生写。游国恩先生以前在青岛时期的山东大学任教。因为参与的只有三所大学，有萧涤非这个名字，山东大学的古典文学学科就显得很权威。

刚刚讲到周先生提到《袖中锦》这本书，而这本书是很少有人关注的。《四库全书总目》我是读过的，但是我不太可能记住这个一万多部书中无足轻重的《袖中锦》。周先生引用了其中的一句话，当然是因为他有极其特殊的感受。他曾经作为一个大学老师列席政治局会议，替党中央发声，这就是殊荣了，但是他后来被逮捕了，这种天上地下的变化可能让他对于"人生有四事不可久恃——春寒、秋热、老健、君宠"的感受非常深。

周先生谈《四库全书存目丛书》这些书是有价值的，这些言论在当时的情况下是相当重要。因为很多人对于什么叫作"四库存目"尚且不知。而周先生的目录学、版本学都非常好。他父亲是著名藏书家周叔弢，宋元版书估计得有好几十种，光宋版的《南华经》就有两部，因此将藏书室命名为"双南华馆"。他在中华人民共和国成立后把收藏的书全部捐给了国家。其中宋元版书捐给了国家图书馆，敦煌卷子捐给了天津艺术博物馆，其他文献也捐了很多，比如捐给南开大学很多西文书，捐给天津图书馆大批小说及俗文学方面的书。周家是很厉害的，周叔弢先生是著名民族资本家，和王光英、荣毅仁几乎齐名，中华人民共和国成立后是天津市副市长。周一良的曾祖父、周叔弢的祖父周馥是山东巡抚、两江总督，产业非常多。周馥的四儿子周学熙是北洋政府财政部长，办了很多企业，什么开滦煤矿、卫辉煤矿、青岛纺纱厂等都是周家的产业。

和张鹏老师聊天涉及周一良先生，他就问自己的学生是否知道周一良。学生比较陌生。张鹏老师就提了《世界通史》，因为他是历史学背景的。我是文献学背景的，周一良先生和我的导师王绍曾先生有书信来往。周先生晚年患有帕金森，一些信件都是他说，旁边的人替他写。周先生晚年给我和王绍曾先生每人送了一本新书《郊叟曝言》，我恭敬地读，然后恭敬地回信。我导师年纪大，没能马上回信。周先生去世的那一天收到过四个人的信，其中一封就是我寄的。周一良有一个儿子叫周启博，他写了《父亲周一良的最后24小时》，在那里面说，父亲这一天收到了四封信，我读给他听了，估计他得回信,但是他在这天夜里就故去了。我名字中的"泽"被周启博写成了"则"。

周一良先生晚年写了几本回忆录,其中有《钻石婚杂忆》。他老伴叫邓懿,这是位非常有修养的女士。我在20世纪90年代陪王绍曾先生到周先生家去拜访,坐下以后,师母端来一个茶盘子,上面放了两个小茶碗,两杯茶都只有小半杯,一定是先泡好了后又倒出来的,因为茶碗里面没有茶叶。师母就站在旁边,我们说话的时候,她就在一旁说:"趁热喝了吧。"喝完之后她就把杯子收到盘子里端走了,然后师母没有再露面。也就是说,师母端茶这是一种很高的礼仪,如果你口渴的话,那问题大概没法解决。我们和周先生聊了一会儿,周一良先生不健谈,给人很清高的感觉,所以一般的客人可能坐不长。王先生去拜访是因为礼貌,因为他们有书信来往。后来我也陪着其他先生去过,自己也去过,大概一共去过周一良先生家三趟。

可周一良的堂弟周绍良先生很健谈。到了周绍良先生家里后,聊了一会儿天,他就从橱子里拿个秘本给我看,是稀奇古怪的书——一本佛经,他说是明朝末年雕版印刷的佛经,是折子的。我说周先生这个书有什么特殊?他说这你就不知道了,这是明朝的郑贵妃拿钱刻的,可能因为她作恶太多(想赎罪)吧,她就拿钱刻了个小佛经,不过这个小佛经是个伪经,估计她不知道。他拿来给我看的时候,我说周先生我得记下来。周先生说,你记吧。这就是周绍良先生。但是周一良先生话少,清瘦,坐在那里很板正,周绍良先生有白头发,稍微胖一点,显得比较富态一点。

从这个学生不了解周一良的事情,我昨天就考虑怎么能让学生们知道这些人物呢？咱们尼山学堂的每一门课，老师大概都会提到该领域现当代的重要成果。以前我看梁启超的《中国近三百年学术史》，那个书只有十几万字，写得非常好，清代的重要学者里面基本上都有了，我从上面得到的信息太多了。我们读研究生的时候，外出实习，霍旭东老师就会问一些问题，我知道的比较多，有一次不知道什么原因提到了《列女传》，提到了郝懿行的夫人王照圆有《列女传》的注，这些我都知道。从哪里知道的呢？我想想后发现都是从梁启超的书中得来的。钱穆也有一个《中国近三百年学术史》，那个书的读者群很窄，因为他谈的是真学术，涉及一些学术思想的地方他都会细细地讲。梁启超这个书没有讲得很深入，所以梁启超的书适合初学者来看，比如我当年看的时候在上研究生。那时候记性好，看完后好像大部分都记得。梁启超的书写到了清末，从那之后到现在也有一百多年了，是不是应该有一个续篇？

梁启超的书应该有续篇。这个续篇很难写。因为我们这几十年学问出了大问题了。我们现在是分科之学。日本人将"science"翻译为"科学"，科学就是分科之学，这个翻译真的就是日本人的特点，太形式化，太机械，它不是根据内涵来翻译的。我们原来翻译成"格致"，后来跟着用日本人的翻译了。日本是我们接受西方近代文明的桥梁，对我们国家的近代化起到了巨大作用，英国人写的书，日本人翻译成日语，咱再由日语转译成汉语，这种情况大概占据了百分之六十以上，像"科长""处长"这样的词汇，都是日本人弄的。香港出过《中国译日本书综合目录》，你看看那个就知道了。

我们怎么才能达到张鹏老师所希望的？我想，看一些"前言"是一个办法。关于周先生这篇前言——《日本学者研究中国史论著选译》的前言,你如果有兴趣的话,可以看一遍,我看过一遍。另外在 80 年代,《文献》杂志社编了一套大概十几本的书,叫《中国当代社会科学家传略》。山西的《晋阳学刊》编辑部也编了一套十几本的书,叫《中国现代社会科学家传略》。现在网上没有成套卖的,都是零卖。我当时买的都是减价的,我看见就买,有的买重了,但是没有买全。我买了就看,特别爱看。我在那里面看了很多人的传记,里面也有照片,很多人的传记后面还附有他的著作目录。彼时思想解放,其中有一篇《胡风传略》非常值得看,作者是鲍光前,他的文采、叙事能力都不一般。胡风案在当年是一个很大的案件,我们山东大学校长华岗就涉及此案,尤其是当年的中文系主任吕荧替胡风说话,下场都非常惨。所以鲍光前写《胡风传略》不是写一个人的事情,而且把这件事情讲清楚极其困难,但他写得极好。

山西这一套叫"现代",北京那一套叫"当代",其实含义没有任何区别,这两家好像同时在做。在八九十年代出这样一些东西,这是国学的回潮,这个传略里面有很多我们不太清楚的人,比如廖平这样的老辈,他是四川的大经学家。也有像朱希祖这样的史学家。《朱希祖传略》是傅振伦写的,傅振伦先生也是史学家,在方志学方面比较有名,但其实他的学问非常非常广泛,比方说故宫的瓷器,每一件都经过他的鉴定。我和山东大学中文系 1978 级的一个学长罗琳夫拜访过傅先生。罗琳是四川南充人,非常会做川菜。罗琳先生和傅先生很熟悉,因为他在中国科学院图书馆整理《续修四库提要》,而傅振伦参加过《续修四库提要》的撰稿。《续修四库提要》是 20 世纪 30 年代到 40 年代中国学者编的,有三万多篇提要,《四库提要》才一万多篇。罗琳带我去傅先生家拜访。傅先生的房子挺小的,我看也就里外(两)间吧,在北京也就不错了。客厅沙发后面的墙上挂了个条幅,上面写的是"史家三难才学识",我呢也懒,那个时候也没有记日记,这个东西应该记下来。傅振伦先生那时候已经需要扶着桌子来移动了,但健康状况还不错。他说现在故宫的瓷器最大的问题是都是从民间来的,不是成套的传世之物。故宫里的瓷器,如果它是成套的,比如它是从景德镇来的,中间没有经过他人的手,这样的瓷器就比较好鉴定,它都有记载。而这些成套的东西大部分都已经拿到宝岛台湾去了。傅先生说了这些。还说过其他什么,我已经忘记了。我还买过《傅振伦自选集》,大概有九十到一百万字吧。那时候首都师大出版社出了一套著名学者的自选集,精装,也有周一良先生的。那套书很精,非常精,附了好多张傅振伦先生的照片,有和他第一个老伴的合影,第二个老伴的合影,哪年与谁结婚,他的自传里都有记录,为什么呢?老伴故去了,他就可以续弦了。这个先生非常好,好在哪里呢?我感到他非常透明,非常坦荡,非常纯正。

《朱希祖传》就是傅振伦写的,我感觉到他是真正的史笔。什么叫史笔呢?就得学习太史公啊。在叙事过程中不怎么议论,写成了记叙文,有细节,非常好的细节。他写到大概是在抗战时期,朱希祖先生到了广州,朱先生留着胡子,当地人就会多看他几眼,因为他留着胡子嘛。朱希祖先生就觉得南人不尊重长者。其实呢是因为南方热,留胡子的人很少,大家看到一个留胡子的人就觉得稀罕,不是不尊重长者。傅振伦先生把这些细节写上去,我感到他对于历史学的东西,尤其是列传,应该看得很多,并且一定很有实践经验。他和章学诚写《周书昌先生别传》的风格是一样的。《周书昌先生别传》写得也极其生动，他们都是史笔，是高手。得练啊，不练的话你写不出来。有的人长于叙事，有的人长于议论。（华东师大的）刘永翔先生给尼山学堂的学生上过课，他是讲诗词、骈文的，他的骈文写得特别好，钱锺书先生表扬过的。他说，叙事文没法写成骈文，《二十四史》的列传怎么能写成骈文？但是议论和抒情的文章可以写成骈文，反说说，正说说，前说说，后说说。我觉得刘先生说得特别真切。

书目文献出版社出版的《中国当代社会科学家传略》和《晋阳学刊》编辑部编的《中国现代社会科学家传略》都是十几本，那时候印量比较大，我估计现在孔夫子网上还有，如果便宜的话你可以买，如果收全了的话，也不失为一套好书。买了就要看。

傅振伦先生不在了以后，谁来为傅振伦先生写传呢？不仅被写的人得是高人，写的人也得是高人，这样你才能凑出这么一套好书来。可我们中国传统文化学术水平是在急速下滑，下滑得不一般，我在各种场合都谈了这样一个观点，不知道在座的各位是否同意。当然有这样一些有能力的人，比如我们的刘晓东先生，在文笔、见闻和水平上，都可以至少是傅振伦先生的水准，但在我们山东大学，这样的先生没有几个。我们的袁世硕先生、牟世金先生都比傅先生小，甚至我们可以认为傅先生是袁、牟诸位先生的师辈，和傅先生同辈的应该是殷孟伦、殷焕先、蒋维崧，以及"冯陆高萧""八马同槽"。如果说现在也要编这么一本书，写从八九十年代到现在的学术名家，事实上就是写傅振伦先生这一辈，为这一辈先生立传的，应该是他们的徒弟，现在也已经都八九十岁了。也就是说写《冯沅君传》的应该是袁世硕，写《陆侃如传》的应该是牟世金，写《牟世金传》的应该是咸良德，那王绍曾先生的传记就是我写。应该承认，对老师的认识可能是到位的，但能不能把认识都写出来？可能比不了老辈。在长于叙事这个问题上，我们现在的培养极不到位。不到位到什么程度呢？可能你都修不了你们老家的县志。因为县志里面需要有大量人物传记，有的可能比较短，但是无论长短，它都是历史上列传的一种缩影，你可能写不了。如果你想训练叙事的文笔，在我们尼山学堂的论文报告会上是办不到的，因为从文体上来说论文是议论文，而这个是叙事文，至少是夹叙夹议的，所以需要单独练。单独练的办法呢，我想是写日记，日记就是记事的嘛，可长可短，可议论，也可不议论。如果你能有写日记的习惯的话，大概是可以的。

用了这么长时间从周一良说起，来讲这件事情，是有感于昨天张鹏老师的话，我们只说了两三分钟的话，周一良先生是我提的，张鹏老师很敏感地就问学生是否知道，引发了我的一些考虑——我们对于现当代的学术史缺乏认识，这个似乎有缺憾，应该有梁启超《中国近三百年学术史》的续篇，这是我的一个考虑。

（杜泽逊先生 2022 年 3 月 21 日上午 10 时为尼山学堂讲课，于授课计划外增入一节，讲述周一良先生与学术界的轶事，今据录音整理成文，以存文献。弟子王一清记。2022 年 3 月 22 日）

记董治安先生的几件事

董治安先生是山东大学中文系培养的杰出人才，留校后为山东大学奋斗了一生，曾担任全国古籍整理出版规划领导小组成员，教育部全国高校古籍整理研究工作委员会委员，山东大学中文系主任、古籍所所长，山东省古籍整理规划领导小组办公室主任，为国家古籍事业和山东大学中文学科建设做出了重大贡献。董先生于2012年5月27日去世，已整整十年了。作为董先生的学生，时时忆起先生的往事，这里写下来，以表达深切的怀念，同时也为友好和我的学生们认识董先生提供一些具体的材料。随想随记，不复分先后。

一、退休归还借书

董先生退休时，把从文史哲研究院（后更名儒学高等研究院）

图书室借的书清理好，亲自归还。有一天我去图书室，图书室负责人张雷同志特别给我说："董先生退休，特别把借的书还清了。"他说着指了指地上放的整整齐齐的一摞书。我曾经作为副院长分管图书室，也曾经作为院长分管文学院图书室，都对历年借书账进行过清理，一家一家讨要，追回来一部分，却有相当大的数量没有追回，原因一言难尽。像董先生这样，退休清还图书，我印象深刻，从这件事可以看到董先生的处世风格，是学习的模范。

二、整理老师著述

董先生的导师高亨先生是著名的文史专家，一生著述量大质优，深受学界推重。高亨先生的著作，有的没有在生前写定出版，是董先生率领门弟子整理问世。这里头有《周易大传今注》《古字通假会典》《高亨著作集林》等。尤其是《古字通假会典》，历时十年才整理出版，无异于两代人合著，董先生只署名"整理"，足见对导师的尊敬。《高亨著作集林》的整理也工程甚巨，董先生注入了大量心血。我们也看到不少这类情况，近年山东大学文学院整理出版老一辈著作全集十几家，大都是弟子服其劳，这种精神的传承是弥足珍贵的。

三、借人图书包书皮

董先生非常爱护图书，尤其是借别人的书，特别珍视。有一次我和董先生谈及丁山先生遗事，见于赵俪生先生《篱槿堂自叙》一书。董先生说,你拿来我看看。我就送去了。后来董先生看完,还给我,我发现董先生用一张稿纸包了皮,上面用铅笔写了"篱樘堂自叙",书背已被手汗浸变色,说明全部仔细看了。这本书我一直存着,尤其是用稿纸包的书皮,是很好的纪念。

四、爱护学生

有一次在古籍所办公室,董先生说到《孟子》入经问题,说是涉及《经部要籍概述》前言。我说回去查考。结果发现颇为复杂,于是写了一篇小文《〈孟子〉入经 与〈十三经〉汇刊》,交给董先生,算是交作业。后来到董先生家,董先生把我的文章还给我,他说:"本来我摘取了一些内容,后来觉得你可以发表,就又划掉了,只用了基本结论。"董先生还拿出稿子给我看,划去的痕迹还在。2001年3月31日至4月2日,山东大学古籍所与台湾淡江大学在济南合办了"海峡两岸第二届中国文献学学术研讨会",我把这篇论文提交到会议上,收入了会议论文集《文献学研究的回顾与展望》(台湾学生书局)。从这件事可以看到董先生对学生的爱护。

五、提携学生

我个人完成的自认为比较重要的成果是《四库存目标注》。1992年1月我在北京琉璃厂海王邨古旧书店买到一部《钦定四库全书附存目录》木刻本四册,开始做《四库存目标注》。当年5月,国务院第三次古籍整理出版规划会议在香山饭店召开。会上周绍良、胡道静先生先后提出《四库存目》书的调查出版建议。我看了《古籍整理出版情况简报》就去找董先生。董先生也参加了那次会议，但分组不在周、胡先生组，所以没有太留心。听我说了，董先生说："你写一篇东西，我给你几个名字，你寄去征求意见。"于是我写了《四库存目标注叙例》，董先生开了名单：安平秋、傅璇琮、赵守俨、章培恒、周勋初、黄永年等。我一一写了信，附上《叙例》。其后《四库存目标注》得到各位先生多方面的支持鼓励，虽然历时15年才完成出版，但是我却很有信心，这当中学界前辈的勉励是重要的原因。当然，周期长对于年年考核的机制来说，是极不适应的。董先生有一次告诉我："可不可以先出一册？以便评职称，趁我还能帮上忙。"我说全书体例要前后照应，有时候写着后头，要改前头。钱曾怡老师则主张全部写完再出版："小杜，沉住气，什么也少不了你的。"两位老师的话，对我这个青年老师来说，真是莫大的温暖。

六、介绍拜访安平秋先生

1994年9月11日上午，北大在临湖轩召开《四库全书存目丛书》工作座谈会，季羡林、韩天石、周一良、黄永年、安平秋先生都出席了会议。我也应邀参加了那次会议。临行向董先生汇报，董先生说你到了北大去古委会拜访一下安平秋先生。于是我照办了，到了旧化学楼一层全国高校古籍整理研究委员会秘书处。一间大屋子，安先生在里边办公桌，背后堆满了书，对面是曹亦冰老师。对着门靠南窗的办公桌是刘玉才、顾歆艺两位。中午安先生带我出北大东门，门外路北有一家饭馆，叫"临风堂"，羊肉泡馍有名，不少北大老师喜欢去。安先生请我吃的就是羊肉泡馍①。安先生作为古委会领导、师长，平易近人，称我"兄弟"，以后成了忘年交，转眼快三十年了，我从安先生及古委会的师友那里得到很多指导、帮助、鼓励，感恩不尽。我在那之后就参加了北大的《四库全书存目丛书》编纂工作，跟着编委会先后住过国图对面湖北宾馆、北大东门外力学系废弃的实验室、北大西门外原海淀医院旧房子（在畅春园南边，北大附中东邻，门口有家"汉学书店"）。有一次董先生到北大古委会开会，特别到《四库全书存目丛书》编委会看我，在我住的宿舍坐了一会儿，他看着那间摆有三个上下层钢架床的宿舍，感慨说："我以为你会住在一间招待所，有洗澡间的地方。"这天会议报到，我陪董先生去了勺园，在周勋初先生房间听他们闲谈。周先生身材魁梧，头发有少量发白，往后梳，面带微笑，风度非凡。周先生知道我从事《四库存目标注》，主要是版本目录学，告诉我："到了一定阶段适当搞点理论研究。"晚饭在勺园与安先生、董先生、裘锡圭先生等一桌，安先生说："泽逊吃啊！不能像小媳妇似的。"面对各位名学者，当时总觉仰慕和神秘。

---

① 这件事我在2022年5月20日夜起草本文时，给安平秋先生发了一条微信。安先生回复说："泽逊弟，你的记忆力真好！是不是1994年我记不得了，临湖轩的会我也印象不深了，但董先生打电话和临风堂我还记得。董先生在简介你的情况之后，说你是山大未来的主力和希望之类的话，还提醒我'这个人靠得住，将来你用得着'。临风堂泡馍馆是陕西人黄氏兄弟开的，店主是个书法家，还送了我一幅字。他们的一个亲戚在中学或小学时同陈来是同学。以上也是临时想起。"

七、请郭芳吃饭

我是 1985 年山大中文系毕业，考上古籍所研究生班，当时招生公告导师栏是"董治安等指导小组"，从后来上课看，指导小组有王绍曾、霍旭东、刘聿鑫、刘晓东、宫庆山、林瑞娥、周民、徐传武、王培元、任重、林开甲等先生。班上同学有郑杰文、高海安、秦彦士、连镇标、张涛、范旭仑、郭芳、陈信凌、姜志强、王君南、杜泽逊。郑杰文任班长，我任副班长。1987 年 7 月研究生班毕业，发给毕业证。1988 年 12 月论文答辩，发给硕士学位证。毕业后有一年（大概是 1989 年）郭芳来济南，我陪郭芳去看董先生，师母钱老师不在家。董先生对我说："你去买冻水饺，我们请郭芳吃顿饭。"我拿着董先生给我的钱去买了冻水饺，和郭芳在董先生家吃了饭。记忆中在董先生家里吃饭很少，那次记得很清楚，董先生虽然话不多，却很慈祥，如父亲一般。

八、修改我的文章

高校古委会组织撰写了一套《文史名著选译丛书》，巴蜀书社出版，很有规模，我和庄大钧同志合作承担了《韩诗外传选译》。前言是我起草的，写好交给董先生看，董先生当面边看边修改，关于曾参孝道一段，对一些措辞斟酌再三，令我印象深刻。我还写过一篇《司马相如著述考》，交董先生看，董先生看后说："某些方面可以修改成一篇文章。"我就放起来了，至今没拿出来发表。现在看那篇文章主要是综括材料，缺乏创见。董先生那样表态，是很顾及我的心情，但又不愿说违心的话。

九、提倡学术上的拳头产品

20世纪80年代以后，学术评价逐步以"量化"为标准。如何多发表文章？成了大家不能不注意的问题。有的同行传授一篇文章改换视角写成两篇的秘诀。各种"编书""做书"不断上马，我和程远芬都工作不久，有的老师邀请参加撰稿、写词条"挣点钱"，也是络绎不绝。在这种情况下，董先生在古籍所会上讲："学术研究要甘坐冷板凳，要出拳头产品。"对一些编书活动，不提倡。在另一次董先生给我说："一个人要看他五至十年能出什么东西。"董先生在学术上的确自律甚严。近年我在山大文学院倡议编辑出版老一辈名家全集，《董治安文集》委托董先生弟子王培元老师负责。有一次，李振聚同志从网上购得一册《楚辞研究》，封皮下方印有"山东大学中文系古典文学教研组""1981年5月初编"二行字。书中包括楚辞论述、楚辞选注。注释采用高亨先生、黄孝纾先生说法，加括号注明"高晋生师说""黄公渚师说"。李振聚认为是董治安先生写的，拿来给我看。我打开一看，是董先生工工整整誊写扫描油印的，字体特别。这种油印当时叫"电火化本"。我当场肯定是董先生著作。可是这么多年，董先生并未提及这本讲义。在80年代以后，许多人想方设法出书，以创造进步的条件，董先生这么现成的成果却没有拿出来出版，真是太严谨了。有人说董先生"爱惜羽毛"，一点不假。这次王培元老师编辑《董治安文集》，就把这本《楚辞研究》郑重收入了。

　　以上关于董治安先生的往事,记忆容有未确,还请读者友好指正。2022 年 5 月 20 日夜半。

（本文是 2022 年 9 月 28 日在"董治安先生逝世十周年追思会"线上会议的发言）

向吴格先生学习

——在吴格先生荣休纪念暨《文献形役录》新书发布会上的发言

各位专家,各位朋友,尊敬的吴格先生、朱邦薇女士,上午好!今天有幸参加吴格先生荣休纪念会暨《文献形役录》新书发布会暨吴格先生七十岁生日座谈会,我感到非常荣幸,复旦大学图书馆副馆长杨光辉兄要我发言,我很珍惜这个向吴格先生表达敬意的机会。过去有一种文体叫寿序,我不擅长,所以今天的题目是《向吴格先生学习》。

吴格先生是当今古籍界的著名专家,享有非常好的声誉,这是吴先生急公好义、爱徒如子、沉潜学问、辛勤工作的成果。

吴格先生从华东师大图书馆,到复旦大学图书馆,一直从事图书馆古籍工作。图书馆是服务岗位,而图书馆古籍部服务的读者都是高级别的专业读者,这就需要对馆藏特别熟悉,对古书进行整理、鉴定、著录、编目,必要时还要采访购买。所以古籍部的读者量不够大,但内部工作却难度大,学术含量高,而且大部分情况下人员少，古书数量大，劳动成绩显示度低，甚至被误认为是清闲岗位。从事这项工作需要默默无闻、长期坚守，具有奉献精神。吴格先生就是这样一位把全部精力贡献给图书馆古籍部的专家。

服务古籍　急公好义

国家对古籍事业高度重视。20世纪70年代，周总理指示"要尽快把全国善本书总目录编出来"，经过近二十年才得以完成。后来国家古籍小组规划《中国古籍总目》编纂项目，经过长期努力，也出版了。再后来是全国古籍普查，也取得了巨大成绩。吴格先生与主持参加《中国古籍善本书目》的一辈专家顾廷龙、冀淑英、沈燮元等先生关系密切，受到指导。自己则亲自参加《中国古籍总目》工作，担任统稿专家。在主要合作馆国图、上图、南图、北大等馆藏以外，增入了《中国丛书综录》《中国古籍善本书目》《东北地区线装古籍联合目录》《台湾"中央图书馆"善本书目》《台湾故宫博物院善本旧籍总目》等书目中的稀见版本，从而大大突破了"四馆"范围，为读者提供了更丰富的古籍信息。至于古籍普查，则不仅主持复旦大学的工作，还是全国古籍普查工作的学术骨干，国家珍贵古籍名录评审的主要专家之一，同时受国家古籍保护中心委托，到多个图书馆帮助审读普查登记目录。

20世纪90年代，国务院古籍小组批准实施《四库全书存目丛书》《续修四库全书》编纂出版工作，吴先生是编委会骨干成员，做出了重要贡献。这些工作由于是集体合作，都需要相互关心、友好团结、耐心协调，吴先生在这个历程中与各馆同行建立了深厚的友谊。吴先生谦虚诚恳，与老辈专家、同辈专家、后辈专家都有通信往来，他的这种为人处世风格，可以说是同行的榜样。20世纪90年代，我在北大参加《四库全书存目丛书》，与吴先生书信来往比较多，也时常因为工作会议而见面。有一次吴先生要我办一件什么事，我很快办了，他对我说，"你比我还快！"其实吴先生回复信件，为人办事，无论公私，都非常及时，这就是急公好义的一种表现。把工作放在前头，把他人的事放在前头，这种精神无论过去、现在和未来，都是优秀文化，值得学习发扬。

以身垂范　爱徒如子

吴先生在复旦大学图书馆古籍部当主任，加上持续不断的国家任务，已经非常忙了，还在复旦大学古籍所担任教授、博士生导师，不间断培养学生，为古籍整理研究培养人才。在这方面的贡献，比很多教学科研岗位上的专职教授成就还要高得多。他的助手杨光辉，现在是复旦图书馆副馆长、中华古籍保护研究院常务副院长。他的学生眭骏，现在是复旦大学图书馆古籍部主任，弟子王亮、乐怡都是复旦大学图书馆的优秀古籍专家。弟子柳向春是上海博物馆骨干专家，陈谊是浙江图书馆古籍部主任，金晓东是山东省图书馆典阅部主任，李军是苏州博物馆骨干专家，宋一明是福建人民出版社骨干专家，崔燕南是上海人民出版社优秀编辑，林振岳是上海交大优秀教师。还有一位乔志勇，擅长元史，现在暨南大学任教。冯先思，长于小学文献，现在北师大珠海分校任教。田吉，撰有《瞿兑之年谱》，现在是侨联的干部。博士后李士彪是鲁东大学教授。

我曾多次为吴老师弟子审论文、参加答辩，在这个过程中，学习了很多。我发现吴老师对弟子爱护、教导，十分有耐心，十分细心，可谓"爱徒如子"。吴老师的弟子善于利用特殊材料，善于爬梳资料，条分缕析，论文踏踏实实，非常严谨，能经得住历史检验。可以看到在今后一个时期，吴老师弟子会创造出更多的业绩，为古籍事业做出更大贡献。名师出高徒，在吴老师这里我们可以清楚地看到。

继武前贤　潜心学术

吴格先生在从事公务的同时，潜心于学问，这是图书馆古籍界的一种传统。我们可以看到，江南图书馆、京师图书馆的首任馆长（监督）缪荃孙，江苏省立国学图书馆馆长柳诒徵，主干成员范希曾、王焕镳、汪闰，南京图书馆杜信孚、潘天桢、沈燮元，北京图书馆赵万里、王重民、徐森玉、李希泌、谢国桢，上海图书馆（前身合众图书馆）顾廷龙、潘景郑、瞿凤起，浙江图书馆张宗祥、毛春翔，山东省图书馆王献唐、屈万里，云南图书馆李小缘等，都是图书馆界的著名学者。吴格先生继承的就是这样一种传统，管理古籍、研究古籍、服务于古籍界，通过研究来提升管理和服务水平，通过传承来延续古籍事业。吴先生的古籍整理成果除了上述大型集体项目之外，还有《诗三家义集疏》《嘉业堂藏书志》《续四库提要三种》《翁方纲四库提要稿》《四库提要分纂稿》(与乐怡合作)、《续修四库全书总目提要·丛书部》(与眭骏合作)、《四库系列丛书目录索引》(主编)、《逊志堂杂钞》《三冈识略》等，在古籍界都广为传播，造福学林，深受好评。

　　吴先生还在努力整理王欣夫先生遗稿，不断有成果发表。我们都知道，王欣夫先生整理胡玉缙《四库全书总目提要补正》两大册，是非常艰苦的工作，吴格先生继续整理胡玉缙遗著，并整理王欣夫先生遗著，编《王欣夫年谱》，这就是一种传承，一种传统，一种非常宝贵的精神，中国的学术事业就是这样延续下来的。

　　吴格先生在服务岗位上工作数十年，尽职尽责，成绩显著，又出版了那么丰富的学术成果，同时培养了一批优秀的弟子，这些弟子工作在各自的关键岗位上。他付出的辛勤和智慧可以想见，他是一位辛勤工作的先进分子。我们可以看一看，服务读者、学术事业、培养人才，三个方面都做得这么好、兼有其美的，在图书馆古籍界还找不出来。因此我们有理由认为吴格先生是当代图书馆古籍界的模范成功人士，所以我的题目是"向吴格先生学习"。我的发言暂时到这里。谢谢！杜泽逊于 2022 年 12 月 6 日至 7 日陆续写就。

（弟子陈谊录入整理）

关于《红楼梦书录》作者"一粟"是谁

樊君庆彦告余:《中国小说论坛》拟介绍《红楼梦书录》,关于作者"一粟",有不同说法。吴新雷推荐此书只说主编朱南铣(详见朱锡勋《著名红学家朱南铣》)。徐迺翔《中国现代文学作者笔名录》介绍周绍良云:"周绍良(?—),安徽建德(今东至)人。一粟。"认为"一粟"为周绍良笔名。郭豫适在接受钟明奇采访时说:"一粟是周绍良、朱南铣先生的笔名。"(《文艺研究》2009年第5期)认为是两人合称。众说纷纭,现在无法下定论。又发来《中华读书报》2017年刊载的冀勤所写《说说笔名、化名的那些往事,缅怀周绍良先生》一文,说她曾当面问周绍良,"一粟"是不是他的笔名,而周绍良回答不是,是朱南铣的。冀勤问到《红楼梦资料》,周绍良说朱南铣搞这书时请他看过,他只提出了点意见。

我知道"一粟"为周绍良、朱南铣二人,在1995年前后,时在北大参加《四库全书存目丛书》编纂工作,张忱石先生亲口相告。张忱石与周绍良先生很熟。后购周绍良《细说红楼》,其中最后一篇是周绍良《〈红楼梦〉研究论集·后记》。周绍良《〈红楼梦〉研究论集》是1983年6月山西人民出版社出版的,《细说红楼》大部分篇目取自这本《论集》。周先生在《后记》明确交代:"过去我和朱南铣同志交往是密切的,他的学问湛深,见解颇高,对《红楼梦》的研究我们经常在一起切磋,我从他那里得益不少。我们共同编辑了《红楼梦书录》和《古典文学研究资料汇编·红楼梦卷》,这本小册子里也保存了我们合作的两篇文章。"郭豫适先生在钟明奇的访谈中也说"一粟"是周绍良、朱南铣的合用笔名,且他与《红楼梦书录》作者写过信,提出修改建议。而周绍良在中华书局出版增订本后即赠他一本,并来信说:"承示各节,在第二版时已有所改正。"显然周绍良是作者口气。周绍良去世后,中国红楼梦学会、《红楼梦学刊》编辑委员会有唁函长文,明确:"尤其是他与朱南铣先生合著(笔名'一粟')的《红楼梦书录》、《古典文学研究资料汇编·红楼梦卷》一直是《红楼梦》研究者与爱好者的必备之作。"均足以证明"一粟"即周绍良、朱南铣二人合用笔名,二书是二人合作之书。至于冀勤回忆中周绍良先生的回答,乃是老辈高风,归功于亡友,未可信以为实也。2021年8月15日。

古籍整理出版

谈谈版本学与校勘学的相互为用
——以《十三经注疏汇校》为例

版本学的任务有三：一是确定版本的性质及年代；二是确定版本的质量；三是理清版本的源流。校勘学的任务有二：一是改正古书的错误；二是保存古书的异文。

先说版本学的任务。我们面对一部古书，第一个任务是要确认这是一本什么书，也就是确认书名。同时按照专业的要求，确认卷数、著者姓名、著者朝代，确认是什么版本，是刻本，还是写本，或其他印刷本诸如木活字本、套印本、石印本、排印本、影印本等。写本又分为手稿本、一般抄本。确认了版本形式，再确认产生这一版本的时间，以及刊刻、抄写的人或者家庭、地方政府、朝廷部门，甚至于书坊。例如日本足利学校收藏的《附释音毛诗注疏》二十卷（七十子卷）《诗谱序》一卷，汉毛亨传，汉郑玄笺，唐孔颖达疏，唐陆德明释文，南宋福建刘叔刚一经堂刻本。这是版本鉴定的第一个任务。

版本学的第二个任务,确定版本的质量。例如乾隆四年（1739）武英殿刻本《周易注疏》卷末有当时主持校刊者之一朱良裘的跋说:"得文渊阁所藏不全《易疏》四册,则上经三十卦厘为五卷,始知孔疏王注已分六卷为十卷,合之韩注三卷,而十三卷自备。臣良裘偕臣林枝春、臣闻棠、臣吴泰,昕夕考究,凡监本舛错谬讹之处,证以旧本,如覆得发,如垢得梳。惜自《晋》卦以下,旧本残缺,然监本之不可复读者,已十去其六七矣。"朱良裘跋所说的文渊阁旧藏不全本《易疏》四册,究系什么版本,他没有说明,只称为"旧本",那么他的第一个任务判断版本的年代没有完成。但第二个任务,判断版本的质量,却有重要的发现:"凡监本舛错谬讹之处,证以旧本,如覆得发,如垢得梳。""监本之不可复读者,已十去其六七矣。"显然是一个错误较少的善本。而相比之下,万历北京国子监本就是错误较多的版本。当然我们还可以推出对武英殿版本的质量的基本评价,是一个据"旧本"校勘的质量较好的版本。朱良裘所见的"旧本"究系何种版本呢?这个问题需要寻求旁证,后面再说。

版本学的第三个任务是厘清版本源流。例如阮元《重刻宋板注疏总目录》:"谨案《五代会要》,后唐长兴三年（1932）始依《石经》文字刻《九经》印板,经书之刻木板实始于此。迄两宋,刻本浸多。有宋十行本注疏者,即南宋岳珂《九经三传沿革例》所载'建本附释音注疏'也。其书刻于宋南渡之后,由元入明递有修补,至明正德中其板犹存。是以十行本为诸本最古之册。此后有闽板,乃明嘉靖中用十行本重刻者。有明监板,乃明万历中用闽本重刻者。有汲古阁毛氏板,乃明崇祯中用明监本重刻者。辗转翻刻,讹谬百出。明监板已毁，今各省书坊通行者惟有汲古阁毛本。此本漫漶不可识读，近人修补，更多讹舛。"阮元为我们厘清了注疏本的源流：宋刻十行本（实际是元十行本）——宋十行明修版印本——嘉靖闽刻本——万历北京国子监刻本——崇祯毛氏汲古阁刻本。他同时对各个版本的质量进行了评价。阮元的这个源流总结有什么可取之处，又有什么可以补充之处，下面我们再讨论。以上事例可以为我们展示版本学的三个任务，比较清楚。

下面说校勘学的两个任务。

校勘学的第一个任务改正错误，是大家一向公认的校勘学的主旨。"校"就是拿不同的文本来比对，或者借助于古书相互引用，来比对引文部分，史料互见于一书前后或不同书中，来比对同一史料在不同地方的不同字句，把不同之处记录下来，这是校异文。"勘"的本义也是校对。校、勘都有改正错误的含义。校勘学是通过校找出异文，并进而纠正错误。这样一门学问。可见从工作程序上讲，要先校异文，再审订讹误。《汉书·艺文志》说："刘向以中古文校欧阳大小夏侯三家经文。《酒诰》脱简一，《召诰》脱简二，率简二十五字者脱亦二十五字，简二十二字者脱亦二十二字，文字异者七百有余，脱字数十。"刘向校书的目的当然是纠正错误，补上脱文。

校勘学的第二个任务是保存古书的异文。上面说过，从工作程序上看，要先校出异文，再考虑是非。有的异文，当时即可判断是非。有的则要再加考证，求旁证，才可以确定是非。还有的异文，则无法确认是非。刘向以中古文校欧阳大小夏侯三家《尚书》文本，"文字异者七百有余"，不见得都可以判断是非。不能判断的，就要先记录下来，不表示态度。对那些年代较早的异文，学术界倾向于全面记录，对待出土文献、石刻文献、敦煌文献，大抵采取了全面保存异文的办法，这不单是校勘学上的需求，还有研究文字流变，以及借助异文考察通假字，进而从事训诂研究的需求。对时代较近的文本，学术界则倾向于有选择地保存异文。在保存异文的问题上，我们应当考虑异文的不同用途，或者说不同学者对异文的不同需求。

刘师培是早期利用敦煌文献进行文字校勘的学者之一，他撰写了一批跋文，发表于《国粹学报》上。我们看刘师培的《毛诗诂训传国风残卷跋》，列举异文主要有以下几个方面："经文多异唐石经；或与《释文》本合；或与《释文》所引或本、一本、俗本合；或与《释文》所引旧本合；或与《释文》所云误本合；或与宋人所引《释文》合；或与《释文》所引或本字形差异而实符；或与《正义》所引定本合；或与山井鼎《考文》所引古本合；或与三家诗合；或与古籍所引合；或与唐石经初刻合；或与宋本合；其与各本并殊者，或系省形，或增偏旁，或异偏旁，或系古字，或系别体俗书，或系音形相近，或系古字相通，或改用正字，或助语不同，或字有损益；亦有初书与各本合而后改之字不同者；亦有确为讹文及脱字者；亦有疑为讹文及羡字者。"都列举了实例。最后说："然均校勘《毛诗》者所当首采也。"刘师培分列的 25 种异文类型，只有最后 2 类是错误，前面 23 种都不是是非问题，而是与古本的种种复杂对应关系，以及字形的不同。毫无疑问，刘师培关心的敦煌本异文，除了可以用来讨论文字是非外，绝大部分是用来讨论古书文本系统的。这当中利用敦煌本订正传世《毛诗》经文讹误的例子一条也没有。他谈到的讹误都是敦煌本的抄写错误。那么刘师培揭示这些异文的目的是什么呢？我认为主要是两大用途：一是说明古书保存的经典异文自有来历，比如陆德明《经典释文》的"一作某"，在敦煌本可以找到证据；二是用来说明敦煌本的地位或功用。毫无疑问，刘师培分门别类罗列异文，有一个很大的目的，是进行"文本定位"。这对我们通过校勘手段来进行文本系统的研究工作，有很大的启发。异文是联络文本之间内在关系的桥梁。我们可以明确，校勘学上发现异文并保存异文，在完成校勘学的第一目的"纠正错误"之外，还有另外的目的，而这另外的目的与纠正讹误完全不同，因此我们把保存异文作为校勘学的第二任务。这个第二任务在很大程度上是为自己或者他人提供进一步从事科学研究的材料。事实上陆德明《经典释文》提供的经典异文，就为刘师培研究敦煌本提供了材料，这是陆德明始料不及的。不过可以断定，陆德明在对待异文的态度方面，是高度自觉的。有人认为校异同而不断是非，是没有用途的校勘活动，又认为底本不误而校本误的不必出校勘记，这就把校勘活动的丰富内容简单化了。

下面回过头来，谈我们的版本学与校勘学的相互为用。

首先说校勘学要依赖版本学。你要校勘，必须先调查一部书有哪些版本传世。掌握尽可能多的版本，是校勘的基本条件。这些版本并不一定都要我们亲自去鉴定，大部分版本都经人家鉴定过了。当然对人家鉴定过的版本，我们还要去确认一下，有没有不妥当的地方，这个任务并不特别大。对校勘者来说，真正的版本学的任务是，当版本特别多的时候，如何确定哪些本子更重要，非校不可，哪些本子不一定要校。朱子的《论语集注》，世间的版本可以说无数,难道都要去校吗?显然是办不到的,也是不必要的。一般认为,年代较早的本子无论如何要校。年代不太早的本子,要看在流传过程中是不是处于一个环节,如果处于一个环节,也是必须校的。如何确定某本较早,如何确定某本处于该书流传过程中的哪个环节,那就要借助前人的研究或记录。上面引到阮元的《重刻宋板注疏总目录》,他提到宋十行本、十行本明代递修本、明嘉靖闽本、明万历北监本、明崇祯毛氏汲古阁本,当然还有他自己在南昌重刻的十行本,这些在一个锁链上的版本是应当校的。虽然阮元说这些本子"辗转翻刻,讹谬百出",但是一次又一次刊刻中,有没有进步?不校还是不知道的。当然对十行本、闽、监、毛本,甚至阮元本,如何评价,也是研究古书的人想了解的,甚至想深入了解的。单凭阮元这几句话,还是笼统了些,满足不了学者的要求。客观事实,也不尽如阮元说的那样,事物本身的复杂性,要大大超乎我们的想象。

我们在从事《尚书注疏汇校》时,根据傅增湘《藏园订补郘亭知见传本书目》了解到,除了阮元提到的版本外,还有以下重要版本:一、南宋刊单疏本《尚书正义》二十卷,日本宫内厅藏。1929年大阪每日新闻社影印,1935年商务印书馆《四部丛刊三编》又据大阪影印本影印。二、南宋两浙东路茶盐司刊八行本《尚书正义》二十卷,日本足利学校藏一部,山井鼎《七经孟子考文》据以校勘。日本弘化四年(1847)熊本藩尝据影抄本影刻之。日本另藏一部八行本,杨守敬从日本购归,现藏北京中国国家图书馆,《古逸丛书三编》影印,《中华再造善本》又影印。这个本子刷印比足利学校本早,错误比足利本少,但缺少四卷,日本人据熊本藩本影摹补入。三、蒙古时期平水刊本《尚书注疏》二十卷，铁琴铜剑楼旧藏，今藏中国国家图书馆，《中华再造善本》影印。该本卷三、卷四、卷五、卷六原缺，清初人抄配。这四卷抄配，钤有季振宜印，《中国古籍善本书目》等近代书目都定为"清影蒙古抄本"。其实只是仿蒙古抄本，讹误甚多。国图另有一个平水本残本，保存有卷六《禹贡》，可以配合校勘。四、南宋福建魏县尉宅刻本《附释文尚书注疏》二十卷，半页九行，与刘叔刚一经堂宋十行本相似，只是半页少一行。台北故宫博物院藏，1989年台北故宫博物院影印本。五、明永乐元年（1403）刻本《尚书注疏》二十卷，台北"中央图书馆"、日本静嘉堂文库各一部，中国大陆没有。这个本子半页八行。台湾那一部是天一阁旧藏，天一阁定为宋本，民国间张钧衡获得该书，托缪荃孙主持，请陶子麟影宋刻印，其实是永乐本。陆心源那一部归日本静嘉堂，倒是定为明本，但却以为是"明覆宋八行本"。究竟是不是明覆宋八行本呢？覆刻的是哪个宋八行本呢？因为宋八行本大家都知道是两浙东路茶盐司本，此外并未听说有另外一个八行本。六、乾隆武英殿刻本。这个本子阮元没有提及，并非他不知道，当时的官版，就像今天的中华书局本，但是他没有用来校勘，原因不明，大概是以为当代的本子没有必要校。《四库全书》《四库全书荟要》都从武英殿本来，又有所校订，可以算作一个系统的本子。这六个本子当中的前五个都是稀见的旧刻本，那是非校不可的，阮元没有校，是因为没有掌握这些本子，而不是看不上。我们把阮元提到的十行本、闽本、监本、毛本，加上宋刊单疏本、宋刊八行本、蒙古平水本、南宋福建魏县尉宅本、明永乐本、清乾隆武英殿本、嘉庆阮元南昌刊本，都列入校本。这就是借助前人版本学成果进行校刊的最好例子。我们也可以发现,重要的早期版本宋刊单疏本、八行本、平水本、魏县尉宅本,阮元都没有见过,他见到并且校刊的是十行本以下的本子。有了这样的版本信息,我们重新进行《尚书注疏》的校刊就有了信心。也就是说,校勘工作的成败首先取决于版本资源。

接下来要确定一个底本,用这个底本作轴心,四面出击去一个一个校其他的本子。什么本子可以做轴心呢?首先要从"十三经注疏"角度通盘考虑。学界总想把眼光投向早期的本子。我们应当明确"十三经注疏汇校"这项工作,面对的是十三部儒家经典的注疏本。也就是说第一个要素应当是十三部书俱全。第二个要素,就是我们接受"十三经注疏"这个概念,从近处说是针对阮元刻本《十三经注疏》,再早是乾隆武英殿本、崇祯毛氏汲古阁本、万历北京国子监本、嘉靖李元阳闽本,再上为元刊明修十行本。再往上,就配不上十三部书了。我们很容易想到《十三经注疏》的祖本是十行本。我们打开《中华再造善本》中影印的刘盼遂先生旧藏的十行本《十三经注疏》,你的失望难以言表,缺字缺文太多,缺笔少画太多,俗体字简笔字是家常便饭,这样的本子是根本无法做底本的。阮元的本子是从这个十行本来的,阮元的本子为什么那么整齐规范呢?那是阮元的加工。阮元是重刊十行本,但做了巨大努力,让这个因历经修版而面貌破烂的十行本走上了文字规范统一的道路,成了二百年来人们愿意用的本子。

十行本既然不能用,那么从十行本来的嘉靖李元阳本如何呢?李元阳本是中国历史上第一个一次性刊刻的《十三经注疏》全本。十行本其实缺少《仪礼注疏》,用宋代杨复《仪礼图》充当。《尔雅注疏》也不是十行本，而是九行本。李元阳本虽然评价不算高，但总是第一个一次性全部刊刻的《十三经注疏》，也是有理由纳入考虑的。我们可以看到日本东京大学东洋文化研究所挂出的电子图像版，东方出版社也根据东大东洋所的本子影印了。我们可以发现这个本子留下了十行本的一些痕迹，俗体字、缺笔画的字不算少，而且十行本的缺文有些也照样保留了，而且传世的李元阳本基本上都是明代后期刷印的，版面漫漶、文字模糊的情况较多，不能令人满意。万历北监本、毛氏汲古阁本、武英殿本、阮元本这四个本子倒是整整齐齐的版面，都可以考虑。其中毛本声誉相对最低，可以排除。武英殿本在这四个本子中校勘最精，刊刻也规范漂亮，并且全部经、注、疏都加了断句，这是开天辟地第一回，这个本子当底本是比较不错的选择。但殿本有个致命的缺点，就是把孔颖达等人疏文每段开头"正义曰"之上的起讫语"某某至某某"删去了，个别地方还增加了提示性语言"某某者"，以弥补删去起讫语带来的分节不清的缺憾。这种变动大失宋十行本以来疏文的旧貌，这是今天无法原谅，也决不允许的。殿本不能当底本了。剩下的是万历北监本与阮元本。北监本受到顾炎武的激烈批评，认为"秦火未亡，亡于监刻"。那么阮本又如何呢？阮本依据十行本重刻，基本恪守不改字原则，每卷附有校勘记。但是我们从事《十三经注疏汇校》，其实是针对阮元本的，它是我们的靶子，正常情况下，应当撇清关系。从体例上也有不便，阮本每卷后附有校勘记，我们又在他的校勘记后头再加上"汇校"，真可谓叠床架屋了。所以，规规矩矩的北监本就成了不得不考虑的底本。顾炎武《日知录》批评北监本《仪礼》脱漏甚多，是受到了他的朋友张尔岐的启发。张尔岐的

《仪礼句读》附有一卷《仪礼监本正误》，根据唐石经纠正北监本的错误。顾炎武列举的北监本《仪礼注疏》的脱文，都是真实的。但我们必须明白，北监本来自李元阳本，李元阳本来自嘉靖初年陈凤梧刻的《仪礼注疏》，我们经过校勘发现，李元阳本、陈凤梧本的脱文与北监本一致，北监本只是沿袭了前人的脱文，所以还不能说"秦火未亡，亡于监刻"。万历北监本《十三经注疏》是历史上第一个由朝廷刊刻的本子，用字规范，体例规矩，较之以前的本子如十行本、闽本，都在质量上有所提升，作为底本，其实是可以的。更早的宋刊单疏本，仅有疏文，没有经文和注文，无法充当底本。两浙东路茶盐司本存世的只有七种，而且没有陆德明《经典释文》，与宋十行本以下到阮元本不同。十行本、闽本、监本、毛本、殿本、阮本都包括经、注、疏、释文四项内容，宋八行本不包括释文，那么如果用宋刊八行本作底本，各本之内释文部分的异文就无从附着了。至于南宋福建魏县尉宅本《附释文尚书注疏》，六册书缺少最后一本，用十行本配补的，永乐本的错误也相对较多，属于书坊刻本，均不适合作底本。这样就大体确定了万历北京国子监刻本《十三经注疏》为校勘工作的底本。按照通常说的"年代较早且错字较少"这一原则，其实不太吻合，这是从实际比较中选择的，选择底本的工作也是较为复杂的，不能理想化。

具体校勘的烦琐过程这里略过去。

通过校勘，当然可以发现，任何一个版本都存在错误，就经、注、疏文来说，单疏本的疏文错字最少，南宋八行本的经、注、疏文错误较少，武英殿本的经、注、疏文错误较少，但比单疏本、八行本要差。上面提到的各个版本，就经、注、疏、释文来说，阮元本其实是错误较多的本子。阮元本之所以受到欢迎，取决于他的校勘记。关于这一点，俞樾已经说明白了："或曰：'刻《十三经》，何不遵武英殿本而用阮本？'余曰：'是无他，取其有校勘记耳。'阮文达之为校勘记，罗列诸家异同，使人读一本如遍读诸本。"（《照印十三经小字本序》）阮元本的错误多，这是因为他的底本元刊明修十行本错误多。李元阳闽本也是从十行本重刻的，就做了力所能及的校勘工作，订正了一些错误。北监本从李元阳本出，又订正了李元阳本的某些错误。为了对阮元的结论"（闽、监、毛本）辗转翻刻，讹谬百出"做一点纠偏，我们举一个李元阳闽本校勘的例子。

《周易注疏》卷三《观卦》："盥而不荐，有孚颙若。"疏："'观，盥而不荐'者，可观之事，莫过宗庙之祭。盥，其礼盛也。荐者，谓既灌之后，陈荐笾豆之事。故云'观，盥而不荐'也。"（李学勤主编《十三经注疏·周易正义》，北京大学出版社1999年版，第114页）这一节疏没有校勘记。看上去似乎也过得去。经过校勘我们发现，"陈荐笾豆之事"下宋刊单疏本、宋刊八行本有二十四个字："其礼卑也。今所观宗庙之祭，但观其盥礼，不观在后笾豆之事。"这二十四个字元十行本脱。永乐本、元十行本明修版同样脱。从这里可以发现，永乐本是从元十行本来的，不是陆心源说的"明覆宋八行本"。嘉靖间李元阳、江以达在福建重刻《十三经注疏》，用的底本是十行明正德嘉靖递修本，但他们发现了这个脱文二十四字，补上了。其后北监本、毛氏汲古阁本、乾隆武英殿本、《四库全书》本都有这二十四个字。阮元刻本也是以十行明修本为底本，可以说和李元阳走了同样的路，但是阮元没有补上这二十四个字,也没有出校勘记。今天我们都在使用阮元本,北大出版社李学勤先生主编的标点本《十三经注疏》基本上可以说是阮元本的标点本,这二十四个字就脱漏了,同样没有校勘记。平心而论,北大出版社这个本子并没有在阮元本基础上增加多少错误,标点断句也大体准确,是可以使用的。

我们举这个例子,是想说明,阮元认为闽、监、毛本"辗转翻刻,讹谬百出",不一定符合事实,闽、监、毛本在刊刻中都做出了力所能及的校勘努力,质量上有所提升,而阮元本存在的问题也是不容回避的。你可以说既然宋刊单疏本、八行本有这二十四个字,我们校了宋本就可以解决这个脱文问题,李元阳本就可以不校了。从这一条脱文的校补可以这样说,但是李元阳、江以达斥巨资辛辛苦苦主持刊刻一万多版的《十三经注疏》,在文化上尽心尽力,难道就是供后人作反面教材的吗?他们的努力,他们在当时力所能及的情况下进行的校勘补脱工作,就这样被埋没了吗?我认为我们古文献工作者有义务实事求是地肯定他们的贡献,实事求是地给他们刊刻的闽本一个历史评价,具体对闽本的评价主要的方面应当是正面的,而不是负面的。

我们在校勘之后,比较重要的发现,也是因校勘而反过来对版本研究做出的贡献还有几点:

第一,我们发现平水本《尚书注疏》抄配的卷三、卷四、卷五、卷六,共计四卷,根本不是"影蒙古抄本",而是仅仅仿照蒙古时期平水刻本的字体随便找了一个本子抄配的,错误脱文非常多。我们过目的本子没有一个比这四卷更差的本子。傅增湘说这四卷是"精抄",都只是一个表面现象。

第二，我们发现，永乐本《尚书注疏》并非陆心源所说的"覆宋八行本"，而是根据元十行本重刻的。我曾写过一篇文章，举出《君奭》这篇元十行本的脱文讹文，永乐本全都沿用了，其中《经典释文》，《君奭》篇共有52条，元十行本脱了24条又两个半条，永乐本脱漏完全一致。元十行本前面的魏县尉宅本《附释文尚书注疏》就保留了这24条又两个半条。所以陆心源所说的"明覆宋八行本"就站不住脚了。同时的永乐刻本《周易注疏》也是从元十行本来的，上面已经讨论了。

第三，毛氏汲古阁本《尚书注疏》，虽然没有说明校刊过程，也没有校勘记，但他的底本历来说是万历北监本，这一条没有错。只是问题没那么简单，毛本在阮元校勘记中有时候与别的本子例如十行本、闽本、监本不同。究竟原因是什么？以前不知道，经过校勘可以确认，毛本那些与他本不同之处，多与宋魏县尉宅本相同，这充分证明毛本用北监本为底本刊刻，又至少用宋魏县尉宅本校过。这是值得重视的重要学术信息。关于这个问题我写过一篇小文章，参加程苏东先生主办的一个学术会议，后来发表在《国学研究》上。

第四，武英殿本《尚书注疏》的底本是万历北监本，这一点阮元没有说，但历史上也有明确记载，并且可以确认这一说法没有错。问题是殿本在校勘方面做出了较大努力。除了利用其他材料外，我们发现武英殿本汲取了不少毛氏汲古阁本的长处，换句话说，皇家出版物武英殿本也很注意利用当时评价并不高的私家刻本毛氏汲古阁本进行校勘。

第五，武英殿本《周易注疏》朱良裘所说的据以校勘北监本并改正大量错误的"文渊阁所藏不全《易疏》四册",应当是南宋两浙东路茶盐司刻八行本。从分卷上看,两浙东路茶盐司刻八行本第一卷至第五卷为《乾卦》至《离卦》,《离卦》是64卦的第30卦。朱良裘说那个文渊阁藏本"上经三十卦厘为五卷"。这与八行本吻合。其余单疏本、十行本都不吻合。更重要的是通过校勘,我们发现武英殿本根据八行本改正了不少错误,这些错误十行本以下各本都存在,只有单疏本、八行本不错,而我们发现文渊阁藏《易疏》是有经文和王弼注文的。例如《讼卦》象传注:"物有其分,职不相滥,争何由兴?"武英殿本《考证》云:"监本'物有其分'句下有'起契之过'四字,今依阁本削去。"阁本就是文渊阁旧藏《易疏》四册。根据我们校勘,"起契之过"四个字,宋刊八行本、瞿氏铁琴铜剑楼旧藏宋本、王世贞旧藏宋本、宋刊纂图互注本、宋抚州公使库本、魏了翁《周易要义》本、元相台岳氏刊本都没有,元刊十行本开始有这四个字,以后永乐本、十行明修本、闽、监、毛本都有这四个字。武英殿本是根据北监本刊刻的,但他根据"阁本"删去了这四个字。现在看来至少另外六个宋元刊本都没有这四个字,山井鼎《七经孟子考文》也指出日本古本同样没有这四个字。武英殿本的判断是正确的。武英殿本利用文渊阁旧藏《易疏》四册校正北监本,这一条属于王弼的注,那么文渊阁本就不可能是单疏本了,只能是宋八行本。

我们还发现了一个更好的证据,可以证明文渊阁旧藏的《易疏》四册是宋八行本。《大过》卦开头"大过"两个字下面八行本有小注:"注云:音相过之过。"我们发现瞿氏藏宋本、王世贞旧藏宋本、宋抚州公使库本、宋刊纂图互注本、元相台岳氏本都有这五个字的小注。但这五个本子都是经注本，没有孔颖达的疏。注疏系统的本子从十行本到永乐本，闽、监、毛本，都没有这五个字。到武英殿本，就增加了"音相过之过"五个字。这五个字属于脱文。殿本《考证》明确说："音相过之过，五字监本脱，依阁本添。"其实，注疏系统的本子只有宋八行本有这五个字，那个阁本只能是宋刊八行本。这类例子还可以举出不少。这就可以锁定朱良裘所说的文渊阁所藏不全本《易疏》四册是南宋刊八行本。

从以上的实例可以发现，校勘古书要从版本调查开始，从版本学的成果入手，而校勘过程中又会发现以前的版本学成果需要补充订正，无论是版本的年代，还是版本的流变轨迹，还是版本质量的评价，都有赖于校勘。校勘学的功用，除了订正古书错误外，至少对版本学还具有重大的功用。它可以探明版本的源流，判断版本的优劣，保存旧本的面貌。这就要求我们在校勘古书时，除了努力发现并改正错误之外，还要注意利用异文材料探究其他的文献问题。校勘记不仅要讨论文字的是非，还要注意保存与订正讹误没有直接关系的异文。保存异文，是为学术研究提供材料，是一种学术活动，其学术价值与订正错误同等重要。2018年10月4日写定。

（本文原发表于《文献》2019年第5期）

关于《清人著述总目》出版情况的说明

诸位师友同人,《清人著述总目》开始于 2004 年 9 月 1 日,抄录《续修四库全书总目提要》37 本的条目,每人一本。刘晓东老师到场讲话。到 2019 年大体结束,经历了十五年。参加者五百人以上。工作阶段主要有:1. 抄制条目卡片;2. 按著者拼音排列卡片;3. 合并卡片条目;4. 复核条目;5. 分类;6. 按类排纂卡片条目;7. 统稿;8. 挑选《艺文志》;9. 复核《艺文志》出处;10. 复核《艺文志》原书及书影;11.《艺文志》统稿;12. 返修《清人著述总目》(与《艺文志》复核修改保持一致)。《清人著述总目》著录清人著述二十二万七千种。《清史艺文志》著录清人著述两万余种。诸君或参加一个阶段,或参加数个阶段,于其全貌大都不能了然。《清史艺文志》作为《清史》之一部,已经看过清样,清史委员会更名《典籍志》。《清人著述总目》大约 2011 年已经交上初稿,其后屡屡上书清史委,要求安排出版,上海古籍出版社、中华书局、人民文学出版社、国家图书馆出版社均表示愿意出版。但都没有获得清史委批准。今年上书清史委副主任马大正先生，得到积极回应，清史委工作会议决定请中华书局出版。目前正在做结项工作。结项之后按照清史委出版处安排进入出版阶段。今后的任务是看校样、编制书名著者索引。索引约七十万条、三百万字。成事之难，盖如是也。赖诸君子勠力合作，才有此收获，回首往事，历历如在眼前，曷胜感慨。人生之可贵，在人情；诸君之厚谊，则人情之尤隆者矣！2020年11月27日上午，与程远芬乘高铁同往北京，途中忽念诸君，即手机述之。滕人杜泽逊。

整理经典文献　赓续中国文脉

古籍搜集整理对保存、传承中华优秀传统文化具有重要意义，也需要投入大量的时间和精力。山东大学文学院教授杜泽逊投身这一研究领域已经三十余年，主持或参与了《清史稿艺文志拾遗》《四库存目标注》《尚书注疏汇校》等一系列大部头文献整理项目，成就斐然，在学界影响广泛。从杜泽逊教授身上，我们看到一位文献学家数十年如一日严谨扎实的学风。正是因为有代代相承的学养学脉，才有中国优秀传统文脉的赓续。对于学生和青年学者，杜泽逊教授总是寄予厚望，不吝指导，将他所积累的文献学整理与研究的经验，倾囊相授。近日，在他一手创办的山东大学校经处，杜泽逊教授接受了记者的采访。

结缘"四库学"

《中国社会科学报》：从求学期间确定写作有关《四库全书》的

毕业论文，继而工作不久即参与季羡林先生主持的《四库全书存目丛书》项目，再到后来您的专著《四库存目标注》问世，您与"四库学"结缘是怎样的经历？

杜泽逊：我的硕士论文题目是《四库全书总目辨伪学发微》，也是所谓"四库学"的一部分。1992年，我偶然在北京琉璃厂的海王邨古旧书店买到一部线装书，只收录了《四库全书》没收录而《四库全书总目》却提及的那部分书，即《四库存目》。我买了《四库存目》就开始调查：这些书现在是否还有存世？如果有，藏在何处？是什么版本？没多久，国务院第三次全国古籍整理出版规划会议在北京召开。胡道静和周绍良两位先生在会上谈到，《四库存目》很重要，应开展针对性调查研究。我意识到，这是一个很好的机会。我与导师董治安先生商议后，董先生让我写一个论证发给学界的重要学者，征求意见。后来，这篇论证以《四库存目标注叙例》为题，发表在《古籍整理出版情况简报》上。当《四库全书存目丛书》（以下简称《存目丛书》）项目正式开展后，国务院古籍小组就将查目工作委托给了我。

由季羡林先生主编的《存目丛书》开始时，并没有完成对存目的标注工作，我普查后，挑最好的信息给《存目丛书》编委会。但对于研究工作者来说，其他没有进入《存目丛书》的信息也是非常重要的。于是，我继而推进独自承担的《四库存目标注》工作，这部书对每一个条目都有详细的交代。所以，作为目录版本学工作者，《四库存目标注》对我来说是最重要的著作。也正是通过这部著作，我初步获得学术界的认可。这项工作持续了大概15年。在这期间我还需要兼顾王绍曾先生交代的《百衲本二十四史校勘记》

整理工作，并且丝毫不能懈怠学校安排给我的教学任务，因而《标注》工作屡屡被打断。当时因为评职称的要求，我还放下工作去学外语，学得也很投入，对那时候学习的英文文章，还保留着深刻印象。以至于有时候会设想，如果当时从事外国文学研究，应该也是可以的。但人世间的事很多，我们不能什么都学，只能专注于一件事。

《中国社会科学报》：现在学界提出要形成作为显学的"四库学"，对此您怎么看？

杜泽逊："四库学"需要重视两个中心任务，一是以《四库全书》为研究中心；二是《四库全书总目提要》，这是乾隆年间对中国学问做的一次重大总结，其权威性至今不能被超越，因此《四库全书总目提要》才是真正代表乾隆年间学术的核心成果。《四库全书》《四库全书总目提要》是研究的核心，而这两个成果包罗百科，需要众多人参与。就我而言，只能胜任版本目录这方面的工作，不可能整体研究《四库全书》里的著述。我的工作是提供好的版本，并且说明这世间还有什么版本。学者根据我提供的信息进行整理校对，就能呈现最好的成果。社会需要分工，学术也需要分工。既然要分工，研究四库学的人就必须涵盖文史哲各个学科，不在一个学科就无法凝练成团队。但是也应该遵循学术的规律，不应盲目抱团研究。不同学者各就所好，经过时间积累，自然会形成特色各异的成果群。

普查清人著述卷帙浩繁

《中国社会科学报》：您早年参与《清史稿艺文志拾遗》项目，

在您看来，前人关于《艺文志》的研究有什么不足？您的导师王绍曾先生采取了什么做法？

杜泽逊：历朝修史的最大成果是《二十四史》，从《史记》到《明史》，称得上国史的延续，而《艺文志》则是辅助性的。从《汉书》开始设《艺文志》，反映汉代的图书收藏和整理成果。《明史·艺文志》则是反映明朝人著作状况，而明代焦竑编纂的《国史经籍志》则是反映明朝藏书的情况。所以，把《明史·艺文志》和焦竑的《国史经籍志》统合起来，就有相互弥补的作用了。《二十四史》之中也有一些没有《艺文志》，所以从宋朝以来，尤其是清朝，人们开始补那些缺少的《艺文志》。清朝人的补志工作是沿着《明史·艺文志》的方式来做。所以，《艺文志》在历史上就有两种做法，或是反映该朝藏书的情况，或是反映该朝人著作状况。这两种做法都是有用处的。

《清史稿·艺文志》收录了约九千种清朝著作，不过，即便这样，没收进去的清朝优秀著作仍非常多，因此，就出现了由今人武作成完成的《清史稿艺文志补编》（以下简称《补编》）。此外，顾颉刚还编过《清代著述考》，实际上也是重修艺文志，萧一山也有类似的成果，他们都是研究清史的名家。但是，这些著作掌握的材料依然差距甚大，所以王绍曾先生主持了《清史稿艺文志拾遗》（以下简称《拾遗》）工作，目标就是把由中华书局出版的《清史稿·艺文志》和《补编》都没收入的清人著作再整理记载下来。

《中国社会科学报》：也就是说，依旧采用的是明清修《艺文志》的做法？

杜泽逊：是的。武作成的《补编》收了一万多种清人著作，加上前面的《清史稿·艺文志》九千种，约合两万种。王先生的《拾遗》又著录了五万五千种。综合来看，清朝的著作大概就是七万五千种。到了21世纪初国家启动重修《清史》项目，问题再次提出：清朝人到底写了多少书？如何反映清朝的文化学术成就？确定由我们承担其中《清人著述总目》和《清史·艺文志》两个子项目。此后，戴逸先生将《清史·艺文志》改名为《清史·典籍志》(以下简称《典籍志》)，采取的仍然是修《明史》的办法，也就是只考虑清人著作，不考虑清朝藏书。我们在前人基础上完成的《清人著述总目》，收录书目达到了二十二万七千种。即便如此，也不能说就收全了，只能说量力而行。我们写了一百三十万张卡片，选取二十多万种书中的精粹两万多种，形成了戴逸先生主持的《典籍志》。

《中国社会科学报》：《典籍志》是按照什么标准编选的？

杜泽逊：《典籍志》要求选取优秀的著作，所以要寻求客观标准。最初的设想是聘请各方面专家从《清人著述总目》中选，但后来发现实际上是做不到的，因为书目实在太多，即便从大量专家的阅读范围来看，也远远不成比例，所以要找更客观的依据。钱仲联在《中国文学家大辞典·清代卷》的前言中曾坦言无法列出有多少清代文学家，并强调做这样的筛选需要有依据。而他的依据就是徐世昌主持的《晚晴簃诗汇》及其他一些参考资料。我大概也持这个观点，参考依据就来自哈佛燕京学社编《三十三种清代传记综合引得》。在这之前，我还参加过《清代诗文集汇编》项目。黄爱平教授让我、漆永祥和史革新为《清史》项目《清人别集丛刊》选目三千余种，史老师选清代后段，漆老师选中段，我负责上段，每人选一千多种。当时已经有两个成果，即《清人别集总目》和《清人诗文集总目提要》。我们决定在这两部书中选。首先考虑的是《清史列传》有传的人，但发现有传的人很多并没有文集，有的人有集无传，就需要排除；还有一些人尽管在《清史》中无传，但是名人，比如蒲松龄、吴敬梓，所以就再补一部分。当然，清人著作不都是集部，经、史、子和西学部就没有现成办法了。《三十三种清代传记综合引得》中，有两万人的传。于是我们就在二十二万七千种的总目上，把两万个名字加上标记，然后把带标记的选出来，结果是五万八千种。在此基础上，再做"瘦身"工作，比如删掉选本而保留全本，删掉无版本传世的著作，删掉残本，删到一万八千多种。接着把这一万八千多种著述再回到二十二万七千种的《总目》中去复选，既要把握十分之一的比例，又要把著名著作填进去。可是有的类仍然严重超标，例如地方志类，那么压缩标准就是每个地方只保留一家由特别有名的学者主修的地方志。还有的类严重欠缺，比如通俗小说，就需要再补充，满足它的十分之一入选率。总的来说，在《典籍志》的形成过程中，我们都尽量寻求客观依据。

重新整理《十三经注疏》

《中国社会科学报》： 您在完成《清人著述总目》工作后，又很快承担了《十三经注疏汇校》。听说该项目仍在进展中。请您谈谈这项文献整理工作的情况。

杜泽逊： 2012年，《清人著述总目》的工作告一段落，山东大学成立了儒学高等研究院，并给予了学术经费的支持。我当时申报了《十三经注疏汇校》，现在仍在推进。

从文化和历史的角度看,《十三经》和《二十四史》蕴藏着中国文化的根本精神。传统经学作为经国之大业,历代学者围绕它的意蕴和训诂阐发,做了很多工作,为此要先完成《十三经注疏汇校》。如果不读《十三经注疏》里的《毛诗正义》,就不知道什么叫《诗经》。只知道"诗三百",不知道《诗经》的衍生品,就意味着割裂了历史。所以,我们就需要先搞清楚它是什么,再搞清楚为什么会这样,最后再评判其得失。这些经书及注疏文字的准确性,是我们使用这一遗产的前提,这就是今天做《十三经注疏汇校》的意义所在。

从出版史的角度看,《十三经注疏》于南宋后期诞生在福建省建阳县。明代万历年间的国子监出版了《十三经注疏》的"北监本",明朝末年出现了毛晋汲古阁出版的《十三经注疏》,清朝乾隆年间重刻了"武英殿本"。清朝嘉庆二十一年(1816),在南昌出版了地方官办的"阮元本"。"阮元本"出现以后,学术界200多年来都推荐这一版本。即便"武英殿本"全文加了标点,错误也比阮本少。这由清代的学风决定。阮元的底本是元朝的本子,每卷后边阮元都加了校勘记,这种体例迎合了清朝考据学家的需求,因为它提供了大量证据,读一本就如读数本。从南宋到现在,《十三经注疏》屡屡再版,如果校对这些版本,会发现文字不同的地方很多,主要反映在阮元的校勘记里,但这部校勘记存在的缺陷也很大。首先,以当时的条件没能找到更多原始性的权威本。其次,阮元校过的本子很多地方没有"校净"。此外,"阮元本"也是错误最多的本子。所以,我们现在要像中华书局标点《二十四史》那样重新整理《十三经注疏》,形成《十三经注疏汇校》。

《中国社会科学报》：现在已经把您说的《十三经注疏》的本子都网罗全了吗？进展如何？

杜泽逊：重要的本子基本都有了，但是校书有规矩，不能看见就校。要有一个基本知识，哪些本子属于里程碑式的，不能不校的，哪些本子属于它的衍生品，没有必要校。这样把最重要的版本选出来，尤其早期的宋元版，有人认为不重要那也得校。到明清时期，翻刻而来的本子就不作为主要版本，要搞清楚版本之间的关系。关于《十三经注疏汇校》的进展，已经出版的有《尚书注疏汇校》。《周易注疏汇校》也已完成，即将付梓。《毛诗注疏汇校》接近完成。其他的还没有开始。这个进度应该是比较快的，《尚书注疏》在"阮元本"中按页码算是占6%，而《周易注疏》在"阮元本"中占3%。整个工作，如果靠一个人干，想完成9%就需要45年。我们校《尚书注疏》的时候是15个人坐班，校了两年，《周易注疏》用了一年。

详人所略　略人所详

《中国社会科学报》：除了《十三经注疏汇校》，目前您还有哪些在研项目？

杜泽逊：近些年，我的核心项目就是《十三经注疏汇校》。《清史》项目尚未出版，还有扫尾的工作。此外，我还参与了《山东文献集成》的编纂工作，这是山东省政府特批重大项目，目前印了1300多部书，一多半是稿本抄本，很多是普通读者不好找的。而《日本藏中国古籍总目》旨在调查所有日本馆藏的中国古籍，这些古籍涵盖非常广。但是日本到底收藏哪些中国古籍？迄今为止，我们没法确定这个工作量，但无疑将是持久且对专业水平要求很高的工作，仅靠个人无法完成。所以，我考虑，这个项目可以分两步，第一步把在本地能获取的京都大学、东京大学、早稻田大学、静嘉堂文库等已经出版的目录信息黏合在一起；第二步是实地到日本大东文化大学等机构，主动提出为对方编目，以拓展他们没公布的部分，通过和他们的合作来推进这项工作。

《中国社会科学报》：您的这一系列文献整理工作，在古代学术视野里都称为"小学"，在现代学术体系里称为文献学或者目录学、版本学，您如何看待现代学术范式和传统学术规范的关系？

杜泽逊：近代以来，兴办学校，建立现代学科范式，培养专业人才；兴办现代图书馆，引进了西方的图书馆分类法。从文献学的角度来说，中国的四库分类法和西方的分类法具有共通性。为书编目、写介绍等专业性要求，中外也是一样的。可以说，全球学术谱系中对目录学、版本学、校勘学的学术规范具有相似性，都有一群人代代相承，对经典文献的无穷研究，这是经典之为经典的特点。不过，也应该看到各个国家都有自己的起源性经典，中国也不例外。在各自分类情况下，可以求同存异，不同之处可以互相学习。西方图书馆分类法中，与我们具有共通性的部分，可以融合。大多数学问，是可以实现国际接轨的。不过，就版本学、目录学等学科来说，中国有着深厚的传统学术根基，可以说，是胜于西方的。我现在带学生做的虽然都是老学问，但吸收采用了很多时代发展所赋予的新技术。这也是我们所具备的、能够超过前人研究的优势。

在历史上，文献学一直是边缘学科，人数少是因为这方面的需求就是小众的。但是对这小众从业群体水平的要求并不低,需要跟其他学科一样达到最高峰。培养人才方面要特别注意,千万不能"断了线",断了传承。文献学是实践性的学问,在这个领域,水平多高都不为高。我要求学生要对某一类的书达到精益求精的水平,走专精之路。在这一类书上,要精细地去阅读它的内容,对每一部书的价值做出基本判断。做任何学问都有个大原则:详人所略,略人所详。术业有专攻,一个人的精力与时间都是有限的,任何年代都不必追求"全通"。

(本文为《中国社会科学报》张清俐对杜泽逊教授的专访,山东大学文学院柏颖、何贺婧参与整理。初刊于中国社会科学网,2021年7月30日,原标题《整理经典文献 赓续中国文脉——访文献学家、山东大学文学院教授杜泽逊》)

中国学术史的一次"大洗牌"
——《四库全书总目提要》漫谈

今天是这一期《四库全书提要》读书会的第一次见面,第一次参加读书会的同学举手。太好了,新参加的同学比较多,那么我重复前面的话题还有价值,要不然的话重复一些话题没有意义。

我们的读书会叫"《四库全书提要》读书会",这是为了让它有"四库全书"这四个字,因为"四库全书"这四个字和"永乐大典"一样,它的显示度比较高。如果叫"《四库提要》读书会",那么"四库提要"和"四库全书"相比,"四库全书"显示度更高。但实际上《四库全书提要》这样的名称不是太流行,也不太标准。

清朝为什么要修《四库全书》?乾隆皇帝为什么要花那么些钱来做这个事?最后据说领的毛笔、宣纸都不够用了,这说明国库花了很多的钱。参加编校的,有的有翰林头衔,这些有翰林头衔的,比我们在座的各位都要高很多,因为三年才考一次科举考试,机会很少。秋天的时候到省里考,叫乡试,又叫秋闱,考上之后叫举人。第二年春天到北京去赶考，管这个事的是礼部，参加的叫会试，也叫春闱。会试考上的叫贡士，贡士的第一名叫会元，而乡试第一名叫解元，《董解元西厢记》的那个"解元"。

乾隆年间我们家里出了个解元，乾隆四十五年（1780）。他是不是去参加会试了，我不知道，但是他没考上进士。也就是说到了参加会试的时候，解元能不能考上进士还不知道。会试考上，接着就是复试，那个时候叫殿试。我们到了皇宫，昔日的皇宫叫故宫，故就是过去的，故宫里头最宏大的殿叫太和殿，太和殿后头有个保和殿，在那里头考试，皇上主考，考上了就是进士。进士考上以后，在国子监有题名碑，把进士的名字刻在碑上，包括名次，就像现在张榜一样。"金榜题名时"，是真有金榜，而且有大金榜、小金榜，这些现在的档案馆都有。进士分三榜，一榜、二榜、三榜。一榜就是状元、榜眼、探花，这三个人，后边不用再考了，直接授予翰林，第一名的是翰林院修撰，第二、三名的是翰林院编修。其余的还要参加一次朝考，考上的到翰林院的一个班里去学习，学三年。为什么是三年呢？三年一次科考，下一届又来了，所以你要毕业。翰林院的学习是有教习的，就是老师，翰林院教习那是老翰林。在翰林院学习的地方叫庶常馆。你在那里学习期间，叫翰林院庶吉士。三年之后，要进行毕业考试，如果合格的话，翰林就到手了。进士上面叫翰林。

我们村里头有个老人叫杨知寒，他是我们县晚清的翰林高熙喆的学生，他跟高翰林学习三十年，被称为"活字典"。你想想农村啊，几十年前上网不可能，要查字典的话，村里小学里头可能有《辞源》《辞海》，老百姓家是不可能有的，连个《新华字典》也没有,怎么办?就问这位杨知寒。你问什么,他知道什么。农村人能问出来的问题很小,所以问不倒他,叫他"活字典"。他跟着高翰林学了三十年,但后来废了科举,所以我们村的这位高翰林的学生,没有得到任何的功名,他也大约没有多少劳动能力。

我记事的时候,杨知寒已经是个老人了,经常在村子东头——村子东头有桥,交通要道,桥的附近有棵大树,通风比较好——这位杨先生就坐在树底下乘凉,闭着眼睛,微低着头,个子瘦小,戴个瓜皮帽。他这辈子是什么贡献也没有,因为他好不容易书念得差不多了,中华人民共和国成立了,他是地主,这就不行了。

村子里最漂亮的一个建筑群,一个大院,有角楼,都是他家的。他家的门槛我都过不去,很高,小的时候得翻过去。后来成了我们村的小学,还有大队的办公室。"文化大革命"以后,那个地方被拆了,很可惜,那些房子好得很,都是古典建筑,要不破坏的话,现在肯定整改成什么旅游文化村之类的,当时的干部们就不知道这是个资源。

我们县叫滕县,就是"孟子对滕文公"的那个滕国,现在叫滕州市。我们县出来的一位教授,山东大学历史系教授,叫张知寒,"文化大革命"之后的墨子研究热,完全是这个人推动起来的。他说墨子是我们滕县人。张知寒教授背的书非常多,他告诉我鸦片战争以后,我们滕县只出过两个进士,一个叫王东槐,一个叫高熙喆,这两人都是翰林。王东槐是太平天国时期死在武昌的,皇上对他下了一些谕旨,好像是待遇很高。张先生说我们滕县还不如费县,费县出了好几个进士,至少在张先生的心目当中,费县是个小县,我们才是个大县。这个费是不是念"fèi"也有各种说法。《尚书》里有一篇叫《费誓》，有的人念"bì"，有的人念mì，你可以查字典。我想这个读音是古今的音变造成的，因为"fèi"是个轻唇音。"帮""滂""并""明"是重唇，是双唇音。"非""敷""奉""微"是轻唇，和重唇是配套的。"非""敷""奉"，这三个音在今天已经没法区别了，可在当年唐朝的时候是区别的，"帮"怎么发音，"非"就怎么发音，"帮"是个爆破音，"非"也是爆破音，你会发"帮"就会发"非"。送气的就是"滂"，"敷"也是送气的。这个音现代汉语没有，所以你发不出来，但是中古的时候它是配套的。轻唇音和重唇音发音方法一样。当然，在我们滕州，它还是配套的，我们就不说音韵学了。

再说回进士，数量比较少，翰林又稍微少一点。参加修《四库全书》的翰林，有三百六十余位，这三百六十余位是个流动的队伍，也就是说十年间，先后有这三百六十多人参加过修《四库全书》。这些人属于专业人员，对吧？进士都考上了，"四书五经"怎么着也呱呱叫，对不对？咱们今天，"四书"你呱呱叫有可能，"五经"呱呱叫，那就可能性不大了。

台湾大学文学院院长叶国良教授，曾经很自豪地跟我说，他们台湾大学中文系"五经俱全"，也就是说有五位老师，各治一经，专门有人开。《周易》——咱山东大学不用怕啦，有刘大钧先生和他的学生在，那《周易》都是背得呱呱叫的。《周易》《尚书》《毛诗》《礼记》《春秋左传》五经，这个五经是唐朝定的，按照汉朝的话是《仪礼》不是《礼记》；是《春秋经》，但肯定不是《左氏传》，因为《左氏传》那个时候不吃香，它是古文经。汉朝的时候是《公羊传》吃香——也不能说是《公羊传》吃香，而是《春秋》的"公羊学"吃香，这还是两码事儿，"公羊学"凝结成了《公羊传》，但是我们准确地说它是《春秋经》。当然现在你要找单行本的《春秋经》不好找了，没大有。那《春秋经》到哪里去了呢？比如说我讲《左传》，我的《左传》得附在《春秋经》上，虽然我的《左传》内容多，《春秋经》内容少，但那是根儿啊！《公羊传》也一样，《穀梁传》也一样，也就是说你现在要买《左氏传》《公羊传》《穀梁传》，它都附着在《春秋经》下面。而《春秋经》已经被它们拆散了。不能说第一卷是《春秋经》，以下是《左传》，不是这样。每年每月，甚至每日的，都得先说经后说传，"经"和"传"就掺和成一个了。也就是说，如果有人问你《春秋经》在哪里，你就说在这"三传"里头，每一小段打头，这么着你就知道《春秋经》在哪里。那么《春秋经》散入"三传"，时间不一致，这是一。第二，想当年，你传《穀梁传》，我传《左氏传》，他传《公羊传》，我们手里拿的《春秋经》虽然是一本书，但是也容有小的不同，这就出现了《左传》本的《春秋经》、《公羊传》本的《春秋经》和《穀梁传》本的《春秋经》，它们之间有差异，当然这些差异已经没什么研究头了，因为过去的人已经在这方面做了不少文章了，没大有什么余地了。但是你要知道有这么个问题存在的话，比方说我们不知哪一天发现了个敦煌卷子，是个《左氏传》，你也可以考虑看看那个《左氏传》里边的《春秋经》和现在有什么不一样吗？如果发现了不一样，你马上就平行地想到了《公羊传》《穀梁传》的《春秋经》是吧？假如说，跟《穀梁传》的一样，这里就有了问题了，是不是？是我们的《左氏传》本来就和《穀梁传》接近，还是唐朝人根据《穀梁传》改了《左氏传》呢？两种可能性都有，是吧？如果你能给出答案的话，这就能发表了。也就是说，新材料会引发新问题，新问题可能会引发新结论，但也可能得不出新结论，这个问题不一定能解决，但是有了新问题，毫无疑问会刺激你的思维，会有别样的考虑，而这个别样的考虑恰恰是学问的增长点。

我们还得回到《四库全书》，三百六十多人参加，还有一些人是参加服务的。比方说，乾隆三十七年（1772）正月初四，你在干什么？在过年对不对？初二新女婿来，初四老女婿来，我们那里是这样的。他也不光自己来，其他亲戚吆喝吆喝一块儿来，一块儿弄一桌饭，好省钱，是吧？现在不用这样了，你想哪天来就哪天来。但是亲戚之间还想趁此机会见个面呢？也很容易，有手机了，约着就能一块儿来。总而言之，咱们在休春假，而乾隆皇帝在正月初四下了一道很长的谕旨，要求各地的巡抚，相当于现在的省委书记，各地的总督，相当于几大战区的司令，各地的学政，比现在教育厅厅长可得大，因为那时候没有文化厅也没有考试院，这些都是学政管，级别很高，我觉得跟副省长差不多。要求总督、巡抚和学政往皇宫里头献书。当然不是指这些人献私人的藏书，他要求你搜集。比如我家里有一套"四书五经"，献上去吧，人家不要。如果连这书你都没有，你怎么考试的？就是说，不要这种常见书。要求献书干什么呢？皇上说我要学习，我这个图书馆——那时候图书馆不开放，光对皇帝、皇帝的孩子，还有孩子的师父开放——书不够，历朝历代皇上都要博览群书，我要多读书，才好学习古代的经验，把咱们国家治好。下的这个谕旨，到了这年的十月，没有一个人回复，别说是献书了，连个回答都没有。所以皇上就又下一道谕旨，说我下旨十个月，曾无一人回复。这些督抚就吓坏了，谁愿意让皇上生气呢？为什么不约而同地都没有回复呢？因为下旨求书是很多皇上都干过的，这种事儿不能当真，是皇上摆姿态的，大家都这么理解是有惯性的，你不能说是不约而同地不理皇上，对不对？可是皇上又下一道谕旨，发火了，大家才知道："哦！真的。"于是怎么办？第一时间回复：接到了谕旨，我们正办着呢。是不是正办着呢？那鬼才知道。那么好了，从十月份皇上第二次下旨，如果你还不行动的话，肯定要倒霉了。所以各地都专门成立了工作组，那时不叫工作组，叫某某书局，专门设了个局来采访民间藏书，指定专人负责。例如江苏巡抚驻苏州，他的采办图书的工作组叫"苏州书局"。上哪采访呢？如果是今天的话，都让新华书店送过来就是了，可那时候没有啊，全部都是私营书店。那就把私营书店老板都叫来，传达上级精神，赶紧去找书。老板高兴啊，生意来了，所以都非常积极。像江浙一带，有专门卖书的船，叫"书船"，有些很有名，在苏州等地方，就源源不断地把书汇集到省会。当时江苏的省会在苏州，为什么不在南京呢？明代朱洪武那个时候首都不就在南京吗？六朝古都。清代江苏更高级的领导叫两江总督，驻南京，所以江苏的省会就设在苏州，为四库采集图书的办事机构也就在苏州设局。浙江就在杭州，咱们山东就在济南。然后一批一批把书送到翰林院。

  这是开始搜集图书的情况。皇上让献书，只是说为了学习，要充实自己的图书馆，没说要干别的。但是在安徽当学政的一个翰林叫朱筠，北京人，上了一道奏折。这个人在乾隆中期也是学坛的一个小领袖。你说他是小领袖，你有什么证据吗？有证据。章学诚曾经整天在他家里头住，白吃白喝；黄景仁，就是大诗人黄仲则,他到北京的时候,没有什么功名,穷得不得了,就靠朱筠这些人接济。黄景仁想念母亲,于是朱筠为他筹划,把他的母亲接到京城,朱筠赁了几间屋让他们居住,倡议好友接济他们。朱筠再次到地方做官,黄景仁又没钱了,就把他母亲送回老家去了。朱筠家在北京,又热心帮助朋友,所以有这个能力。外地到京城做官的,只有赞助的能力。朱筠在安徽当学政,那个时候省会是安庆,投奔他的人也很多,像洪亮吉、王念孙、汪中等人,基本都是奔着朱筠来的,黄景仁也是那时候进入朱筠幕府的,可以说他是个小领袖。朱筠在北京的时候,京城里这些外地的官,休息日想找个地方聊聊天,人家不嫌弃,还得管饭,这样的人家有两个:一个就是朱筠家,什么时候去都行;另一个就不是北京人了,他是外地人,叫程晋芳。朱筠字竹君,程晋芳字鱼门,有句话这么说的:"竹君先生死,士无谈处。鱼门先生死,士无走处。"说明这两个人是愿意管饭的。程晋芳好像家里头是徽商,但是等到《四库全书》修完之后,程晋芳作为四库馆里的翰林,已经穷得叮当响了,他要到西安去投奔另一个学坛领袖,那人是真厉害,他是状元,叫毕沅。毕沅是真有钱,越过越有钱,跟这些人不一样,所以毕沅那个地方,真真正正是个文化中心,他一直有很多的门客,程晋芳也想着去投奔毕沅,但他没有走到西安就死掉了,连棺材都是毕沅给他买的。看来修《四库全书》是一个收入不高的活儿。

朱筠和程晋芳,在京城里头是这么两个主。其中朱筠在外放安徽的时候,碰到了乾隆皇上下旨求书,当然他一开始也没理皇上,皇上发火以后,朱筠跟别人不一样,连上两个奏折。第一个奏折说我正在办,第二个奏折就不一样,他提出了两条建议,都非常重要,说明这个人相当内行。第一条建议,他说翰林院里有部大书,叫《永乐大典》,有多少卷?二万余卷,一万多册,每册都很大,那就了不得了,在《四库全书》以前没这么大的书。《四库全书》以前还有一部书,一万卷,叫《古今图书集成》,康熙时候陈梦雷修的,修好以后陈梦雷就被流放到宁古塔去了,在东北。这书后来没有署上陈梦雷的名字。《古今图书集成》完整保存到了今天,而且电子版早就开发出来了,凡是"十三经""二十一史"——那个时候只有"二十一史"——没有任何遗漏地被拆卸到里面去,按照主题、内容重新编排,当然它包括的内容不只"十三经""二十一史",古代重要的典籍基本上都拆完了。你说我现在有"中国基本古籍库",可以全文检索,我用不着《古今图书集成》。不对,用一些常见的词来检索"中国基本古籍库",它有无数条目,好多都对你没有用。《古今图书集成》则是按内容分的,能够对古书按内容分类的人是很少的。我们在座的各位,你是什么专业,除了你的专业你就完了,对不对?你说诗、文、历史、传记,这些我都能分。到了术数类,什么叫阴阳,什么叫五行,什么叫占卜,什么叫天文,有了细微的差别,你可能就不知道了。到了中医类,什么叫医方,什么叫医经,什么叫医案,你可能就分不清了。这很复杂,门类相当地多,有好几十个门类。至于说道教的书籍经典,分什么"三洞四辅",你根本不可能分清,因为你没这能耐。还有天文算法类,有天文,有算法,有推步,还有气象,分不清。陈梦雷可以把这一万卷的书,仔仔细细地分了类,这个人的学问肯定在翰林以上,在今天的话就不得了了,那是大师。《永乐大典》两万卷,是按韵编排的,相对来说技术性更强。今天我让大家按韵把古书大卸八块，一段一段、一句一句都分开，你肯定能办得了，是不是？比如说"qì"这个音，有"武器"的"器"这个字，它带来了"器某"和"某器"这类词，比如"器材""武器"；再在"武器"下面，把关于"武器"的内容都抄在这儿。《永乐大典》是这么干的，这样技术性比较强。《古今图书集成》不是这样，它是按内容来分类的。比方说一个东西，它是武器，但它不叫"武器"这个名儿，它叫"弓箭"，你也得给它搁进来。这样你要检索，只输入关键词"武器"就检索不出来了。你要是不知道世上有这样的武器，你怎么发指令啊？《古今图书集成》按内容给你分类，这就是个大宝库。如果你能够把《古今图书集成》电子版下载下来，放在你的电脑里——现在对各位来说是易如反掌——然后你把它小门类的类名滤滤，它一共分几个大区块，每个大区块分哪几个小类，也不用背诵，滤过了脑子就有印象了，等你到数据库查东西的时候，你也会发指令，但是你脑子里可能还会回旋出什么来，就看看《古今图书集成》。《古今图书集成》，大类套小类，小类还有小类，每一个小类都是一个小房间，你终于找到了这个小房间，是放武器的，或者还有一个小房间是放玉器的。你可能会有这样的发现，你检索到的材料这里边大约是都有的，但这里头还有很多材料是你以前没检索到的。你想想你会不会很高兴呢？也就是说，按类查书是比较科学的，而按照发指令查书，它是技术性的。你要知道，这个技术和学术是差着一步的。咱们在座的各位要掌握技术，但咱们的目的是掌握学术。所以像《古今图书集成》的按类编排是高级的。我们现在开发数据库最困难的地方就在分类上，因为现在开发数据库更多的是一些公司在做。让我们山东大学文学院做才能做好，但山东大学文学院可能不愿意做。为什么不愿意做？它需要巨额资金，像我设计的"儒学数据库"，我初步算一下需要两个亿。当时我指望山东省能给山东大学投这个钱，然后我把光学楼整个要了。我说把这个楼给我，我需要两百个岗位。最后中标了，让人家孔子基金会买去了。买去以后给了"中国孔子网"。你们听说过这个网吗？山东省级的一个官网，网上的东西可能比较空，所以没有人知道。他们不具备开发能力，因为需要很多的专业人员来做。如果交给我们山东大学的话，我们如果逐年地做，花十年时间大概就做出来了。儒学是讲礼的，礼器很多，几乎所有玉器都是礼器，铜器也是礼器，各种出土的青铜器，可以说一无遗漏的都是礼器。所谓"一言九鼎"，"鼎"就是礼器，是代表级别的。每一样礼器都要进入"儒学数据库"，它是哪里出土的？它有什么特征？你根据考古发掘报告，根据《两周金文辞大系图录》之类的资料，你得给它著录出来，照片要做到现在最清晰的水平，三维的或者怎么样，这东西要做起来成本极高，但你做出来之后就太有用了，而且它具有原始性，你从别处查不着。一登录，"山东大学"四个字就出来了，咱还愁不出名吗？所以要做原创性开发。可是你把这东西给他们以后，他们到处买点弄点，这个事儿就走瞎了，没法治了。

这是给大家介绍《四库全书》以前的两部大书。那么，修《四库全书》这件事儿，是怎么想起来的？为什么皇上如此感兴趣？朱筠上了两道奏折，第二道奏折，他说宫里头有套大书《永乐大典》，《永乐大典》里头有很多的书人世间已经没有了，《永乐大典》是把原书都大卸八块了，大卸八块之后按韵带字、由字带词、由词带这个内容，你能想象吗？应该能想象。你如果现在查字典的话，你查到词以后，它解完词就没东西了，《永乐大典》是关于这个词的所有资料都在后面跟着，古书的片段都跟在后头，那就太有用了。《永乐大典》有两万卷，所以这里头，当年被大卸八块的书，好多到了清乾隆年间原书就已经不见了，别说是不见了，即使是能见到这个书，永乐年间所使用的版本都是宋元版，到了乾隆年间大量的宋元版已在人世间消失，从《永乐大典》里边还可以找到原始的版本呢，对不对？所以即使是存于乾隆时期的，也可以用于校勘；不存于乾隆时期的，用于辑佚，就是钩沉索隐的工作，所以《永乐大典》是个宝库。朱筠给皇上说，宫里头有套《永乐大典》，往年的时候有人从里边往外辑了一些宝贵的资料，但是毕竟人手不多，也就是很偶然的行为，全祖望等好几个人都做过这个活，所以现在应该把翰林院里的这套《永乐大典》全部清查，把人世间没有的书全辑出来，恢复其原书。这一部《永乐大典》，把很多书拆散了编成的。我们现在把它拿出来恢复其原书，因为有的原书没有了。回过头来举例，比如说"二十四史"当中有一部书叫《旧五代史》，还有研究宋史的一部书非常的大，叫《续资治通鉴长编》，李焘的，你要是研究宋代的任何学问，不知道有个《续资治通鉴长编》，你这就是个五流学者。如果你知道了，但没有查过的话，你是四流学者。如果你经常用这本书的话，可能是二流的。很精的话，是一流学者。也就是说这部书是宋代看家的书。李焘的这部书，卷帙浩繁，好用极了，这些材料很详细。宋代的大史学家，司马光是一个，欧阳修是一个。欧阳修有《新五代史》《新唐书》，他还是金石学家，有《集古录》。欧阳修是个大人物，这人太厉害了，什么都行。还有像李心传《建炎以来系年要录》。李焘也是宋代史学界的大人物。宋代史学极其发达,那么李焘的这一部《续资治通鉴长编》失传了,是从《永乐大典》里辑出来的。我们学习魏晋南北朝文学的话,有本书叫《金楼子》,梁元帝的,我记得以前"五先生本"《中国文学史》上还引用了《金楼子》的话,这部书失传了,是从《永乐大典》辑出来的。所以朱筠的这个建议——从《永乐大典》里往外辑已经不见的书——显示出朱筠这个人太内行了。从《永乐大典》往外辑佚书,给乾隆以后的学问带来了一些很重要的新材料,新材料当然就是解决问题的证据。连历史事实都搞不清楚,你还怎么样去发挥义理,怎么样去欣赏呢?《永乐大典》里边,我记得有一册,几乎全是《江湖前集》与《后集》里的诗,江湖诗人的诗,版本的话肯定是宋元版,工楷字体,很漂亮。像这些材料还是很值得研究的。总而言之,《永乐大典》里有价值的东西很多。

朱筠还提了第二点建议,提出学习西汉刘向校书。汉朝的时候,西汉武帝以后,昭帝、宣帝的时候,国家太平,图书丰富,所以刘向、刘歆父子,就奉命为皇家整理图书,整理了二十多年。这在中国历史上是一件大事,里程碑式的,从先秦到西汉时期的典籍,被他们梳理了一遍。有的是他们编成的书,比如《楚辞》,比如《战国策》,都是刘向、刘歆编的,在这之前没有这书。刘向也编过《礼记》,本子没传下来,现在传下来《大戴礼记》《小戴礼记》是西汉戴德、戴圣编的。每整理完一部书,刘向、刘歆他们都要写一篇提要,相当于这本书的整理后记,放在后头。不整理完没法说啊,所以放在书的后头。像《史记·太史公自序》也是在后头,班固《汉书》的《叙传》也是在后头,《淮南子》末了有一篇《要略》,《说文解字》末了也有一篇许慎的序,当年是这个习惯,古人写序都是在尾巴上。大概到唐以后序言逐渐放在前头了，放在前头可以做导读，是吧？真看书的人，要先看序言。如果不看序言，那就是不会看书了。看完了序，看看目录，看完目录之后，正文再挑着看。怎么着也看看第一卷吧。看书就这么看法，不能说是一打开从腰里开始看，这就等于是乱翻书了。那么朱筠就说，皇上应该效法刘向，各地既然要献书，献上给皇上看当然是没问题的，但也应该学习刘向，把这些书做一番整理工作。今天来说就叫文献整理，也叫古籍整理。朱筠建议每一部书整理完了也写一篇提要，说明这本书好在哪里。比如我刚才说《续资治通鉴长编》多么重要、多么厉害，这就是个评价。还有一些书，这个书没有多少价值，可以不看。这就分出等级来了。当书多的时候，极有必要分等，当诗歌多的时候也要分等，比如搞"唐诗排行榜"。比方说学习中国文学史，作品被中国文学史引用的篇数可很有限。你要会学习的话，对于这些整篇引用的，你可以做个索引。比如说，袁行霈先生的《中国文学史》，整篇引用的，你做个索引，搞个目录，从上往下排，按照书的先后来排，这是整篇的；然后摘引的，你再做一个目录，这两份目录出来了，中国文学的精华就这些。这之外没有入选的也有好的，各家选本就不一样了。如果你再看一看其他先生编的《中国文学史》，他引用的这些诗、文、词、散曲等等，你也给它做个目录，你把这两家目录对一对，没准就对出道道儿来了。就是说，这种精选的工作一直在做，也就是分等的工作，比如《昭明文选》，入选和没入选就是文学史上的大事，选了谁的多谁的少，也都是大事，了不得。所以对作品，对著作，也就是书，进行分等处理，是推动人类文明进步的重要手段。为什么呢？我们得知道哪是高峰，然后才能知道谁超越了它,这才能创新,你连这个进步都分析不出来的话,"洗牌"的工作都没做好的话,学术研究怎么进步呢?

前两年的中秋节,我家里来了三个小客人,山东大学的两个大学生,一个刚入学的研究生。我给这三个人聊了会儿天,其中一个是学数学的,泰山学堂,痴迷数学。我们先谈人文学科,要学原典,要打基础。基础不牢,以后就很难有大的发展。然后我就转过来问他,你们数学有没有这种原典呢?他说我们不怎么学原典,因为数学是不断在提升,不断在完善,现在的就是最完善的,我们从现在入手。他说我们也有原始性的那种经典,但是我们不可能那么个学法,就学最先进的。不过他说了一件对我有启发的事情——虽然他只是个大学生——他说在20世纪初,数学进行过大洗牌,把过去数学史上那些成为定律的东西给过滤出来了,定律就是法则。这一次清洗对于日后的数学的飞跃起到了巨大的作用。我心里想,我们这个学科,文史学科,它的大洗牌也是20世纪,我们从事古籍整理,从事考据学,或者研究宋明理学的,几乎都是在这个世纪洗了一次牌,把那些所谓的科学方法给过滤出来了。比如梁启超有一本《清代学术概论》,这就是一次过滤。章黄学派也做了很多这种过滤工作,总结了很多方法,凡是写概论的先生,都是在洗牌,尤其是写得好的那些人。以往哪有什么"训诂学"这种书啊?训诂学家有的是,最优秀的就是王念孙了,他儿子王引之,是不是?王念孙的同门是段玉裁,这都是训诂学超一流的人物。那么它们所蕴含的原理是什么呢?他们经常不说,或者也只是在某篇序言里头简单说说而已。到民国开始出现了《训诂学概论》,我觉得概论就是总结人家的那些方法以及哪些人的方法的,这就是洗牌啊。《训诂学概论》推崇谁,谁就是领先者,谁就是我们今天要超越的人。要不然的话,王念孙是怎么被推到峰巅的呢?章太炎、黄侃又是怎么被推成宗师的呢?他们就是我们要超越的金字塔尖儿,这都是洗牌造成的。所以我说20世纪洗牌,它不是中国人的封闭,而恰恰是中国的开放才带来了这么一个新气象。因为其他学科也在洗牌,看来全世界的科学技术,整个学术的历史,在20世纪这次洗牌,可能是普遍性的,这不是一个很孤立的简单的事情。当然在这之前也屡屡洗牌。汉朝洗过牌,宋朝洗过牌,就是把过去的东西理清楚,然后搞清楚怎么超越,宋朝就超越得特别厉害。宋朝人的东西,你看了以后马上觉得清新,马上觉得充满了智慧。当然也有很多东西站不住,在创新的时候就存在这种站不住的新说,这是一个很正常的现象。所以回顾过去,总结过去,对过去的东西进行排队,这是学术进步的一个重要的办法,一个重要的手段,全世界都是这样,所有学科都是这样。

那么乾隆时期,社会承平,就具有了这样一种可能性。所以朱筠的这两封奏折,第一个奏折从《永乐大典》辑佚书,第二个奏折就是要学习刘向,对献上来的书做一次整理,写一批提要,对是非功过进行评价。这恰恰是刘向那一次洗牌的成果。刘向洗牌的成果编成了两部书:一部书就是他对每一部书写的书录,也就是提要,汇编成了一本书,叫《别录》,"别录"就是单行本的书录。另外就是刘向去世以后,他的儿子刘歆,在最后成功的时候编成了一部《七略》。范文澜就将西汉《史记》和《七略》并称,说它们是辉煌的成就。可惜《七略》失传了,变相地保存在《汉书》当中,就是《汉书·艺文志》。清朝的王鸣盛说,不通《汉书·艺文志》,不可以读天下书。认为《汉书·艺文志》是学问的眉目、著述的门户。为什么？因为你不知道有什么著作，也不知道要超越谁，你写什么著作啊？所以那是一次大洗牌，毫无疑问。那么朱筠给皇上提的这个建议，他是自觉也罢，不自觉也罢，实际上是学问发展到乾隆时期达到了一个高峰，它有能力进行洗牌，同时它有这个物质条件进行洗牌。

朱筠的建议引起了皇上的高度重视，马上下军机处，相当于现在的国务院，开专题会议来专门讨论这个问题。当时的军机大臣有一位是山东诸城人，叫刘统勋。他的儿子是刘墉，书法大家。军机大臣按例有两个，一个满人，一个汉人，主要办事的是汉族的大臣，当时刘统勋掌握着国家的命脉，尤其是财政的命脉。他不是很支持这个事情，但是皇上对这个事情很积极。刘统勋是乾隆朝最得力的一个大臣，他去世的时候，乾隆皇上非常痛心，感觉到丧失了巨大的帮手，这说明他特别有才干。

既然皇上要干，刘统勋就第一要干，第二要干好，这就是忠臣了。军机处议定了一些方略。首先，各地的书还没献上来的时候，先从《永乐大典》着手，在翰林院里头先调几个人，先开始干。这几个人是临时干一干，还是长期干呢？在乾隆三十八年（1773）二月，也就是离乾隆三十七年正月初四下旨一年多，皇上说让内务府的总管叫福隆安的，给这些人开饭，这样就解散不了了。这是重要信号，"办理四库全书处"成为常设机构。添派总裁、副总裁，刘统勋就是总裁，逐渐地人就越来越多、越来越多。先从《永乐大典》开始做，然后陆陆续续地，在乾隆三十八年秋天，各地的大批量的书，都交到了翰林院，一趟又一趟，像浙江省去了十几趟，那看出文化发达来了。也有的省份说本省无书，那就是贵州省（在座的各位有贵州的吗？没有。这个不是很光荣）。江苏省也非常多，江浙两省最多了，安徽、江西、山东这些地方都不错，都献了很多的书。这些书献上去以后都是有登记的，而这个登记现在存下来了，有这种《四库采进书目》《四库进呈书目》等，这批书目还有不少版本。当时献的书有一万多部，这个要整理起来，在翰林院里就热闹了，量太大了，怎么办？就添人，学汉朝的刘向，写提要。然后要把这些书汇编起来。既然要整理成套书，就统一印了标准的格子纸，都用同样的开本、同样的行款来誊录，于是就大量添派誊录人员。誊录人员是没有功名的，连个举人也没有，都是诸生。誊录的人自己带饭，不发工资，那谁愿意干呢？但是就这也得托关系才能去。而且小楷写得很好才行，规定一天抄多少，不能多抄，多抄怕你潦草、写错字。先后去做誊录的有三千多人，还得自备饭钱。那么誊录有什么前程？在科举考试上会有一些方便，比如在誊录过程中，你可以在北京地区参加乡试，考举人，有考中的。另外，抄够一定数量，赏给举人，赏给举人就能去北京赶考了。这是来玩儿的吗？范进中举谈何容易啊？三年考一次进士，大概三四百人，平均到每一年一百来人，你想当进士吗？全国高考前百名，你有可能吗？山东省一百名我都不可能。所以我说，当年有出路的人并不多，考上进士，苦等苦熬才弄个知县，知县你也得等缺儿，人家丁得好好的不能把人撵了，你得等着空出位置来。所以过去读书人晋升的机会并不多。那么去翰林院誊录的那些人，好多都是关系户。我看过上海曹家的家谱，他们家就有几个人在四库馆作誊录。这与四库纂修官曹锡宝、总纂官陆锡熊有直接关系。四库馆总纂官陆锡熊,父亲陆秉笏,母亲曹锡淑。曹锡淑与四库馆纂修官曹锡宝为堂兄妹。曹锡宝的祖父曹煜曾,曹煜曾堂兄弟曹焕曾、曹炳曾、曹泰曾,曹泰曾之子曹一士,这些人有著作进入《四库全书总目·存目》的有曹一士、曹锡淑、曹煜曾、曹焕曾、曹炳曾。

  《四库全书》的工作团队,在乾隆三十八年二月就算成立了,而且乾隆皇帝在一次下旨当中说将来这个书要修成了,叫《四库全书》,这就明确了。也就是说经过一年的酝酿,由皇上一般性的收书,酝酿成了一个大项目,国家第一号项目,皇上亲自主编,军机大臣亲自抓。我们国家现在编书的项目没这级别的,是吧?我们山东省省长主编的书,我们山东大学弄过一项,叫《山东文献集成》,我和王学典老师来牵头,印了一千三百多部书,两百册。这是地方文献的整理。

  从乾隆三十八年开始编《四库全书》,陆陆续续做了十年,基本做完了。乾隆皇帝为什么这么热情?乾隆皇帝主要是学习他的祖父康熙皇帝,或者说康熙把位子传给雍正,在某种意义上来说是看中了孙子,所以康熙皇帝老早地就把孙子收在身边培训,这是很重要的,千年大计啊,培养皇上比培养任何接班人都重要,那是国家第一接班人,怎么着也得看三代。乾隆学习康熙,而康熙皇帝雄才大略,文化水平很高,还学习科学技术,叫洋人到宫里去教,还主编过《数理精蕴》,他在宫里头是搞过科学研究的。康熙皇帝在武功方面,在文治方面,在待人的宽仁方面都是楷模。康熙皇帝修了很多的书,我们在座各位熟悉的首推《康熙字典》。《康熙字典》到现在还是个好字典。还有《全唐诗》。后代还有《全唐文》《全宋词》《全宋诗》等,"全"字头的古籍整理,实际是康熙皇帝那时候开始的，一直到现在还在从事这类工作。《古今图书集成》也是康熙时候的。乾隆皇帝从当皇上开始，就热衷于文化事业，比方说《十三经注疏》，这是我们古代典籍的核心之核心，就是乾隆刻的。在他之前，清朝人印《十三经注疏》，用的书版是明朝留下来的，多次修版刷印，为什么？省钱。乾隆全部重刻了，非但重刻，质量也提升了一大截，这叫武英殿本《十三经注疏》，相当漂亮。同时，乾隆还刻了《二十一史》，又添了三种，叫《二十四史》。《二十四史》就是乾隆时期形成的，也是武英殿刻的，那个时候他都很年轻。光乾隆皇帝写的诗，有人说能超过《全唐诗》，有没有这么多我不知道，但是到处都是他的诗，你到珍珠泉有，趵突泉也有，哪儿都有。这个皇上，除了政治以外，还重视文化事业，他想做一件特别重要的，在历史上可以树立一块丰碑这样的工作，可是他好像始终没有找到这样的选题。当然乾隆三十七年正月初四下旨求书的时候，他似乎还没有意识到这是个机会。但是朱筠上奏折启发了他，从十月份、十一月份差不多才开始，到次年二月，《四库全书》的选题就出来了，基本上一个冬天还没过完，选题就出来了。乾隆皇帝敏感度非常高，说明他一直在琢磨这个事情。

修《四库全书》，从学问上讲，我个人觉得，是一次"大洗牌"，这才是它的里程碑意义内涵之所在。也就是说堆一大堆书，这是块丰碑；同时又对学术的核心也进行了一次清理，这个是内核上的意义，这个意义就非常大了。所以乾嘉以来的基础学科——文、史、哲、历算等——迅速地推进，我想跟修《四库全书》一定是有重大关系的。

修《四库全书》，民国以来有很多的批评。鲁迅先生就说，历史上有很多书厄，他认为修《四库全书》就是一厄，因为它胡乱篡改。有没有这个情况？有。但是他没有看到这件事情在中国文化史和学术史上的本质。这是件大事。花费了十年，动用了数千人，产生了若干项成果，摆在面儿上的成果就是修了一套《四库全书》。我们说在《四库全书》以前比较大的书，有两万卷的《永乐大典》，有一万卷的《古今图书集成》。《四库全书》有多少卷呢？据统计有七万九千多卷。为了避免出事儿，就把《四库全书》抄了七部，放在七个地方。历史证明这一做法很英明。圆明园那一部，咸丰年间英法联军攻占北京时毁了。扬州、镇江都有一部，太平天国时期全部烧掉了。杭州那一部被毁掉了一半。剩下的，皇宫里头那一部，文渊阁，现在拿到台北去了。还有两部，一部在沈阳，当年叫盛京，这一部存下来了，现在在甘肃。另一部在避暑山庄，这一部存下来了，现在在北京。台北、北京、甘肃、杭州，剩下三部半。如果当年不抄七套的话，谁知道毁哪套呢？反正大江南北都有。清代乾隆、嘉庆时都很太平，道光时也凑合，咸丰时开始乱了，先是太平天国运动，后来英法联军侵华，咸丰这一朝时间不很长，事情太多了。太平军直到同治年间才平息下去，后来又出现了义和团运动，八国联军进北京，国家是一天不如一天了，然后清朝就亡了。清朝亡了以后，到民国初年军阀混战，军阀问题还没解决呢，日本人来了，日本人好不容易赶出去了，又开始国共内战，最后终于成立了新中国。中国乱世的时间太长了。从咸丰以来到1949年可以说是一刻不停地乱，乱的话你这个国家怎么发展？你看阿富汗，怎么发展啊？民不聊生，国库里头都没钱，要借钱，那人民的生活就可想而知了，吃饭都是问题。所以说，安定团结是件大事，是件首要的大事，先稳定了才能发展。

乾隆时期是因为清朝开国以来逐渐进入太平，国家才有了这个能力，来修《四库全书》，要不然的话你有这番心也没有用啊。乾隆皇帝是想在文化上竖起一个高峰，这个高峰并不只是摆在我们表面的《四库全书》，它的内核就是中国学术的一次清算。这个清算的公平不公平，可以再讨论。但它是一次清算，而这个清算首先表现在对《四库全书》文本的整理上。它篡改书，这是一面，不能肯定它；但是它纠正了大量原有的错误，搜集了很多亡佚的书。中国的图书得到一次大整理，这是一个非常大的成就，不一般的成就。第二就是每本书都写一篇提要，总共一万多篇，有的提要非常简要，只有几句话，而大部分提要都详细，它都给你说出了这部书的来龙去脉，说出了这部书的价值和缺憾。好在哪里？有什么毛病？这可真是不容易。这些提要有一万多篇，《四库全书》里头收的书是三千四百多部，那个里头收有提要三千四百多篇。没有收入《四库全书》的，所谓的次品，也都写了一篇提要，这个存目提要是那个提要的两倍，累计起来也就有了一万多篇。三千多篇是《四库全书》有的，六七千篇是《四库全书》没有的，只有提要，这一部分叫"存目"，保存目录。这两部分加起来形成了《四库全书总目》，两百卷之多，严格根据"经、史、子、集"四大部分类，四大部下面再分小类，小类下面再分小类，有严格的分类。《四库全书总目》，是中国学术的一次大规模的、高水平的、系统性的总结，所以我说它是对学问的一次大清理，这是它的最伟大的地方，真正构成了里程碑。

洋务运动的时候，张之洞在四川当学政。在一个地方当学政，就是这个地方的学问上的领袖。有不少的人向他请教,我研究什么学问,应该看什么书。张之洞总能够给他回答。后来张之洞觉得这样太随意了,说的可能不好,或者来不及回答,所以他就找他的一个学生叫缪荃孙——以前人起名还用"孙"这个字,比如王念孙,现在不大用了——那个时候很年轻,大概二十岁左右,他是张之洞的学生,张之洞就把自己认为重要的书,哪一类,大概告诉缪荃孙,让缪荃孙替他做,就出了本书,薄薄的,叫《书目答问》。现在来说,研究中国古典学问,文史哲的学问,一是看《四库全书总目》,再就是看《书目答问》这个小册子。看了《四库全书总目》,为什么还要看《书目答问》呢?因为乾隆以后产生了很多高品质的新著作,同时乾隆以后引进了很多外国学问,这是非常厉害的,而张之洞恰恰是个洋务派,所以这里头的很多书都能超过《四库全书总目》。把这两个书结合起来,就知道搞中国传统学问,应该看什么书,研究一类学问,应该看哪一类书了。

张之洞在当时说了句话,他说你搞任何一门学问都要有老师,在座的各位要特别听明白,老师太重要了,可是你要认上一个老师,你的老师再厉害,他也只能精一个方面,怎么样才能集思广益呢?顾炎武专门写了一篇叫《广师》,意思就是转益多师,集思广益。上哪儿能够找到这种不限于这一个老师的学校,山东大学就是。你不是我的研究生,也不是我的本科生,今天去听听就挺好,明天又听听也不错。老师们互相不听课,可你们是都听了啊,你们要超过老师,那不是易如反掌吗?你们是得了一群老师的好。所以搞学问的要有老师,这是张之洞的意思。无师自通的人也有,但这种人少啊。搞学问最怕的是什么?无根之学。就是说无论你是在明面上还是在暗地里,你继承的是哪一门、哪一派、哪一家呢?如果你没有,你回去以后,就要想一想。前两天我们研究生推免面试,碰见一个学生是南京林业大学的,她要来考古文献学专业,大家都可能不很重视,觉得林业大学能出了什么古文献的好苗苗啊?但是一问就不一样了,她说她的老师大都是南京大学毕业,这就接上南大了,这些南大毕业的学生,他们的师爷爷大都是一个,就是程千帆,那么他们提倡什么?文学加文献,也就是说文学和文献的结合。所以我就问她了,我说文学和文献结合,一定是能有优势的,你说说有什么优势?她说《全唐诗》里有个作家叫牟融,牟融不是唐朝人,那不是东汉人吗?她说这显然是伪的,怎么会收入《全唐诗》呢?这是一。第二,就算是唐朝真有个牟融,那些诗也有很多伪造的痕迹,她说要是不知道真伪的话,我们使用《全唐诗》不就上当了吗?所以这个真伪问题是文献的讲究之一。我说行,这我知道,你说说研究杜甫,如果结合文献和不结合文献又有什么不一样?莫砺锋老师不就研究杜甫吗?她说现存的唐朝人选唐诗,选杜甫诗的只有一个集子,而且只选了寥寥几首,而宋朝人就不一样了,宋朝人出现了很多的杜诗注本,号称"千家注杜",郭知达等,她抖出来不少。她不过是个大学生,她抖了很多的文本,她说从这个情况看,杜甫的受欢迎是在宋朝。你看这就是用文献学方法来研究文学,人家说得一清二楚,当然得录取了,是吧?你们在座的各位,将来如果研究生要考博士,或者本科要升硕士,你一定要能回答这类问题:你的学问是哪门哪派?如果说你没有门派的话,你要说出个子丑寅卯也行,那么老师肯定更加重视。

所以《四库全书》,尤其是《四库提要》,它标榜什么东西呢？它标榜源流。举个例子，比如说"四书五经"。"五经"当中有个《礼记集说》，陈澔的，卫湜也有个《礼记集说》，这俩书名一样。陈澔这本《礼记集说》的提要里头，表达了一层意思，就是说这书水平不高，不高在于它浅，而不是说它胡说，估计它没什么错误，知识还是稳当的、准确的。但是提要还说，陈澔的父亲跟一个人学习，而那个人是朱熹女婿的再传弟子。这就接上朱熹了，只要接上朱熹你就不能小看他了。你看它讲师承关系。北京大学历史系有个教授叫刘俊文，见过刘俊文这个名字的同学举一下手（同学举手），你从哪注意到的？（同学：您原来在课上给我们讲过。）你在哪看到的？（同学：《唐律疏义笺解》。）好。如果你登录"中国基本古籍库"的话，登录上就会出现他的名字，"刘俊文设计总纂"，但是大家可能没大注意。刘俊文的老师叫王永兴，王永兴的导师是陈寅恪，你就觉得不能小看这个人，是吧？这个人对唐律的研究至今仍然是具有代表性的。

我们回来说话题，就说《四库全书总目提要》对我们国家学术的清理工作来说是件大事，张之洞说搞什么学问都要有老师，刘俊文是陈寅恪的再传弟子，陈澔能攀上朱熹，这是中国文化、中国学术的一个特征。刘俊文先生，北京大学历史系毕业之后就上北大荒——最近我听说北大荒又要重新恢复，以前看梁晓声的《年轮》，那简直是太惨了——刘俊文先生北京大学毕业就被弄到北大荒去了，1978年考研究生，他又考回北大了，他跟我说两腿是泥，哪来的学问，都忘光了。我说你忘光了，你怎么考上的？他说其他人也忘光了。他说：我的根儿是《资治通鉴》，我在天津念中学叫南开中学，我的老师听过章太炎的课，他让我读《通鉴》，我虽然没有读很多，但这是我的根儿。你看这个师承多么重要，就是这个老师跟你说，业余时间读《通鉴》——这个人只是跟太炎先生读过书、听过课，还不像黄侃、钱玄同那种亲徒弟——就给你出个小主意，你都可以绝处逢生，对不对？在北大上了四年大学学的什么，他告诉我都忘了，当然他是谦虚，但是他的根儿是《通鉴》。有一次在北大搞《四库全书存目丛书》，他是负责人，我是成员。他给留学生上课，有个韩国留学生，他说是韩国外交部次长的女儿，那就是外交部副部长的女儿，那个女士挺认真的，但是汉语不是特别的好。我发现刘先生给她讲的就是《资治通鉴》，我住在湖北宾馆，刘先生就借那间房子给那学生上课，他那个时候五十来岁。所以，老师相当重要。

但是张之洞又说，老师哪有那么易得呢？现在我给你们指一个良师，把《四库全书总目》读一遍，你就知道学问门径了，所以他把《四库全书总目》视为"良师"，这个评价多高啊！如果我们现在讲国学，编一本书叫《国学概论》，首先说国学包含什么？第一章是什么，第二章是什么，第三章是什么，第四章又是什么。谁第一个写的《国学概论》，他凭什么那样写？"国学"是相对"新学"来的，声光化电，这是外国人的学问，哲学、经济、政治，这也是外国人的学问，中国的学问才叫国学，我国固有之学问。当然，日本人有日本人的国学，那是日本国，咱是中国。"中学为体，西学为用"，咱是"中学"，中学就是中国的学问。那么《国学概论》，讲概论，到底讲什么呢？我有一次在北京的中国书店——那时我在北大跟着刘俊文先生弄《四库全书存目丛书》，季羡林先生是主编。我那时候好逛琉璃厂买便宜书——有一次，我发现一大批民国时期的旧平装书,不知从哪儿弄来,里边有些《国学概论》,我一次买了好几种,各家的,大概一册书三十元,不便宜。我为什么要买好几种?我当时心里想,如果将来在山东大学需要开《国学概论》课的话,有这几本书,就不用害怕了。由于我是搞"四库"的,我看了那些《国学概论》,立马就明白了,它们是按《四库全书总目》来讲的,是按照咱中国学问自己的学科分类来讲的。《四库全书总目》分经、史、子、集四部,它在经部、史部、子部、集部这四类的前头,都写了一篇"总叙",把中国经学史从汉朝以来捋了一遍,谁行谁不行。咱不说别的,就是在这篇概论里提到过谁,那就是经学史上必须要有的了,国学课程必须要讲的人物了,个个都有标志性。史部、子部、集部都是这样,这是四篇吧。然后经部又分易、书、诗、礼、春秋类,还有四书类、五经总义类、小学类等,每类前面它又来了一个"小序"。把这个总叙、小序抽出来不就是《国学概论》吗?还有比它更现成的吗?又如何找到比这水平更高的呢?体系宏大,非常全面,太好了。讲《国学概论》,这是可以借资的第一个方面。第二个就是把经、史、子、集各大小类当中排名第一的书拿出来,在《国学概论》中重点讲一讲。如果你讲到了子部的法家类,那么中国的法律思想,那不就是《商君书》《韩非子》这些著作吗?先把法家类的概述讲一讲,再把《商君书》《韩非子》的要旨讲一讲,这就够了。你要讲中国法律史的话,光有法家类是解决不了的,法家类解决的是法律思想。法律制度在哪里?在史部的政书类。政书类专门有一各小类叫"刑制",就是律例制度,这是专门的一类。唐律之类,都在这个地方,它不在子部法家类。如果你把这类书也看了,那么中国法制史,你就可以得到一半多的内容了。所以，你只需要手里有这一部书，你讲《国学概论》可以讲三年，还讲不完。《四库全书总目》有两百卷之多，哪有那么一部书可以代替它呢？

假如我回到唐朝，我是魏徵，我要讲《国学概论》，我当然没法预知有个《四库全书总目》，那时候也有这么一部书，叫《隋书·经籍志》。修《隋书》的时候，魏徵就是主持人之一。《隋书·经籍志》也在每一大类、每一小类都来了个概论，比方说它讲到集部总集类的时候，就有一篇概论，精彩之极，主要表扬挚虞《文章流别集》，文采也好，我觉得文采似乎比《四库全书总目》的提要还要好。我们从《四库全书总目》回溯到《隋书·经籍志》。《隋书·经籍志》前面还有没有这样伟大的著作呢？刘歆的《七略》。它不是失传了吗？都被《汉书》抄了，有学风问题吗？可能是有，但官修的《汉书》抄官修的《七略》，就不存在这个问题了。也就是说刘歆的《七略》，每一本书的提要都去掉了，有的留了一两句，但基本去掉了，但是每一类的通论都保存了，所有的书名卷数和作者都保存了，就形成了《汉书·艺文志》。所以为什么王鸣盛说不通《汉书·艺文志》，不可以读天下书呢？如果我们把《汉书·艺文志》里面各类的大序小序，《隋书·经籍志》里面各类的大序小序，《四库全书总目》里面各类的大序小序，都给它放在一起，每一小类的历史，从先秦到清朝就清楚了，有些什么书也清楚了，所以这个《四库全书总目》，是我们中国学问的一次大总结，在这之后再也没有出现过这样的总结。也有人企图做这种工作，终是因为种种原因没做成，比如国家有没有这样的实力？有没有这样的学术氛围？都是问题。

但是历史就是一面镜子，我觉得我们今天如果总结学术史的话，我们难道光顾及古书吗？莫言的小说不该关照吗？是该关照。人世间出现了什么样的著作，难道是以我们的意志为转移吗？它出现在人世间，它就是合理的，也就是说我们有义务对所有的东西，尤其是有一些人欢迎它的，要进行总结。如果我们今天像乾隆时期那样，对乾隆以来的学问，至少说是晚清以来的学问，做一次这样的清理，你知道会带来什么样的前景吗？

习主席说要构建中国特色哲学社会科学，如果现在洗一次牌的话，就能够迅速地推进这一进程，它会有这样作用。也就是说，历史是一面镜子，历史上的学术发展它有很多的因素，比如佛教的传入诱发了什么学问。我们现在国际化程度不算低了，留学生有的不回来，你可能觉得不好对吧？但留学不回来的人和国内是有联络的，他们不就成了无数的信息源了吗？常驻在海外，可以给你传递各种信息，这有什么不好呢？他们和咱们留在大陆的人内外呼应，比都回来要强得多啊。所以有些事情你不要光看网上这么批那么批，批这些人不回来了，这没什么，这个问题还是要灵活地对待。我们的国际化水平很高，这是没问题的，那么我们对中国传统学问的重视度也比较高。习主席到曲阜讲话，一再地强调优秀传统文化，要进行创造性转化和创新性发展。我们这一百多年来对中国传统文化的重视程度，现在是最高的，只可惜具有较高水平的国学家比较少。热爱国学的人比较多，但大都浮在表面。当你不会的时候你查字典，你上网上看这首诗有没有解释。没有解释就没招了，对吧？从来没有人注解过的诗和古文占据了95%以上，有谁去注释呢？你要查字典，那请问谁来编字典呢？我们山东大学文学院，要不培养编字典的人,那么谁去培养呢?你说北大中文系、复旦中文系,让他们去编?山东大学文学院和北大、复旦中文系,水平基本是一致的,这种差别是微乎其微,也就是说这几所学校都有义务培养能编字典的人,能注解从来没有人注解过的古书,给其他读者来看。我们现在自己不去注解,看人家的注解都吃力,这是水平不行,国家再重视也不行。是你不行,不是时代不行。所以我们现在有必要做一次清理工作,搞一个新时期的总结,不叫《四库全书》,叫别的也罢。以前有一部书叫《中华大典》,那书主要是对历史文献的总结,名字挺好,但是还没有达到我想象的那样一个高度:就是面对现在,以现代为出发点来回顾先前多少年,比如一百年,来一次大总结。把我们现在学术界各行各业那些带头人都请来干这个工作,分工协作。比如立五百个国家项目,都来领这个项目,众志成城,显示出咱这个时代的水平。如果你不喜欢古代文学,喜欢现代文学,现代文学也要总结;现代文学我也不喜欢,我喜欢当代网络文学,网络文学也需要总结。我领这一块儿,你领那一块儿,这样不就各取所需,各做所好,有什么不行的呢?如果要搞这种国家规划的话,一定要站在这样一个角度来做。零打碎敲,只是一种储备,它还达不到代表一个时代的这样的水准。所以修《四库全书》,作为一面镜子,它对过去是个总结,它对未来是个启发,对我们的启发意义是非常大的。

我们经常说讲到《四库全书》就是回头看,并不知道它对未来有什么用,实际上用处非常大。有一天,有了某种机会——触发像修《四库全书》那样的机会——是有可能的,我们现在也正好是个承平时期。那么我们的《四库全书总目》读书会,不仅仅是读两篇提要，认识一下这部书有什么用，更重要的是希望从中受到启发，将来能够继往开来，能够肩负起国家的大任，"为天下储人才，为国家图富强"。说要有"家国胸怀"，什么叫"家国胸怀"？我做的事情很小，而这件小事对我们这个时代来说是有用的。如果说我做这件小事仅仅是为了获得硕士学位，而获得硕士学位能求得一个职务，这就不是家国胸怀。当然也有老话说"人不为己，天诛地灭"，我不吃饭，我怎么干活？但至少要将两者兼顾吧。在疫情的时候我就跟大家说，管好你自己就是爱国，如果每个人都管好自己的话，国家防疫的任务不就小了吗？你不听话到处乱窜窜，这就很麻烦，还要别人来帮你，出了问题还得给你查核酸，还不要钱，国家为此投入的钱太大了，巨额开支，它对国家经济的发展可以说造成了巨大的障碍，所以你管好你自己就是爱国。当时王萌副书记说让我给学生写封信，我当时写了封信，就是这么个基调，这个道理就这么简单。你是国家的一分子，这个国家如果没人了，国家也就没了，亡国了。国家是由每个人组成的，你既然是一分子，你做的事情和国家前途有关，这便是爱国。为你自己，同时也可以为国家，这并不矛盾。所以说乾隆皇帝修《四库全书》，可以给我们很多的启示，我说的这只是一个方面，我想大家还可以从中受到更多专业方面的启发，像张之洞说的那样。

修《四库全书》是件大事，是文化史上的丰碑，不是你在《四库全书》里头挑多少错就能够动摇的。不知道我讲了这一番道理，大家能不能同意？如果能同意的话，我们的读书会就不是一个平常的读书会，因为我们接触到了中国历史上少有的，带有里程碑意义的巨大文化工程，它的细节可能有很多的毛病，但是从整体上来说，这个建筑是宏伟的，是很难超越的，假如你有这么一个认识，你再来读《四库提要》，可能心情就不一样了，就能够正确地对待《四库全书总目》和《四库全书》本身的一些欠缺，你可能就不至于太较真了。当然错误还是要看清楚的。大处着眼，小处着手，不要光小处着手，大处着眼也不能忘了。如果你想不明白，你可以去问一问，你可以跟同学们去探讨。如果你想清楚，再来做肯定就好多了。如果你说别人做，我也做，这叫跟风。有的时候也是对的，对吧？要不然人家为什么做是吧？人家先想明白，咱没想明白，人家是觉悟者，我们跟着觉悟者走也行，但最好我们也觉悟起来。人家先知先觉，咱后知后觉也不赖，但你不能不知不觉，只是跟着，英语叫 follow me。大家现在到了这种程度，各位有了独立治学的可能性，有了独立治学的愿望，就要有独立思考的能力。其他的讲座你听的时候不用什么都记，主要是看看这个人真学问到底怎么样？他说的在不在理？在理你就去借鉴，不在理的话就听听而已。另外，也不要看见有讲座就听，有的时候仅仅是看看那个人，然后就退出也行。时间很宝贵，做你最应该做的事情，你就会发现时间不够了。你抓紧工作，抓紧休息，如果你有这样的心情的话，你可能就要上道了。这是有计划的学习，这个计划很重要，但是计划必须是有来源的，有章法的，希望大家通过《四库》读书会，能够在这方面多领会。刘俊文先生在南开中学，老师让他读《通鉴》，这是件小事，有偶然性，但我们也希望你读《四库提要》也能多少有点这样的启发。但这个读书会不仅仅是长知识的问题了，而是长见识，人世间最难能的就是见识，这人有了见识，早学晚学都能成，得在这方面动脑子。

到什么时间了？哦，已经满两小时了，那就下课，今天结束了。

（本文为杜泽逊教授2021年9月24日在《四库全书总目提要》读书会上的演讲，整理人为胡晨晖，校对人为任凤至、范萌，最终由杜泽逊教授审定）

文献学方法的历史、由来及现实意义
——兼谈纂修《中华典籍全书》的必要性

近年一些论文或科研项目论证,谈到研究方法,有时会加上"文献法",大体是说从文献搜集入手,进行排比分析,达到总结历史或解决疑难问题的目的。本文讨论的还不是这种方法,而是作为一门学问的"文献学",它独特的治学方法是什么,这种方法有什么价值,有什么现实意义,对未来的学术研究有什么可能的影响。

所谓治学方法,是指为达到学术目标所采取的科学方法。由于不同时期、不同处境、不同条件、研究者的思维特点等因素的影响,达到目标所采用的方法容有不同。唯其如此,所谓方法的科学性才成立,才能克服学术研究领域的教条主义和盲目崇拜,真正实现"创造性转化、创新性发展"。

治学方法的差异性或者说个性特色,并不能冲淡学术研究中的戒律。戒律也许是方法论中最值得釐清的部分,它具有长效性。戒律是应当遵守的,而方法论中的特色、个性部分则是值得借鉴的。

治学方法主要体现在一门学问的核心部分或者说本质部分。这个核心部分应当是一门学问区别于其他学科门类的主要领域。如果一门学问的核心部分不明显，那么它作为一门学问的独立性就较弱，其方法的独立性也就相应不明显，单独讨论的必要性及其价值也就不高。

文献学在中国语言文学学科叫"中国古典文献学"，在历史学学科叫"历史文献学"。1959年，在齐燕铭、翦伯赞、吴晗、金灿然等前辈学者倡议下，经中央批准，在北京大学中文系设立了古典文献学专业，这是当时全国高校唯一的培养古文献学研究与古籍整理专门人才的学术机构。为什么把古典文献学专业设在北大中文系，而不是历史系？当时的说法，是专业负责人魏建功先生在中文系。也就是说，中文系有了古典文献学专业，历史系就不必再设置古典文献学专业了，古典文献学专业可以认为是中文、历史两个学科共同的二级学科。后来，历史学科设"历史文献学"二级学科，基本上可以理解为是出于教学和人才培养的方便，而不是出于"历史文献学"与"古典文献学"有本质的不同。"古典文献学"这个名称正是历史学家翦伯赞取的。1959年7月17日《光明日报》发表翦伯赞的文章《从北大古典文献专业谈到古籍整理问题》，明确说："设置这个专业的目的是培养整理中国文化遗产的人才，主要是整理中国古典文学、史学、哲学方面的文献。"又说："现在北大设置这个'古典文献专业'，正是为了把整理古典文献工作变成科学。"事实上，齐燕铭、金灿然等都是新中国古籍整理事业的领导者。1958年2月国务院科学规划委员会在北京召开古籍整理出版规划小组成立大会，时任文化部副部长的齐燕铭同志担任小组组长。

中华书局也在1958年改为以整理古籍为主的专业出版社。1959年北京大学成立古典文献学专业，是在古籍小组直接领导下，与中华书局合作筹办的。中华书局为北大古文献学专业送来古籍整理专业书籍，形成了专门的图书资料室，还派来有经验的古籍编辑开设古籍整理课程，而毕业的学生主要到中华书局从事古籍整理出版的编辑工作。北京大学中文系古典文献学专业，是其他各高校中文、历史学科设"中国古典文献学""历史文献学"二级学科的开端。

以上的事实说明，六十多年来的"中国古典文献学"学科，它的核心学术工作是中国古籍整理及研究。

这样一个学科定位，是否符合中国历史的实际呢？可以说完全符合。古籍整理工作在我国历史上绵延不绝，从孔子整理"六经"，至西汉刘向、刘歆父子奉诏大规模整理皇家藏书，古籍整理工作的程序、目标、学术水平，都逐步趋于完善。这也可以说，标志着古典文献学学科在客观上基本形成了。宋代曾巩为皇家校书，明确模仿刘向。清代乾隆时期纂修《四库全书》，也是明确效法刘向、曾巩校书故事。中国古籍整理事业的主线是朝廷主导的，进入新中国，由中央主导古籍整理工作，在第一学府设立古典文献学专业，就顺理成章了。

至此我们可以明确，文献学的核心工作是古籍整理与研究工作。文献学方法，实质上是文献整理的方法，这种方法实际上是实现文献整理学术目标或理想的方法。

那么文献整理的学术目标或理想是什么呢？这要从孔子说起。孔子编定《诗经》。《论语·子罕》的记载是："子曰：'吾自卫反鲁，然后乐正，《雅》《颂》各得其所。'"魏何晏《集解》引东汉郑玄注:"反鲁,哀公十一年冬,是时道衰乐废,孔子来还,乃正之,故《雅》《颂》各得其所。"梁皇侃疏用更简洁明了的话解释孔子的工作:"乐音得正""《雅》《颂》之诗各得其本所"。用今天的话说,即正本清源,还原其本来的正确面貌。也许我们可以这样认识,文献整理的学术目标或理想就是"各得其本所",而这一目标在孔子时期就已基本形成了。

西汉刘向、刘歆父子在汉成帝时奉命整理皇家藏书,其背景是"百年之间书积如丘山"(唐欧阳询《艺文类聚》引刘歆《七略》)、"书缺简脱"(《汉书·艺文志》)。就是说,经过文帝、景帝、武帝努力不断的搜集,西汉皇宫藏书数量上已很有规模,而形式上出现竹简编绳断烂而造成的内容错乱、脱少的情况。刘向、刘歆整理完每一部书之后,都写一篇给皇上的报告,当时叫"录"或"书录",也就是后来称之为"提要"的文体。在书录中几乎都要表达这样的意思:"皆已定,以杀青书,可缮写。"(《晏子书录》)这个"定"是什么意思呢?就是后来所说的"定本"。《管子书录》说:"定著八十六篇,杀青而书,可缮写也。"《孙卿书录》说:"皆已定,以杀青简书,可缮写。""定"字含义相同。《魏书·孙惠蔚传》:"臣今依前丞臣卢昶所撰《甲乙新录》,欲裨残补阙,损并有无,校练句读,以为定本,次第均写,永为常式。"唐代贞观中太宗命颜师古考订《周易》《尚书》《毛诗》《礼记》《左传》经文,雠校分歧,使归一致,贞观七年(633)完成,称《五经定本》。从这些记载看,文献整理的主要目标是形成"定本"。

"定本"的含义应包括两种:一是原来有这部书,在流传中出现错误、脱漏,经过整理,使之内容完整、文字准确,可以认为是恢复其本来的正确面貌。二是针对"未定本"而形成的定本。刘向整理的《战国策》《孙卿书》《晏子春秋》等，都是根据已有的一组文本取长补短编纂为一书，并订正其中的文字讹误而形成的。这种"定本"与它的前身的关系，就不是"恢复""复原"，其"定本"是刘向等人"编定"的。刘向把"编定"的工作也直接称为"校"。《楚辞》这部名著也是刘向编定的，可以说在刘向之前还没有《楚辞》《战国策》这种定型的本子，连书名也是刘向取的。这类编纂工作后来形成了传统，戴德编《大戴礼记》，戴圣编《小戴礼记》，甚至曹丕主编《皇览》，梁萧统编《文选》，宋代李昉等奉敕编《太平御览》《文苑英华》等，也属于这类工作。当然，"定本"的整理工作，仍以针对那些业已形成文本并流传于世的典籍为主。"定本"这个概念，有的学者有异议，认为这个目标不可能实现。我认为"定本"这个目标是一个高目标，它可以不断接近，作为古籍整理的理想目标，是历史上已经明确，今后可以继续沿用的。

　　至此，我们可以把"文献学方法"首先集中到如何整理出"定本"这个方向上来。

　　从刘向、刘歆整理皇家藏书的工作来看，整理"定本"的方法，第一步是搜集"异本"，就是一部书的不同本子。异本，在汉代指不同的写本。到了雕版印刷术兴起之后，就包括不同的印本和写本。当然在东汉时期蔡邕主持刊刻了《熹平石经》，后来三国时期魏国刊刻了《三体石经》（又叫《正始石经》），唐代刊刻了《开成石经》，五代后蜀到北宋年间陆续刊刻了《蜀石经》，直到清代乾隆年间还刊刻了《清石经》。在印本、写本之外，还有一种重要的版本"石本"。石本传拓，出现了"拓本"。总之，整理典籍的第一步是搜集"异本"。如何调查、搜集异本？如何鉴别异本？如何确定异本之间的关系？如何判断异本之间谁优谁劣？又有一套方法，下文再谈。

第二步是对异本进行校雠。所谓"校雠"，东汉应劭《风俗通》说："刘向《别录》'雠校'，一人读书，校其上下，得谬误，为'校'。一人持本，一人读书，若冤家相对，[故曰'雠'也]。"（《文选·魏都赋》李善注引）。近人陈垣先生《元典章校补释例》总结出校法四例：一对校法，二本校法，三他校法，四理校法。对校法，指一部书不同本子之间逐字逐句比较，发现不同，记下来，进一步考察谁是谁非。本校法，指在一部书内部上下文互相比较，发现牴牾，再考察是否存在文字的错误。他校法，指一部书引用别的书，或者别的书引用这部书，被引用的部分互相比较，发现不同，再考察谁是谁非。理校法，则是在没有异本可据，又缺乏直接比对的材料的情况下，根据行文规律或内容方面的旁证，发现文字的错误。这四种校勘方法，学术界已比较熟悉。其中，刘向所谓"校"即指陈垣的"本校法"，刘向所谓"雠"即陈垣的"对校法"。一部书的不同本子互相比校的"对校法"，是最通行的校勘方法。"校雠"，今人一般叫"校勘"。这个"勘"，北宋徐铉《说文新附》说："勘，校也。"梁顾野王《玉篇》："勘，覆定也。"可见"校""勘"二字含义接近，都是相互校对，并进一步考察是非，形成定本，这样的一种文献整理工作。

一切文献都存在是非，有文字的是非，也有内容的是非。文献学上纠正文字的是非，有个讲究，那就是首先借助于这部书传世的不同本子，至少借助于同一文句在不同典籍、或不同段落中的异文来考察是非。宋元明清阶段，已明确"校勘"应首先取资于"版本"。清代阮元《十三经注疏校勘记》、民国间张元济《百衲本二十四史校勘记》、新中国成立后中华书局点校本《二十四史》，都明确了这一方法。那么"版本校"是古籍整理的基本方法，应当是一个"戒律"。读书、引用书，是否讲究"本子"，也就是懂不懂文献学、是否掌握了文献学方法的衡量标尺。我认为，"讲求版本"是文献学的核心方法之一。因为"讲求版本"，就有了整理出"定本"的意愿，要整理"定本"，就有了收集"异本"的意愿。搜求"异本"，甄别"异本"，对"异本"进行校勘，发现不同，判断是非，从而形成内容完备、讹误较少的"定本"，这就是古籍整理的基本套路，也就是文献学的基本方法。

对"异本"和"定本"的讲究，刺激了对"异本"和"定本"的研究，这就出现了"版本学"。版本学是文献整理工作必然引发出的分支学问。对版本的鉴别，对版本之间关系的探讨，对版本质量的判断，都是版本学的任务。为了出色地完成这种任务，需要采取一些手段，也就是方法。

版本甄别，一般叫"版本鉴别"或"版本鉴定"。就完成鉴定版本的性质、年代这个任务来说，通行的方法是看纸张、墨色、字体、避讳、牌记、序跋、刻工、写工、版式、装潢、藏书印等。就完成考察版本之间的关系这个任务来说，通行的方法是看序跋，通过校勘发现文字不同、文字衍脱、错乱这类特征的继承和变化痕迹。就完成判断版本优劣这个任务来说，通行的方法是通过校勘，探讨不同文本之间文字不同的时候谁正确、谁错误。这些讨论版本问题的手段，都是"文献学方法"比较核心的部分，都隶属于"讲究版本"这个总的方法之下。讲究版本,是因为整理定本而引发的。但由于讲究版本而引发了文献收藏家的特别关注,年代较早、流传较少、名家题跋批校、名家手稿、有特殊的校勘价值,这样一些文物性、学术性的版本,成为收藏家的讲究,"版本学"因此也就有了一定的独立性,既与整理定本的目标有关,也不完全相关。

刘向校书,最主要也是最大的成果是把皇家"如丘山"一样多的书籍整理成了一大批定本,对我国文化学术的载体典籍进行了一次大梳理,是中国文献史上空前的里程碑。刘向校书还有一个大成果,那就是当时为每一部定本写的"书录"。刘向、刘歆当时校书"每一书已,向辄条其篇目,撮其旨意,录而奏之"(《汉书·艺文志》)。刘氏父子到底校定了多少书呢?刘歆《七略》做了全面记录,《七略》已佚,但班固《汉书·艺文志》基本上沿用了《七略》,删去每一部书的提要,对著录的书籍稍微有所增减,大体上保存了《七略》的面貌。《汉书·艺文志》著录图书五百九十六家,也就是说刘向、刘歆等撰写书录约六百篇。这六百篇书录附在每部"定本"之后,又单独汇集成一部书叫《别录》。刘歆在此基础上撰写了《七略》。《别录》《七略》是最早的系统总结我国图书得失和源流正变的伟大成果。正是这次文化学术的大总结,既整理出了"定本",又总结了什么是成绩、什么是缺点,而评价的标准是当时已占主导地位的儒家思想。这是历史上第一次学术统一、思想统一、文本统一。毫无疑问,西汉以后的学术发展,以刘向、刘歆整理皇家藏书为新起点。"文献整理"是总结学术、开启未来的特殊手段,这种特殊手段在清代乾隆年间纂修《四库全书》时得到又一次成功展示。乾隆年间整理的"定本"是三千四百余种图书,组成

《四库全书》，撰写的提要则有一万余篇，组成了《四库全书总目》二百卷。撰写"书录"或"提要"的工作，叫"目录学"。学术界把"目录学"与"学术史"联系起来，认为目录学的宗旨是"辨章学术，考镜源流"（章学诚总结），那是对历史事实的简洁表述。正是由于目录学的巨大学术史功能，所以范文澜认为西汉时期最伟大的两部著作是《史记》和《七略》（见《中国历史简编》）。那么"目录学"的方法是什么呢？简言之，考察作者生平及师承关系、著述的旨趣、成书的过程、流传情况、版本情况、完缺情况、真伪情况、内容结构、成就多高、有何缺点等。还要根据学术体系构建图书分类体系，搭建起宏大的文化体系。这当中的主要结论，都是从严谨的整理过程中获取的，当然，有些考察还要求之于书外，广征博引。这项工作对文献学家的学术修养有巨大的挑战。班固《汉书》曾说："仲尼称'材难不其然与！'自孔子后，缀文之士众矣，唯孟轲、孙况、董仲舒、司马迁、刘向、扬雄。此数公者，皆博物洽闻，通达古今，其言有补于世。传曰'圣人不出，其间必有命世者焉'，岂近是乎？"（《汉书·楚元王传赞》）可见，刘向是汉朝人认为的孔子以后，与孟子、荀子、董仲舒、司马迁、扬雄并列的最杰出的学者。至于《四库全书》总纂官纪昀，也同样是一代杰出学者的代表。纪昀的搭档戴震、邵晋涵、周永年等四库馆臣，也是一时学术精英。"目录学"是文献学的分支，其方法主要表现在撰写提要和分类编目上。"目录学"成果也许可以认为是文献整理成果的结晶。

从以上的讨论可以发现，文献整理工作以"校书"入手，从而引发"版本学"，凝为"目录学"。昔人概括三者为"校雠学"，今人又称为"文献学",含义基本一致。校勘学、版本学、目录学共同构成文献学的核心,三者相互为用,互相依存,共同构成完整的学术体系,它的学术方法也就是文献学方法。

文献学还有两个分支:辨伪、辑佚。在我看来,辑佚是把散落在圈外的零篇碎简收进来,使"定本"更完善。辨伪是把误入圈内的文献剔出去,让它回到正确的位置(正确的时代、真正的作者名下)。辨伪包括辨识伪书、辨识伪篇,甚至辨识伪段,从根本上说也是文献整理工作必不可少的环节。这两个分支的学术地位还不能与校勘学、版本学、目录学相提并论,可以认为是文献学的辅助部分。

文献学的核心工作是文献整理工作,核心学问是校勘学、版本学、目录学,其独到的方法也就是文献学的基本方法。大规模有计划的系统的文献整理工作,历史上都是由国家主导的,由最杰出的学术团队完成,其成果具有总结学术、开启未来的特殊功能。这就告诉我们,要构建属于一个时代的学术体系、思想体系,它的前奏是国家主导的系统的文献整理。整理的范围包括古今一切著述,而以近代为重中之重。2016年6月17日习近平总书记在北京主持召开哲学社会科学工作座谈会,发表具有重大历史意义的讲话,提出"加快构建中国特色哲学社会科学"这一重大任务。从历史上看,我认为应当对中国从古到今的各个学科的著述进行一次全面系统的整理,对这些著作按价值高低进行分级分等,把较为重要的具有创新贡献的著作整理出"定本",汇为一套《中华典籍全书》。每一部书撰写一篇提要,仿刘向、纪昀的办法,每个大门类、每个小门类都撰写一篇概述,仿《七略》《四库全书总目》大序、小序体例,梳理学科发展的脉络。用这种文献学的方法，对中国学术史，尤其是乾隆《四库全书总目》以来的学术史进行一次深刻系统的总结。用这样的方法，清理出学术史上成功的理论和方法，作为今后构建中国特色哲学社会科学的基础和借鉴；同时确定出那些学术高峰，在今后构建哲学社会科学体系过程中作为榜样来学习，作为标杆来超越。相信这样的新时代的文献整理成果，会成为中国学术史上属于我们这个时代的里程碑，也必定会成为构建中国特色哲学社会科学及自然科学的新起点。这是本文讨论的"文献学方法"所具有的现实意义。2021年9月29日。

（本文原载于杜晓勤主编：《中国古典学》（第二卷），2022年中华书局版，第24—32页）

怎样研究民国时期古籍出版史

博士学位论文题目叫"古籍出版"呢,牵扯到民国年间有些线装影印古籍。比方说国学图书馆陶风楼有一些影印书、山东图书馆印的《穆天子传》,这样就不至于把它排斥在外了。另外呢,可能会有图书馆排印古籍。叫"古籍出版"的话,不至过于受限制。还有,图书馆的出版不见得都是古籍,图书馆的出版也有大众读物。所以我们就限制在今天属于"古籍"范围的出版业务。今天可以纳入"古籍"范围的,都在你的探讨之列。我们打个比方,元西湖书院刻了一部书叫《文献通考》,它在当时算古籍吗?不算。那我们现在要谈古籍出版史能不谈吗?不能吧。所以我们就是以现在的"古籍"为标准。这类材料可能你现在储备的多一些。

(胡培培:还有一部分看得比较多,是公共图书馆出的书目,我这半年基本上都在研究这些书目。)

图书馆出版的目录,也包含了古籍。如果你把图书馆藏书的目录也包括进去的话,似乎也可以。它出版的什么目录,它这个目录主要内容是什么,在目录学上有什么地位,在古籍的著录方面有什么成绩。不一定要刻意讲其特色。比方说某图书馆现在编了善本书目,有什么特色呀?没什么特色。那么这个书目出来有用吗?有用。看书目的人看不看特色?不看。那你为什么要谈特色呢?它的功劳是在特色上吗?编这个善本书目,忙前忙后几代人,谁去关心特色呢?就是说主要的工作或是贡献、功劳是什么呢?

(胡培培:服务读者,有目可寻。)

你参加过古籍编目,那么你的主要劳动和心血到底花费在什么地方?心里装着读者?不是。所以,我们为什么一定要脱离自己的实际去考虑问题呢?有时候考虑问题的框架从人家那里模仿来,这叫"教条主义",不能实事求是地从工作出发来研究学问。你既然搞过编目,就会查人家的书目,《中国丛书综录》你肯定要查。《中国古籍善本书目》、带书志的王重民的《中国善本书提要》,你肯定要查。然后我们学习人家。他这个书目好,好在哪里呢?好在它能解决我们的疑难。我们没搞清楚的,人家讲清楚了。既然是这样,那我们就要学学人家这套本事。现在要培养面向未来的大学生、研究生和博士生。什么叫面向未来啊?就是面向未知。人世间没有这样东西,我来创造这样东西。民国时期的出版史也是这样。没有人写民国公共图书馆出版史,我现在要写一部民国公共图书馆出版史。如果说基于咱们的专业特长,把它压缩到古籍出版。非古籍一类的东西,我们所能够知道的是表面,深入到内容的时候,你得临时学。古籍方面,你还至少能更熟悉一些。那什么样的古籍目录好呢?分类有革新?假定它对于你们编山东省图书馆的目录只会造成麻烦,因为我按类去找的话,有时候找不着它了,它又没有索引,那么分类革新有什么好处啊?一点好处都没有。那我们何必要强调它的特色呢?好像这个才是学问。这是图书馆学史和目录学史上讲的那些东西把你们带坏了。

(胡培培:我最近也感觉突破不出去,一直受限于这个框架。所以我想联系一下当时编目的实践情况是怎样的,来探讨一下它实际上而非理论上的发展脉络。)

不要把理论作为说话的标准,好像没有理论,咱们就不会说话了。我给你一个目录,比如《山东省图书馆古籍善本目录》,我要问问你它有什么用,它在学术上有什么贡献,你要能实事求是地说出来,这就算有了自己的标准。那回答这个问题,你就要想象谁会看这个东西,他为什么要看。从头看到尾的人,也许有,我可能会从头到尾翻一遍。那么我翻一遍,究竟基于何种动机?另一种就是翻查。还有一种叫彻查。比如我们编纂《清人著述总目》,要抄卡片,这一本书目委托给你了,里面一切清朝人的著作都得找出来,这就是彻查,是基于某种需求的彻查。而我把它漫翻一遍,是为了了解你们图书馆的馆藏,当然其中如果出现了特别的版本,我会多看两眼。普通的《说文解字注》,或者王筠的批,我也会关注。我的目的就是了解你的馆藏,这是一种读者。另一种读者就是有目的地去查东西,比如我搞《楚辞》,我要看山东省图书馆《楚辞》方面有些什么书。所以分类是非常重要的。但也有的人是研究版本的,比如唐桂艳写《清代山东刻书史》,她就要翻山东刻书,这里边就有个道道了。如果版本项对于刻书地点经常缺乏著录,这就是书目不到位了。《四川省图书馆馆藏古籍目录》(油印本)对于刻书地点,那是极其讲究的。在我看过的目录中,是最讲究的一个。再比方说研究藏书史的,就要看题跋、批注、印章,关于这类记载,《福建图书馆善本书目》(油印本)就非常值得注意。

究竟什么人会用它?用它的人想解决什么问题?这个书目能不能对他这些特殊的需要提供相关的信息,尤其是准确的信息?也就是说,著录的准确性是检验的一个标准。再就是著录项有哪些,是检验的另一个标准。当然它的分类,是按照四库分类法,这个我们只能说它中规中矩,没有创新。但是每一部书该归哪一类,它都非常准确,那就证明编目的人对这个分类法已经掌握得非常准确,对书的内容基本看明白了,在这个问题上就要给予充分的表扬。尽管它不设新类目,也要表扬。如果没有必要的话,为什么要设新类目呢?不能为了创新而创新。这个书目到底有些什么用,你得说出一二三四,就这些方面来对它进行评价。这样关于某一个书目的评价就能实事求是,不要对每家的目录都按一个尺子去量。

人们关注缺点。对于优点,认为人人都有的就不新鲜。可是我们研究出版史,恰恰要把精力放在优点上。比方说它没有记录版本,它只把书全部登记下来了,这种书目有用吗?当然是有用的。只是它的功能不齐全,它的功能就在于能提供藏书的量,还有我们从书名上也能看出来哪些类书比较多。要弄出几条它的优点来,并且要实事求是,能举出例证来。

(胡培培:我之前看过一个目录,都著录书籍的"来源"。比较好。)

那么"来源"有什么用啊?你所说的来源有私人捐赠吗?有私人捐赠,这些人是藏书家吗?是不是有些人是藏书家的后人呢?应该是有。

（胡培培：有一些是，我见过。而且我还发现浙江那边的县图书馆书目特别多，基本上现在我能见到的县级图书馆书目，都在江浙那边。）

县级图书馆，这个实际上是一种测量的标准，能测量出什么来，不是一个两个方面，你想一想。

（胡培培：我觉得跟江浙藏书家多有关系，他们那边文化底蕴更深厚，还有经济更发达。他们一些县的图书馆，最初的书就是藏书家捐赠的，像瞿氏铁琴铜剑楼捐赠常熟县图书馆。）

经济发达，你这个结论我赞成。光经济发达能行吗？这第二个就是文化发达。文化发达这个结论，有什么标准吗？有什么表现吗？文人多。文人，包括学生、学者。同时文人分布广，广到各县都有很多。文人就是读书人，才会喜欢书。读书当然得先吃上饭，所以经济有基础，文化普及度高，普及度高是指面广。另外，文化层次高，到了藏书这个层面就是高层次的了，所以县图书馆才发达。县属于基层。想说得具体一点，就要到书目里找材料。细细地分析这些书是些什么书，什么人才会读这些书。比方有一部分是当地的著作，你从这些能不能做出统计来？有多少当地的著作？这些著作都是些什么性质的？分分类。从年代上讲，它们从什么时代到什么时代。还有著作性的，经书的注解、史书的编撰、诗文作品，能看出这个地方的学术风气。不进行这些分析，怎么能写详细呢？它上面有什么信息，我们就分析什么信息。不要先套个框框去找材料。

要实事求是。如果我派你到平湖县去做文化调查，你就直截了当地去文化馆、档案馆、图书馆一架一架看,你看到了什么就说什么。比方说这个书目一共一册,那么你就应该说这一册目录能告诉我们什么。你就翻看翻看。哦,第一告诉我什么,第二告诉我什么,下面都是你的证据。你把书目当中提供的所有信息都做了分类,归纳到你的每条结论下面,这就叫实事求是。

与其贪多,不如深挖。你对民国时期各图书馆的古籍出版及编目,写这么个历史就很好。跨得越宽,写的东西就越飘,会产生一个直接的后果——浅。这个浅,特别难克服。因为这个浅是浅观察带来的,而这个深是深观察带来的。你看那个出版物的时候,如果快快地看了,它叫浅观察。反复地看,反复地琢磨,这叫深观察。这个县里的书目和那个县里的书目,你不仔细分析,看看都差不多,你仔细分析它就不一样。它也可能有共性,但必须得看了以后再界定。所以可以先考虑"古籍出版",目录也可以不做。因为接下来还可以在毕业以后,专门写《二十世纪前半期图书馆目录史》,这个可能更细致了。

(胡培培:今年上海大学有一个老师,她的一个项目就是"民国目录学编年与研究"。)

《红楼梦》的文章多吧?杜甫的文章多吧?你写你的,我写我的。

迅速地把你的眼光投向你真正的研究对象。图书馆的概况、期刊,这些东西要简写。比如山东省图书馆出了个《穆天子传》,那它的来龙去脉你就该写清楚。写清楚的话,得从头说起。《穆天子传》这本书就不用介绍了,这是你唯一需要略的。那这个版本是怎么来的?经过了什么人的收藏?这必须得说清楚。旧的目录上有什么著录,也要说清楚。最后它怎样与山东省图书馆结了缘。然后才能涉及这个出版的过程、出版者王献唐等。你涉及各个图书馆的出版物的时候,如果有那么一部分书都能讲清楚,就算有深度。像浙江图书馆出版的章太炎、姚振宗的书,量都很大。

(胡培培:章太炎的书我专门辟了章节写《章氏丛书》。还有云南的《云南丛书》,它具体的子目是怎么样的,都给它分析了一下,因为现在还都有分歧。)

《云南丛书》里包含一些什么书?当中哪些书比较重要?这要分析。至少你要回答一个问题:《云南丛书初编》还有《二编》里边这些书的前身,是稿本、抄本,还是曾经有过刻本?你应该逐个落实,不能举例。列个表出来,它的底本是什么。列完表之后,把里面重要的东西在下面再做个案分析,重点分析几部书。所谓重要,一是书重要,二就是这个书在之前从来没有出版过,只有抄本、稿本,流传非常少,这类书是要进行分析的。只有把一部书的故事讲清楚了,读者才能知道它的重要性。

(胡培培:通过调查这些,我发现民国的时候,云南还是做了很多事情,包括《云南丛书》。还有20世纪30年代的时候,派方树梅去周游全国的图书馆、方志馆搜访文献,这在当时应该是独一无二的了。)

他也来过咱这里。写给王献唐的信,我不是整理过两大册《王献唐师友书札》吗?青岛出版社出版,上下册,很厚。里面就有方树梅。他找王献唐,在济南住的哪个旅馆,留下来的房卡,上面都有,到时候都可以用作你的插图。就是要往细里弄。

(胡培培:20世纪30年代影印《四库全书珍本》,其实也是当时的图书馆的一个代表，那个相对来说是影响力最大的。它是中央图书馆和商务印书馆合作影印的，当时还有一些纷争。）

这些不重要，为什么？学问之道，详人所略，略人所详。自己通过原始资料，比如山东省图书馆影印的《穆天子传》，你手里拿着这个影印本，从上面嗅到的一切信息都是新的。从期刊目录、从网上能篓来的东西，这些都没什么创新性。你要看见原书，自然就能说得细。看不见原书，网上能看到这个书的图像版也行。关于这个书的故事、这个书的重要性。尤其是民国时期，这一由图书馆出版的古籍是这部书在历史上第一次出版，要重点谈。姚振宗的东西好像都是第一次出。他作为一个目录学大家，如果没有浙江图书馆出版《师石山房丛书》，我们就没法研究了。那么姚振宗作为一个著名目录学家就不存在了，目录学史就要重写。这功劳多么大呀。碰见这种情况，你就要看看目录学史上是怎么介绍姚振宗的，比如说写补史目录，姚振宗的东西都提到什么样的位置上。开明书店《二十五史补编》收了多少姚振宗的东西，而这些东西都是从浙江图书馆出版物来的。

（胡培培：嗯，而且它跟浙江当时有合作。）

是啊，把这个问题讲清楚，比什么都强。你分析姚振宗的目录学思想已经没有意义了，别人都分析过了。关键它是怎么来的。没有这些东西，他们靠什么去分析呢？这些东西是怎么问世的呢？是浙江图书馆让它问世的。

（胡培培：当时是费了很大的劲，而且都作为浙江图书馆的一个招牌书籍了，它在很多书上都有大幅的广告。）

这个广告作为插页也要用上。从原始资料出发、从原件出发。

用自己的脑子去观察它、思考它，总结它的贡献，就像自己亲自去做这项工作一样，想象它的难处。如果要把《山东省图书馆善本书目》的分类从四部分类法做一些调整，你是亲自编目的先生的话，其实是不太愿意这样干的，因为这除了给自己带来麻烦，没别的用处。如果我们贴着《四库总目》或者《中国古籍善本书目》来分类，你可能乐于这样做。因为我们容易去查查人家归到哪一类，容易跟人家接轨。所以对于目录分类的革新，你要分别来看待，有些革新是非常精妙的，有些革新是无事生非。这个古籍"新分类"，现在问题就在于失败了。失败的标志是什么？就是我们不用它了。那么都是哪些书目不用啊？古籍书目不用。哪家的古籍书目？我给你说个思路，先说排头兵。考虑什么事情都要从这个角度考虑，哪些东西在主导着这个时代。《中国古籍善本书目》就是个主导。然后国家图书馆、上海图书馆、南京图书馆，包括重庆图书馆，这些都是。什么时候写东西都要考虑主导是谁。那么新分类法的主导又是谁？北京图书馆的普通古籍目录是怎么分类的？刘国钧的十五类法。那不就是新分类吗？那新分类一直影响了到现在为止国家图书馆的古籍分类，对吧？你可以发现，他的类目很不纯，很不匀，有些类目书很少，有些类目书很多，所以这个分类硬套在中国的古籍上，是不合适的。

（胡培培：国图新出的《民国线装图书总目》，还是用的刘国钧的分类法。一共308册，每种书列书名、作者、版本、馆藏地，下面带书影，提供了一些关键信息，我现在就在里边找到了很多线索。但是缺点就是它没有详细目录，所以就只能一页一页地翻。）

那你在写博士论文所依靠的资料的时候，要实事求是地说明，这个书是你的重要参考。它有哪些好处？我从上面能获得什么？还有哪些存在的问题？就是你在做综述的时候，不要漫无边际，唯恐人家说你见闻少。你依靠谁多，你就多说。依靠谁少，你就少说。让综述和你的内容能够呼应上。我们不要任何形式主义，不要让自己的综述和自己的内容对不上，为综述而综述。把所有的成果都列上，这是写给别人看的。要写成一个实事求是的综述。我研究我这个问题，如果别人也要研究的话，我必须告诉他，重要的线索在哪里。本着这么一个心情去写综述：我要打开这个锁，我的钥匙到底是什么，必须得说实话。如果你能写出这样的综述来，人家审你的论文，看了你的综述，就知道是你的心得，你的高分就来了。我们有时写综述，要看看人家是怎么写的，他有这么几个方面，我也得想办法弄点材料填上，这样不行。综述应该带有专业性和专家色彩。通过综述，能证明你对这个问题是有研究的。

（胡培培：我前段时间也在整理国学图书馆出的书。）

很多是以陶风楼的名义。

（胡培培：嗯。而且它刚开始和中央大学图书馆合作，以中社的名义影印了一些书，应该也就一年吧，就结束了。结束以后它就以陶风楼的名义影印。）

它与中央大学图书馆的结合是一种什么样的结合，你可以说清楚。合作关系要找到证据。

（胡培培：有，他们当时有协议。）

那你最好能够把这个协议写进去，抄上也行。因为我发现有一段时间他们编的刊物上有个人的名字——向达，也叫向觉明。有一期的封二，上面有几个人的照片介绍，就是他们的一些重要学者。

（胡培培：当时国学图书馆影印善本书，就有向达的跋。）

那里有一段时间，还有一个王焕镳，搞《墨子》这些东西。

（胡培培：他还给江苏地区的先贤做了一些文献的整理。文章就发表在当时的《国学图书馆年刊》上。）

你要发掘这些东西，和出版活动有一定关联就可以。那读你论文的那个人能够读得有血有肉，有趣味。里面有向达的跋，那么向达和这个国学图书馆到底什么关系呢？你都可以写。东西写得很干枯就不行。

（胡培培：嗯。我还有一个问题就是《国学图书馆年刊》里边有很多文章。长篇文章，有时候它会单篇别行。那这样的我是不是也要写？）

《国学图书馆年刊》里边的文章可以写，但是不要作为重点。国学图书馆的目录有的书还在刊物上连载，是连载本，你可以写。你现在搜刮的很全不是重点，重点是要抓住关键问题。司马迁修《史记》的时候，他所掌握的汉代人物资料是很多的，但入列传的人很少。不能平均用力。那么我要问你个问题，就是民国时期，图书馆的古籍出版，最重要的出版物，让你排出前二十名来，你有这个能力吗？如果你有这个能力的话，你就重点研究这二十部书。能够占到一节篇幅的书，我们认定它是"列传"级别。你的博士论文能有十来节，就是说容十几部书。然后几部书合为一节的，我们认为它是"合传"，像史书中《列女传》《刺客列传》，就是一伙人来一节。能够附带提到的，史书上叫"附传"。你对你的研究对象要首先做这种分级处理。史家三难：才、学、识。才也罢，学也罢，我们都顺其自然了。识是什么意思呢？分等的能力。大大小小都介绍了,没有识。你介绍的特别到位,一句是一句,这叫才。但是你对这些书做了区别对待,能从一堆石子当中挑出来玉,那就是识了。20世纪前半期,从辛亥以后,一共才不到四十年,民国只有三十八年。那么在这三十八年中,图书馆的古籍出版活动,你认为几颗耀眼的星星是什么?如果你在你的概述当中能够明确地标识出来,认为它代表了该时期的最高水平,那看稿子的人对你就刮目相看了。如果你根本就没想过需要这样做,说明你的研究能力有限。如果你非但想到了,而且敢说谁是排头兵,说出理由来,那就可以服人了。

(胡培培:至今为学者所用,应该是一个标准。)

它能决定后来学术的风气和走向。比如说孙中山为什么是标志性人物啊?他决定了中国的走向。那么民国时期,图书馆的出版物,有没有具有这种能耐的?当然了,如果出现了这样一种出版物的话,它的背后一定是那个主持人具有力挽狂澜的能力,说白了还是人的问题。如果这个出版物背后是人的话,那在图书馆界晃来晃去的那几个人物,你想必是知道的。民国时期是谁呀?

(胡培培:柳诒徵啊,袁同礼呀。刚开始是缪荃孙,当然很短了。陈训慈、王献唐、赵万里,还有郑振铎等。)

这些人在图书馆当中,不参与出版活动的话,你就要把他放在一边。都参与的话,那么就把这些人的出版活动拿出来,作为重点探讨。民国时期出版史是由人写出来的。这个人能耐很大,但是我们在这个地方重点谈他的出版活动、出版成果以及他的巨大影响。所谓的巨大影响就是在当时有没有影响,对后来有没有影响。如果说有的话,那么有什么证据?国学图书馆馆刊上也有一些单篇,那些东西重要吗？如果很重要，你就写，不很重要的话，你不知道也没事。另一种指导思想，你要把它稍微收敛收敛。搞图书馆编目的人，认为哪本书都重要，尤其是在墙角忽然发现了一本，就更重要了，唯恐漏了谁。但是我们现在是在修史，一方面呢是表扬那些明星；另一方面，有些东西明明有重大意义，但是它却不显耀，我们有必要"发潜德之幽光"。幽光未现，《四库提要》里头不是说了吗？就是说它应该放光而没放光的，如果你挖掘出来就更好了。

再有，他们这样做肯定是有动机的，这个动机是什么？要写出来。最好是用他们自己的话来说。这些话在哪里？很多出版的序言都流露出来了。有个丛书，叫《玄览堂丛书》，是中央图书馆出的。为什么要编这套书啊？

（胡培培：当时就是抗战期间，文献散佚，郑振铎他们在上海收集这些书，防止更进一步的散佚，为了保护文献，为了存文献，出了这个书。"玄览"两个字，应该是出自"玄览中枢"。）

它叫"玄览中区"，不是"中枢"。"中区"指的是在抗日战争时期属于中国人控制的地区。因为他自己处在上海的孤岛上，周边都是日本人了。所谓"玄览"就是远远地、深情地看着。在民族危亡时期抢救国家的国宝，把其中特别稀见的部分印出来。为什么要印出来呢？怕什么时候战火就毁掉了。所以有《初集》《二集》《三集》。《三集》出来的时候，新中国已经成立了，是委托顾廷龙办的。像这样的故事，难道不应该大书特书吗？但也不能过多地写外围知识。还要对这个《玄览堂丛书》里头到底收了些什么书，这些书为什么稀罕，讲清楚。

（胡培培：好像郑振铎他们收的书并不都是传统上很重视的经

书、史书之类的,他很注重俗文学的文献。)

《玄览堂丛书》里边这类文献量是有限的,里面明代文献比较多。

(胡培培:国学图书馆的影印书,还有北平图书馆在20年代末和30年代初影印的善本书,大批的都是明代的书。)

因为明代的史料在清代流通有限,到民国时期才解放了。这些书,史料方面比较多。另外,这个《玄览堂丛书》,它的底本很多是嘉业堂的。你了解了以后,就能说清楚了。顾廷龙先生曾经为这些书写过提要,在《顾廷龙文集》当中。关于中央图书馆的古籍出版,重点讲《玄览堂丛书》。

(胡培培:那《四库全书珍本》呢?)

那个不是重点,你可以介绍。《玄览堂丛书》是中央图书馆以自己的名义出版的,《四库珍本》是以商务印书馆的名义出版的,这是不一样的。姚振宗《师石山房丛书》,章太炎《章氏丛书》,是浙江图书馆自己出版的。对这类问题要有所区分。

(胡培培:嗯。还有一部分,我想讨论的就是它跟那些商业机构的合作。因为这些图书馆技术有限,包括国学图书馆,他们影印书的时候会去上海,都会跟那些商业机构合作。但是出版权是属于图书馆的。)

这就是说谁来主导的问题。图书馆有很多书是商务印书馆印的,那么图书馆出版,你找谁去印刷都不要紧,关键是图书馆要主导。

(胡培培:这中间还有一个故事,当时商务印书馆印《四部丛刊》的时候,用了很多国学图书馆的书。柳诒徵来国学图书馆之后，开始设立印行部，他就给商务印书馆写信，说我们要自己设立印行部了，所以这些书的版权我们要收回。后来王云五就跟柳诒徵交涉，达成协议，说之前商量好的，我们可以继续出，但是这些还得交版税。商务印书馆已经出过的书，国学图书馆自己想出也是可以的。）

那么这个协议达成以后，商务印书馆出的书国学图书馆又印了吗？

（胡培培：我还没有仔细去看。）

如果你是国学图书馆，你会怎么干？

（胡培培：不印了吧。）

对了，没有销路。

（胡培培：但是北平图书馆有几个单行本。）

北平图书馆不是自己印善本丛刊，它是跟商务印书馆合作，说来说去都是商务印书馆印的，还是商务印书馆发行，这种行为如果你是商务印书馆的头，你会怎么干呢？就是我已经制好版了，一方面《四部丛刊》也印，另一方面北平图书馆的我也放进去。又省钱又多一种，赚其他图书馆的钱。不要认为这些东西都可以从文化上加以解决，有时是商业。而国学图书馆这件事情是完全不同了，国学图书馆人家是自己主导、自己发行。那你商务印书馆印过的书，虽然你说可以继续印，我为什么还要印呢？你的发行机构比我强这么多。国学图书馆印的书一共加起来也没多少，它能比得上商务吗？肯定比不了。所以这样一些争议，对于你这个论文来说，它的意义非常小，它有别的原因，主要是利益之争。你要把主要精力放在出版物本身的价值上。

（胡培培：老师，我在想它出明代的那些书的时候，是不是有一种现实的考虑？比方说国学图书馆，它出了很多明代抗倭的书。）

出版明代那些书的现实考虑，可能有，如果有的话，你要找到某些蛛丝马迹，一些证据。不能自己认为是这样。

（胡培培：它有。国学图书馆的柳诒徵，他在写跋的时候，就说"讲国耻、论将略者必读之书"。）

这个话就很值得你去发掘。这正是需要大书特书的地方。中国出版者，这样的大学者，心里装着国家和民族。这就是你需要大大表扬的。

（胡培培：北平图书馆出明代书的时候也说"切于实用者为主，并无偏重版本之见"。）

那你对这个话的解释要合理。你可以考虑看两本书。一本叫《近代出版家张元济》，是王绍曾先生写的。这本书我认为提到一个高度。你看看王先生是从什么角度来看张元济的，因为张元济就是民国年间最大的出版家，其他图书馆的出版家都要以张元济为榜样。一是看王先生是怎么评价张元济的，另外是看他怎么分析出版物的。那本小册子也就十万字，王先生是在写出版史的一章。那么你在写到柳诒徵的时候，要看看王先生写张元济分了哪几部分，学习王先生。作为出版家张元济，王先生主要是谈他的古籍出版。那么他是怎么谈张元济的，你就怎么谈别人。王先生那个书没有什么框框，他也瞧不上这些。文章写得相当好，文笔都非常好。因为张元济从某种意义上来说，就是王先生的老师，他亲自跟张先生学习。他是很有重点地在写，而且是带着感情来写的。要抓住重点、抓住要领。另外一本书你可以看，也可以不看，叫《大变动时代的建设者》，副标题也是《张元济传》，作者叫汪家熔。那本书外围叙述比较多，王先生这个书是对书的内容有深入分析，那确实是不一样的。汪家熔那个书浅，王先生这个书有深度。你要做一个有深度的。也就说你能抓住十个点，你这个论文就不得了了，而且别人没法抄袭。你如果在面上写，极容易被人家取代。而且被人家取代以后，你还没话说。因为你能获取的，人家也能获取。你说人家那个是从你这儿来的，也有可能，但是只会把你的书当索引用。但是王绍曾先生的书，你就没法抄袭了，他都是心得。

　　山东省图书馆也要重点写，一个是《齐鲁先喆遗书》，出了一小部分。再一个就是影印的《穆天子传》，还出版了《海源阁宋元秘本书目》《海岳楼金石丛编》，还有汉石经方面的《汉石经残字》等。好多东西在《山东图书馆学刊》上都有专门的介绍。你要善于利用这些东西，需要引用的时候就引用，把它作为你评价这些出版物的佐证。所有的材料都要围绕着你的结论展开。不要做成材料是主体，材料永远是你的客，具体的笔调是这样的。比方说柳诒徵先生影印的这个书，情况怎么样？有总体介绍。这下面就说，尤其值得我们关注的是，他在那个特殊的年代影印了一些抗倭的书。影印这些书并非泛泛之义。下面柳诒徵先生的题跋怎么说的。这样，他的题跋变成了你的证据。它就是客，你就是主。王先生写的书都是这样，始终是王先生的思想带动资料。材料变成你的证据，这个证据也许从篇幅上讲，占据了三分之二，但它依然是证据的地位。材料引完之后，下边还要分析。分析不是泛泛地分析，是在这篇题跋当中，我们特别要关注什么。我引用不得不前后文都有，你也不要泛泛地看，我要告诉你哪几个点是重要的。能表现他的古籍水平的、学术水平的才是重点。要多元化地挖掘他的学术价值。

（胡培培：就比如说范希曾的《书目答问补正》，就是一个很有学术代表性的书。）

代表性在哪些地方，得说出一二三来。要避免教条主义。你要评价范希曾，自己先看这个书，然后总结，完了之后写出来，再去看看人家怎么说的。如果人家说的有些地方和你差不多，有些地方人家说了你没想到，你可以引用人家的，不要剽窃人家的思想。是你自己想出来的，就是你的。你没想出来，受到人家的启发，你就要直截了当地注明。这才是研究。研究就是去观察事物，格物致知嘛。自己没有去好好观察，却要去看看别人的结论。别人结论看完之后，自己带上了紧箍咒，自己的想法就出不来了。一定要自己去观察事物，用自己的脑子去思考，把例子从书里挖掘出来，然后再看看人家的文章是怎么说的。如果他的文章很浅薄，就不用引用了。如果他的文章确有启发，你也可以说某某的文章指出了什么价值，他的分析很中肯，点名道姓，不要引用了之后再在页下注人家名字，要在行文当中直接表扬人家。为什么有些人不在正文当中称人家的姓名呢？那是为了淡化别人。

通过自己去看你的研究对象，你的能力就提高了。博士毕业以后，上学的历史就结束了，基本上确定了你这一生用什么样的态度来对待工作、对待学习、对待研究。如果你学会了用自己的脑子去观察，就是所谓格物致知，那你就永远有真知灼见。如果你依赖知网毕了业，将来你就很难。你上学的这个起色就有限了。

当你学会了格物致知之后，你自然而然地会去做一些补课的工作，就是读一些原典。自己读的少，怎么办呢？就会抓紧时间去看原书。看看《史记》《汉书》《左传》《战国策》《尚书》,包括《汉书·艺文志》原书。

(胡培培:嗯,之前有的也看过,但是我感觉没有看到里面去。)

少看,越慢越好,一天只看一页,看明白它。看看,思考思考,再看看。然后问问你自己哪个字和词没看懂。或者是按整句来理解的,不是一个字一个字理解的,拆开了一个字一个字就不会解释了,那样是不行的。看书就要看注解。不看注解就看书,或者看现在人的版本,都是不对的。经书要看注疏本,注、疏和经文一样对待,把注和疏当经来读。

比如"关关雎鸠,在河之洲",什么叫"洲"呢?水里的小岛。那么这个洲为什么是小岛呢?从字形结构上能看出来,汉字不是表意的吗?"关关雎鸠,在河之洲"八个字,最重要的是这个"洲"有训诂学。"关关"是鸟叫声,"雎鸠"是个鸟。"洲"为什么是水中的小岛?只有这个字需要你清楚的认识,那你就得查《说文解字》、查《汉语大字典》。《汉语大字典》一开始就是解释字形的。解释完字形、字音,才会解释它的用途。这八个字当中还有一个字是值得琢磨的,就是"河"。你知道这个"河"大部分时候是指的黄河。在这句话里,它是黄河吗?你说不是,那么你的根据是什么?你说是,你的根据又是什么?你要解决这个问题,就要看《毛传》《郑笺》《孔疏》是怎么说的。乾嘉学派的基本精神,桂馥、郝懿行,包括王献唐,挖得很深、很具体的、刨根问底的读书方法你得掌握。

你要引用一段资料,对这段资料有深刻认识,那就是彻底读懂。包括一个题跋一个字都不能放过,连落款都不能放过。不求多,求精。你可能会花费很多的时间去收集外围资料。这个工作要做,但不能无休止地做,因为量永远没法代替质。靠收集资料的完备来取胜是不够的。还得选中几个点,《云南丛书》是个点,国学图书馆出版物是个点,山东省图书馆是个点,浙江图书馆是个点。你选几个点,这些点的背后都有大学者做支撑。能够构成一章的,你得把它明确下来。除了这些构成一章的以外,你还可以在这些章里面附带地讲到一些东西。

另外你可以看看梁启超的《中国近三百年学术史》,看他是怎么样介绍大人物和小人物的,他怎么样处理那些小人物,又是怎么样处理大人物如顾、黄、王的。在点上,王绍曾先生这个书;在章节安排上,梁启超这个书。我那本小书叫《治学之道与著述之道》,我现在跟你说的是"著述之道"。很多人都不讲著述之道,我是一直讲这个东西。说白了,就是怎么写书。

(胡培培:那我现在这个题目就写二十世纪前半期吗?这应该是民国时期了。)

论文题目可以是《民国时期公共图书馆古籍出版史》。写书也还有一些可以借鉴的,比方说有绪论。绪论当中可以往前探,晚清以来公共图书馆兴起,考察洋务的大臣回来之后办图书馆,这是民国公共图书馆的一些基础。正式的章节,就是辛亥革命以后,中华民国建国大纲里对于文化、教育的一些规定,如"开启民智",你都可以用,这是指导民国时期公共图书馆活动的主要政策。

你一定要找清楚主导,才能够纲举目张。纲就是国家。贯彻国家精神的主体是国家级图书馆,然后是省级图书馆,思路要理清楚。我们的研究和调查工作从哪里下手?国家政策。国家馆、省馆他们是怎么做的,为什么要这样做。他们在这个过程当中,哪些馆的成绩大,为什么成绩大,不是政策都一样吗?其中一个因素,是有水平高的人在做。他们在做的时候,可能还需要一些支撑条件,比如省里比较支持,能够取得一些经费,地方上的文化基础较好,馆里也有若干个能够帮助他的人,印刷技术等。这样谈古籍出版事业就避免了仅仅以书为核心。要以人为核心,是人去影印这个古籍,是人根据一定的政策和指导思想、客观条件来从事出版活动。所以要想好先说什么后说什么。如果你从书说起也不是不可以,那就是另一种说法。我认为应该从人说起。

(胡培培:还要分阶段的。)

不用分阶段,按馆来讲。不要分20年代、30年代、抗战年期。它只有三十八年,别再分阶段了。经常一个馆只有一个重要人物,那还分什么期呀?你就一个馆一个馆讲。比如一共讲五个图书馆,那就占了五章。在这五章之外,如果你还想捋一捋整个的民国时期的走向,你要最后再写,但是放在前头。等你把这些馆都写完了,几章就出来了,那民国时期整体的走向你就知道了。你写好了之后,前面加上一个大走向。大走向前面再有一个前篇,就是晚清以来、洋务运动以来对公共图书馆的影响,包括公共图书馆的设立、图书馆的建设,这都直接是民国时期公共图书馆的由来。而在最后,应该说一下民国时期公共图书馆的古籍出版对我国古籍事业的贡献和它后续的影响。这样你整个书的结构不就很清晰了吗?前面要有一章是溯源的。还有一章是民国时期公共图书馆出版的大势,这个大势你就可以前期、中期、后期这样写。但是到了正文的时候,就一个馆一个馆,你甚至可以起"王献唐与山东图书馆的古籍出版"

这样一个标题。每一个都举出个人物来。这样从某种意义上来说，你对每个馆的研究都可以发表。每个馆的叙述模式，要学学王绍曾先生。这里边不可避免地要涉及这个馆的沿革，然后逐渐缩小到古籍部。

（胡培培：老师，那像沦陷区，比如苏州1940年左右出了《苏州文献小丛书》，也包括在内吗？）

关于沦陷区图书馆，民国时期是指的辛亥革命到1949年，中国的土地无论谁占领着，都在你探讨之内。你探讨东北的出版物，你对这个馆就有一个介绍，那它从什么时候是"伪满"管理，从什么时候是什么管理，你在那个地方介绍就可以。然后说它有哪些出版物。你不能把"伪满"作为一个分章分节的标志。山东省图书馆从辛亥革命到1949年，它的古籍出版活动，你就一锅粥地介绍。看看王先生的书，为什么？上海也沦陷过。王先生是怎么写的呢？他在他的叙述当中，不可避免地要介绍"一·二八"事变。再说，具体到某个出版物，它出版的时间是在哪年，当时的情况，你需要介绍。你关心的是这个书底本是什么，怎么样的开版，难道就不关心这个书在出版、印刷的时候，图书馆是处在一个什么样的困难的艰苦年代吗？

（胡培培：这样的话就跟我之前的思路不太一样。比方说面对的困难，我可能专门要写一章，各个馆面对的困难都要放到这个地方去。）

这一困难和它的出版活动挂不上，这是中国通史的写法，时代背景是单独介绍的，这叫教条主义。背景介绍跟内容介绍说不上话，介绍它干什么呢？原因是没有吃透。吃透了，你游刃有余了。

没吃透，就是半生不熟的，才会出现割裂现象。像王先生，他对张元济的了解，就像对他自己一样。王献唐去调查海源阁的惨状，中国当时处于什么情况呢？王献唐在《聊城杨氏海源阁藏书之过去现在》里都已经有介绍，人家的叙述是融在一起的。要身临其境。

（胡培培：我还在思考一个问题，像司马迁他们写史，是有自己的理想在里面的。而我在想我写的这个史，很多时候就是一种客观的描述，没有情怀在里面。）

民国年间，在中国的知识分子当中，始终存在一个话题，中国向何处去？这个话题和他们的文化活动是有关联的。如果你处处都去关联，就很庸俗。如果你撇开了那个东西，那显然又是不符合实际的。

（整理附记：2021 年 10 月 18 日晚，送《山东省图书馆善本书目》打印稿交给杜泽逊师审阅，到山大知新楼拜访老师。其间谈及博士学位论文，考虑到我目前在民国出版古籍方面积累的材料比较多，老师提议将论文题目由原来的《二十世纪前半期公共图图书馆出版事业史》改为《民国时期公共图书馆古籍出版史》，并就写作思路详细指导。兹整理杜师谈话录如上。胡培培记。）

附：山东省图书馆藏珍本别录

1.《芊绿草堂初集》二十二卷

清无锡沈金鳌，稿本。《尚书随笔》六卷、《毛诗随笔》六卷、《易经随笔》十卷。"金鳌""古潭州袁卧雪庐收藏""长白端方藏记"印。

2.《论语集说》不分卷，四册

清马星翼，民国山东省图书馆抄本。题"鱼台马星翼仲张著，男延洪、孙维骧分校，日照徐瀚印林阅"。

3.《春秋谳义》九卷，四册

元王元杰，明末抄，黄格。"檇李曹氏收藏图书""曹溶之印"印。

4.《礼记集说》三十卷

元陈澔，明刊，每册题"潞蕃崇本书楼贮藏礼记集注"。

5.《仪礼疏》五十卷

道光十年汪士钟艺芸精舍影宋刊本。"嘉惠堂藏阅书""济阳文府"印。

6.《祭器乐器记》不分卷，四册

清抄本，"乾隆三十八年五月都察院左副都御史黄登贤交出家藏祭器乐器记壹部计书壹本"。(《都察院副都御使黄交出书目》："《祭器乐器记》一本。"《四库馆进呈书籍底簿》第二册著录，无撰人。四库不著录。)"翰林院印""北平黄氏万卷楼藏书""光熙藏书""裕如秘笈""齐鲁大学图书馆藏书"印。

7.《说文谐声后案》二卷

清掖县翟云升，稿本。清周乐清题诗。二册。

8.《说文解字句读》三十卷

清王筠，清稿本。"王筠私印""孝陆""赵氏模邕阁收藏图籍书画印"各印。

9.《说文校议》十五卷,四册

清姚文田、严可均撰,道光十九年王筠抄本,王筠批校。

10.《说文解字义证》五十卷,十二册

清桂馥,道光三十年至咸丰二年连筠簃刻本,许瀚批校。"印林手校""孝陆""赵氏模罍阁收藏图籍书画印"各印。

11.《说文解字系传》四十卷,十二册

宋徐锴,乾隆四十七年汪启淑刻本,王筠批校并录朱文藻跋。

12.《说文解字》十五卷,八册

汉许慎,清初毛氏汲古阁刻,清汪灏跋并录清何焯批校。"臣灏""草农""草农珍赏"印。

13.《潍县方言》十卷

清郭麐,民国二十三年山东省图书馆红格抄(据丁稼民藏本抄)。王献唐跋。

14.《释人疏证》一卷

清孙星衍撰,淳于鸿恩疏证,民国山东省图书馆红格抄。

15.《释名疏证》八卷《补遗》一卷《续释名》一卷

清毕沅,乾隆五十四年毕沅灵岩山馆刊,王筠、许瀚批校并跋。

16.《尔雅注疏》十一卷,四册

晋郭璞注,宋邢昺疏,明嘉靖李元阳、江以达刻本,有刻工:程通、叶顺、叶奴、邹文元、曾招等。卷端第三行题:"明御史李元阳提学佥事江以达校刊。"李元阳刻未挖本。见《山东省图书馆藏海源阁书目》。

17.《周易注》不分卷

清牟庭,民国山东省图书馆抄本。

18.《吴越春秋》

会稽徐惟则抄本。"徐惟则印""会稽徐氏铸学斋藏书印"各印。

19.《圣门人物志》十二卷,十一册

明郭子章,清抄本。"刘喜海印""燕庭藏书""嘉荫簃藏书印"各印。

20.《列女传补注》《列仙传校正本》

清王照圆,嘉庆十六年刊,王筠批校。

21.《蒲氏世谱》,四册

宣统三年抄本。蒲松龄家。

22.《昼帘绪论》一卷

宋胡太初撰,成化七年何鉴宜兴刻本。"檇李项药师藏""秀水朱氏潜采堂图书""莲泾""太原叔子藏书印""锡庚阅目"各印,朱锡庚跋。官箴书,稀见本。

23.《故唐律疏议》三十卷,十五册

清抄本,"玉函山房藏书"印。

24.《言忠信行笃敬》一卷

萧应椿稿本,红格,版心下"泺源书院",课本。

25.《山东省立图书馆接收齐鲁大学图书馆图书目录》,二册

复写本,1942年编。

26.《海源阁书目》六册

稿本。

27.《拟史籍考校例》一卷

清许瀚,稿本,王献唐跋。

28.《文史通义内外篇》,二册

清抄本,"马国翰印""竹吾"各印。

29.《潍县金石志》八卷

清郭麟辑,陈介祺订,底稿本,同治十年郭麟自序。

30.《殷墟书契补释》一册

柯昌济,民国抄本。

31.《秦汉瓦当文字》二册

拓本,钤"簠斋先秦文字"印。

32.《三代古陶文字释》四卷,一册

清吴大澂,光绪三年稿本。

33.《山左瓦当文字》五册

题"簠斋旧藏,曾毅公类次",钤"簠斋藏秦瓦当"。

34.《专甓文字》二册

题"簠斋旧藏,曾毅公类次",拓本。

35.《古泉汇考》八卷,八册

清翁树培撰,刘喜海补注,李佐贤、王懿荣批。

36.《十钟山房印举》二十八册

清陈介祺辑,同治十一年拓本。

37.《缉古算经》一卷

唐王孝通,乾隆四十二年孔广森抄并校。

38.《野客丛书考证》三十卷,二册

萧应椿,稿本,两部,绿格,版心下"紫藤花馆"。

39.《东坡七集》

光绪三十四年至宣统元年端方刊本,陶子麟刊,饶星舫写,缪荃孙办,此本缪荃孙批校,"荃孙读过""炎之"印。

40.《翰林珠玉》六卷,四册

元虞集,道光顾沅艺海楼抄本,黄格,版心下"艺海楼"。

41.《思过斋杂体诗存》十二卷,一册,存卷一至六

清萧培元撰,稿本(汪世泽、简宗杰跋),红格,版心下"青云斋"。

42.《紫藤花斋稿》一卷,一册

萧应椿,清抄本,补勤氏批评并跋。应椿,培元子。其女适周叔弢,生子一良。陈锦,字昼卿,号补勤老人,同治间官山东济东泰武临候补道。

43.《鱼台马氏丛书》三十四种

清马邦玉、马邦举、马星翼撰,民国山东省图书馆抄本。

44.《文筌》

明周藩刊本。(余有文讨论之)。

45.《武定诗补抄》

清李贻隽辑,稿本。(余有文讨论之)。

46.《清初四家七言古诗选》

清田肇丽,版心印"忍冬书屋"。

47.《诗苑英华》

"泗水蒋氏六不草堂珍藏""蒋一和书画""孤云""六也馆"各印。

48.《白蕉词》

"镜塘读过""赢缩砚斋藏书"各印,庞镜塘。

49.《董解元西厢记》二卷

明黄嘉惠刻本。王筠批校。

50.《烟花债传奇》

"曾在黄县杜氏家""三馆书屋主人杜煜德明甫藏"各印。

51.《甕中天传奇》一卷

陈祖昭填词,朱凤毛评文,光绪朱鸿陆抄本。《中国戏曲通鉴》(王永宽编,中州古籍2008年):一卷十出,光绪己丑(十五)义乌朱凤毛序于寿昌学署之漱芳庐。又,"义乌朱凤毛竹青评文、吴县陈祖昭子宣填词"《镜重圆传奇》,光绪十八年手稿,郑振铎藏,归北图,光绪十八年俞樾序(门生)。

52.《陌人先生淮南子校正》二卷《陌人先生韩诗外传校正》一卷

清牟庭,民国齐鲁大学刁瑞义钞本。刁跋云:"从先生手校本录出。"

(此审山东省图书馆善本书目稿,随手录出之珍本也。偶有增补。

泽逊记于校经处。2015年4月5日)

"《永乐大典》存卷综合整理" 项目的规划与实施

编纂于明永乐初年的《永乐大典》，是我国古代最大的类书，因其巨大的篇幅、重要的学术价值和坎坷的流传经历而为世人熟知，已经成为中国传统文化的一个重要符号。近些年来随着新的《永乐大典》存卷不断被发现，学界乃至整个社会对《永乐大典》的关注度也在不断提升，而目前我们对于《永乐大典》存卷的整理和研究工作，还远远不能满足学界的需要和社会的期望。在目前国家大力提倡传承和弘扬优秀传统文化的背景下，利用学术研究的积累和技术手段的进步，深化和推进《永乐大典》存卷的整理与研究，不仅是必要的，而且是可行的。

《永乐大典》全书原本二万二千八百七十七卷（目录六十卷，共计二万二千九百三十七卷），一万一千零九十五册，约三亿七千万字，汇集古代图书达约八千种。遗憾的是，自问世以来《永乐大典》屡遭劫难，亡佚严重，正本已不存于世，副本及其抄本仅存四百三十六册，八百余卷。虽然目前所见《永乐大典》存卷仅有原本约4%的篇幅，但依然有着重要的学术价值。

《永乐大典》修纂之初，即确立了"凡书契以来，经、史、子、集百家之书，至于天文、地志、阴阳、医卜、僧道、技艺之言，备辑为一书"的编纂宗旨，因此所收书一反此前类书偏重儒家经典、史书文集的做法，尽可能地收录明初存世的各种文献，比较全面地反映了明初以前的思想文化、医药科技、宗教艺术和社会生活等各个方面内容。这些文献中有相当多已经完全亡佚，今人仅靠《永乐大典》的载录得以窥斑见豹。如清代《四库全书总目》所言："元以前佚文秘典，世所不传者，转赖其全部、全篇收入，得以排纂校订，复见于世。"《永乐大典》的辑佚价值自明代以来就得到了学者的充分重视。至于其中所收录的未亡佚的文献，《永乐大典》纂入时依据的多为当时公私所藏的宋元刻本或抄本，抄录时又"直取原文，未尝擅改片语"，很少轻易改动，因而在很大程度上保存了宋元旧本的面目，具有重要的校勘学价值。

学界对《永乐大典》的利用，自明代以来即陆续展开，而以清代雍、乾之际四库馆臣等官方主导的校雠、辑佚工作为高峰。据学术界统计，清代共从《永乐大典》中辑出佚书六百余种，其中不乏《旧五代史》《续资治通鉴长编》《宋会要辑稿》等至关重要的文献。近代以来，尤其是新中国成立以后，随着《永乐大典》存卷的集中保存和影印流通，相关辑佚工作也陆续进行，出现了《永乐大典方志辑佚》《永乐大典医书辑本》《四库辑本别集拾遗》等以《永乐大典》存卷为中心的专门性辑佚成果。除了辑佚、校勘工作之外，学界在《永乐大典》的残卷访求、书目索引和专题研究方面，也做了大量工作。近年来，以《永乐大典》为研究对象的博士学位论文即有多篇，甚至有学者提出了"《大典》学"的设想。

不过，目前关于《永乐大典》的整理和研究，还存在不少缺憾。作为基础性工作，我们目前还没有一部《永乐大典》存卷的当代标点校勘本面世。此外，对于《永乐大典》存卷所引文献的数量和价值，目前学界还缺乏精细的评估；相关文献的汇录、点校工作，目前仅涉及个别门类，大量珍贵文献尚待发掘整理；清代以来的辑佚本，在校勘范围、方法、体例上不尽完善；对存卷所引文献的内容和价值，也缺乏较为广泛、深入的研究。

当前，全面开展《永乐大典》存卷整理与研究工作的条件已经成熟。所有已知《永乐大典》存卷，基本已影印行世，或以电子版的形式公布；目前学界对《永乐大典》的研究，特别是对其体例和目录的了解，已经较为深入；关于《永乐大典》引书底本和校本的调查，也已经获得了前所未有的便利条件；古籍全文检索数据库等技术为《永乐大典》的整理工作提供了较为方便快捷的手段。对《永乐大典》存卷展开系统全面的校勘整理工作，已经能够提上日程。

党和国家高度重视《永乐大典》系统性的保护整理出版工作，将这项工作列为国家"十四五"规划纲要重点文化工程，中宣部和全国古籍整理出版规划领导小组对相关工作进行了统一部署和安排。在深入研究论证的基础上，2021年12月，全国哲学社会科学工作领导小组批准将"《永乐大典》存卷综合整理研究"设立为国家社会科学基金特别委托项目，由山东大学承担，杜泽逊教授具体负责。"《永乐大典》存卷综合整理研究"项目的主要目标是对《永乐大典》残卷进行全面标点、校勘整理，摸清《永乐大典》存卷引书的基本情况，对所引文献进行深入考察和专题研究，编纂索引并建立数据库，梳理总结前人关于《永乐大典》的研究成果，充分发掘和展现《永乐大典》的学术价值。

山东大学承担的"《永乐大典》存卷综合整理研究"项目的主要任务分四步进行：第一步是完成并出版《永乐大典》标点本；第二步是完成并出版《永乐大典》分书重编本；第三步是完成并出版《永乐大典》分书重编会校本；第四步是完成并出版《永乐大典》点校本。有关的分支课题还有：《永乐大典综合索引》《永乐大典引用书目提要》《永乐大典资料汇编》，将同步进行。

具体步骤如下：

一、作为分工标点整理的准备，首先完成《永乐大典》分书类编

《永乐大典》是一部庞大的类书，它对约八千种中国古籍进行了拆分重组，其目的是为了方便按韵查询文献资料。我们今天要进行标点，第一步是根据所引文献对《永乐大典》进行拆分重组，尽量使那些被拆散的古书恢复原貌，《周易》的归《周易》，天文的归天文，数学的归数学。在此基础上，组织相关学科专家分工对这些文献进行标点。标点之后，再将所引条目回归《永乐大典》，根据原抄录顺序进行排列，就可以形成《永乐大典》标点本。

二、完成《永乐大典》标点本

《永乐大典》现存八百余卷，标点工作将邀请各方面专业人员分工进行，完成后交付出版。《永乐大典》原书当时已经用圆圈做了断句，本次标点将主要参照当时的断句，改成现代通行的标点符

号。原断句存在错误，今予以审慎订正。对行文中的书名，增加书名号。鉴于《大典》特殊的辑佚、校勘功能，《永乐大典》标点本对《大典》原书的文字不作改动。标点本会大大方便《大典》的流通和使用，也将为《大典》的数字化创造有利条件。

三、完成《永乐大典》分书重编本

《永乐大典》的标点工作，只需要把被《永乐大典》拆散的书籍重归原书，就可以请专家标点了。但是属于一部书的各个条目，在原书中的先后顺序究竟如何，是很复杂的学术问题。例如《周易》，分为《周易注疏》(魏王弼注，唐孔颖达疏)、《周易本义》(宋朱熹撰)、《周易传》(宋程颐撰) 等多个文本系统，内部结构分为"王弼本""古本"等类型，这就需要确认被《永乐大典》割裂的《周易》条文，每一条究竟属于哪个系统；比如，同属于《周易注疏》的，也存在单疏本、八行本、十行本的不同，需要进一步分组、分书，然后再进行内部排序，形成"辑本"。这些"辑本"按照《四库全书》分类体系进行分类，就形成了《永乐大典》分书重编本。分书重编本对我们今天分学科利用《永乐大典》，会带来极大的便利。《永乐大典》分书重编本完成后，将另外出版。

四、完成《永乐大典》分书重编会校本

《永乐大典》是明朝初年编成的，采用的底本多是宋元时期的刻本和抄本。有些版本失传了，有些书籍也彻底失传了，明末以来从《永乐大典》钩辑出来的"佚书"成果数量可观。但是钩辑过程中所产生的讹误、遗漏，甚至篡改，还需要根据其他典籍加以校补，因此辑本和《大典》原书可能产生种种分歧，需要进行复核，

把分歧写入校勘记。同时，对辑本改正补充《大典》引文的讹误、疏漏等贡献，也要予以吸收。对于仍然流传于世的书籍，由于《永乐大典》采用的底本是宋元古本，对今天我们看到的版本可能有订正、补缺的作用，同样需要加以校勘，为今本提出订正、补缺的意见。这些订正、补缺的意见，作为注释，附在相应的篇目、段落之下，《永乐大典》原文则不予更改。这样既保持了《永乐大典》原貌，又提供了可以参考的订正、补缺的线索，对我们全面准确地利用好《永乐大典》这一文化资源，具有重要意义，同时也可以彰显古籍整理在新时代的贡献。《永乐大典》分书重编会校本将单独出版。

五、完成《永乐大典》点校本

《永乐大典》标点本和《永乐大典》分书重编会校本合并，并按照《永乐大典》原顺序排列，形成标点、校勘合一的《永乐大典》点校本，作为"《永乐大典》存卷综合整理"的最终成果交付出版。

六、完成《永乐大典综合索引》

《永乐大典》蕴含着丰富的中国文化信息，查找这些信息需要专题索引，其中最重要的专题是：人名、书名、地名、官名。这四项索引的编制，需要通读《永乐大典》800余卷，从中挑选出相应的索引条目。这项工作具有很强的专业性。完成后将单独出版。

七、完成《永乐大典引用书目提要》

《永乐大典》存卷征引中国典籍2000多种。这2000多种典籍到底包含哪些书，需要有一个充分的调查，列出详细书名、著者等信息。另外对这些书的撰者生平、内容要旨、学术评价、目录著录、版本和存佚情况等，都需要逐一调查整理，汇编形成《永乐大典引用书目提要》。《提要》将单独出版。

八、完成《永乐大典资料汇编》

有关《永乐大典》的资料，主要包括两大部分。一是与《永乐大典》编纂、流散、移交、回归等有关的记录，这些材料往往见于档案、实录、公文、笔记等文献中。二是研究性的学术论著，包括单行本的专书著作中的专章及期刊、论文集论文，等等。对这些资料进行全面搜集汇编，形成《永乐大典资料汇编》后，将单独出版。

在项目进行过程中，项目研究人员所发表的与《永乐大典》有关的论文，将汇编出版《永乐大典研究》一书，供学术界参考。

《永乐大典》存卷综合整理，是一项复杂而艰巨的任务。山东大学提出了完成这一任务的工作方案，得到古籍规划领导小组的肯定。经古籍规划领导小组办公室提议，2020年10月6日山东大学文学院邀请专家召开了线上讨论会，复旦大学陈尚君教授担任专家组组长，主持讨论。专家组成员有中华书局徐俊总经理、北京大学漆永祥教授、南京大学武秀成教授、南京师范大学王锷教授、福建师范大学李小荣教授、北京师范大学张升教授。各位专家分工审阅了山东大学的论证书，听取了杜泽逊教授的规划汇报，提出了建设性的修改完善意见，形成了专家组决议，一致通过"《永乐大典》存卷综合整理与研究"论证方案。2021年4月15日，古籍规划领导小组办公室召开了"《永乐大典》、敦煌文献系统性保护整理出版工程"学术委员会工作会议,会议由学术委员会主任安平秋教授主持。与会专家对"《永乐大典》存卷综合整理"论证方案作了进一步讨论,充分肯定了山东大学的论证方案。

《永乐大典》存卷综合整理工作具有较强的系统性,其中的"分书重编会校"方案受到专家肯定,认为"是有创意的新思路",对类书文献整理的范式有拓展。这项工作是《永乐大典》系统性保护整理出版工程的一个组成部分,将在全国古籍整理出版规划领导小组的领导下,与数字化、综合研究等其他工作协同开展。

目前,"《永乐大典》存卷综合整理"已完成了论证、立项,山东大学领导予以高度重视,专门成立了项目工作组、学术专家组,为项目的开展提供资金、用房、设施、人员等方面的特殊支持,主要图书资料已大体配备齐全,八个子课题的十六位负责人及参与工作的团队成员已经到位。《永乐大典索引》已经全部录入电子表格,《永乐大典》全套彩色复印工作正在进行。对《永乐大典》残卷引用的《周易》《尚书》《诗经》《周礼》《仪礼》及中医药文献等,进行了个案彻查和分析,形成了若干研究报告,有的已正式发表,引起了专家的高度关注,为全书的标点整理工作积累了有益的经验,对实施方案的细化起到了关键作用。目前,分书重编工作已经开始。该项工作从筹备到开工,得到了中华书局、国家图书馆出版社等单位的大力支持,学术界的专家也给予了多方指导和鼓励,在此深表感谢。

2022 年 1 月 18 日

附：《永乐大典》存卷综合整理研究项目论证报告

感谢各位专家抽出宝贵的时间参加《永乐大典》存卷综合整理研究项目论证报告专家审议会。感谢陈尚君先生、徐俊先生、武秀成先生、漆永祥先生、王锷先生、李小荣先生、张升先生等各位专家。

《永乐大典》存卷综合整理研究项目的由来：2014年12月习总书记向澳门大学赠送了国家图书馆出版社原大影印《永乐大典》一套。受到各方面的好评。这件事引起总书记对《永乐大典》的关注。

2020年6月下旬，全国古籍整理出版规划领导小组办公室来信征求意见，问"《永乐大典》是否还有文章可做"。杜泽逊随即提出"《永乐大典》宜作系统整理"，提出系统整理的五项任务：

（一）高清影印全本；

（二）全部加现代汉语标点符号。出版繁体字竖排版本；

（三）繁体字竖排整理本，应作校勘记。利用传世宋元明版书籍校勘《大典》引文，形成校勘记，附在每个字头内容之后。但不改《大典》文字；

（四）编制专题索引，包括书名、篇名、人名、地名、专有名词等。单独出版《永乐大典综合索引》（已经出版过《永乐大典引书索引》）。条目下注明影印本页码和整理本页码；

（五）根据整理本制作《永乐大典》全文检索及主题检索数据库，

呈现方式是原文图像与检索版逐页对照。（6月23日夜）

古籍办根据征集来的各方面的意见起草了一份报告《关于〈永乐大典〉征集保护与系统整理出版工作的报告》。7月27日，中央领导同志作了"关于做好《永乐大典》征集保护和整理出版工作的批示"。有关领导王沪宁、孙春兰、黄坤明也做了批示，要求落实领导同志批示精神，统筹考虑，拿出方案。9月16日，中宣部出版局召集有关部门负责人参加的"《永乐大典》工作专题会"，传达批示精神，要求落实，拿出方案。《永乐大典》征集保护和系统整理出版工作确定为国家文化工程。山东大学王琪珑副校长和杜泽逊教授应邀参加会议，具体任务是承担《永乐大典》存卷的系统整理工作。在这之前的7月4日，古籍办转来关于《永乐大典》校勘工作的专家意见，对校勘工作存在不同的看法，委托杜泽逊对校勘工作进行论证。8月27日，又接到古籍办布置，要求全面论证《永乐大典》存卷系统整理工作。杜泽逊先后组织十六位专业人员对《永乐大典》进行了一个多月的调查研究和实验性试整理。

在调查研究的过程中，杜泽逊提出了一种整理思路——"《永乐大典》存卷分书重编会校"。具体办法就是把《永乐大典》存世的部分所引用的典籍逐条拆分，编号，然后各归其书，形成一部按《四库全书》分类的丛书。这样有利于分工整理。整理的任务也就明确了：一是对存世的典籍进行校勘，只写校勘记，不改《大典》原文，供学者参考。二是对有辑本的典籍进行校勘，主要是拿辑本和《大典》对校，发现异文写成校勘记；发现漏辑写成"补辑"。三是对没有辑本的佚书进行辑佚，形成辑本。形成一个成果《永乐大典存卷分书重编会校》，分为经部、史部、子部、集部四个部分。

为了更好地呈现《永乐大典》原书的整理校勘成果，计划把《分书重编会校》按照最初的引书条目编号回复《永乐大典》原位，就形成了按照《永乐大典》原样整理的带校勘记的文本《永乐大典会校》。这两个成果各有其用，各自出版。至于《永乐大典》作为史料库的功用的发挥，计划编制《永乐大典书名篇名人名地名官名专题索引》，一方面可以单独出版，另一方面可以完善《永乐大典》数据库的专题检索功能。为了更好地清理《永乐大典》引书情况，设立《永乐大典引书目录提要》子课题。为了了解《永乐大典》研究历史，指导今后的研究，设立《永乐大典研究文献目录及资料汇编》子课题。这样山大方面根据调查研究的成果，提出"《永乐大典》综合整理方案"，共分为八个子课题：

一、《永乐大典存卷分书重编会校》（经部）

对《大典》存卷所录经部文献进行分书重编会校工作，形成准确的校勘记，全文施加现代汉语标点，完成《大典》经部文献整理汇编工作。江曦副教授（山大儒学高等研究院古典文献研究所）、韩悦讲师（山东师范大学文学院古籍所）为负责人。

二、《永乐大典存卷分书重编会校》（史部）

对《大典》存卷所录史部文献进行分书重编会校工作，形成准确的校勘记，全文施加现代汉语标点，完成《大典》史部文献整理汇编工作。何朝晖教授（山大儒学高等研究院古典文献研究所博士生导师）、姚文昌博士后（山大文学院特别资助博士后）为负责人。

三、《永乐大典存卷分书重编会校》(子部)

对《大典》存卷所录子部文献进行分书重编会校工作,形成准确的校勘记,全文施加现代汉语标点,完成《大典》子部文献整理汇编工作。孙齐副研究员(山大儒学高等研究院《文史哲》编辑部)、张鹏副研究员(山大文学院文献学教研室)为负责人。

四、《永乐大典存卷分书重编会校》(集部)

对《大典》存卷所录集部文献进行分书重编会校工作,形成准确的校勘记,全文施加现代汉语标点,完成《大典》集部文献整理汇编工作。李振聚研究员(山大文学院文献学教研室)、吴娟博士(北京大学中文系)为负责人。

五、《永乐大典存卷会校》

目标是出版现代标点、加校勘记的繁体字排印本《永乐大典存卷会校》,配合高清影印本,形成最便于学界利用的权威整理本。杜泽逊教授(山大文学院文献学教研室)、杜以恒博士(北京大学中文系)为负责人。

六、《永乐大典书名人名地名官名专题索引》

针对《永乐大典》存卷点校本中所出现的书名(包括简称、别称、同书异名、异书同名)、篇名、人名(包括字、号、室名、别称)、地名(包括名胜古迹地名的别称等)、官名(包括官名的俗称等)等专有名词,编制专业索引。程远芬教授(齐鲁师范学院文学院古代文学教研室）、孙欣婷讲师（济南大学文学院）为负责人。

七、《永乐大典引书目录提要》

对现存《永乐大典》所引每一种书籍撰写专题提要，按经、史、子、集分类编排，最终形成解题式书目著作。徐泳研究馆员（山东省图书馆）、刘尚博士（山大儒学高等研究院古籍所）为负责人。

八、《永乐大典》研究文献目录及资料汇编

全面搜集并汇编关于《永乐大典》的影印、影抄、排印本目录，《永乐大典》所辑文献目录，《大典》存藏目录、辑佚目录，中文研究论著目录等，并选择有代表性、学术价值较大及在《大典》研究史上具有重要地位的文献，编纂成研究资料汇编。王晓静讲师（山大儒学高等研究院古典文献研究所）、马清源副研究馆员（山东省图书馆历史文献部）为负责人。

我们的《永乐大典存卷综合整理研究项目论证报告》报到古籍规划办。古籍规划办要求山大方面召开一个专家会议，对《论证报告》进行审议，提出修改意见，形成一个专家组意见。项目组把修改后的《论证报告》连同专家组意见再上报古籍规划办。这就是今天请各位专家开这个会议的缘由。请各位专家提出宝贵的批评意见。

杜泽逊

2020 年 10 月 6 日

对高校古籍整理研究工作的几点建议

尊敬的郝平主任、王博常务副主任、卢伟秘书长,各位评审委员、古委会同事们:上午好!

4月11日中央电视台、新华社发布了中共中央办公厅、国务院办公厅印发的《关于推进新时代古籍工作的意见》。在学习了两办印发的这份《意见》之后,我应邀为《光明日报》写了一篇学习体会《古籍事业迎来新的发展机遇》(见《光明日报》4月15日第7版),还应邀为新华社《瞭望》周刊写了解读文章《如何做好新时代古籍工作》(见《瞭望》2022年4月23日),浏览量超过55万。"古籍事业迎来新的发展机遇"这句话来自《关于推进新时代古籍工作的意见》第一段,我认为这句话实事求是地指出了在中华民族伟大复兴的战略布局中,我国古籍事业的战略定位。既然是个机遇,那当然是大好事,于国于民于我们古委会于我们古籍工作者个人都是大好事。响应中央号召,抓住大好机遇,把古籍事业办好,为中华民族复兴大业做出应有的贡献，对我们古委会和我们古籍工作者来说，是义不容辞的职责。换句话说，干不好，就是没尽责。

应当看到，新中国古籍事业做出了巨大成绩。1958年国务院科学规划委员会成立古籍整理出版规划小组。"文革"中停顿，1981年恢复。1981年中共中央下发《中共中央关于整理我国古籍的指示》。1983年教育部成立全国高校古籍整理研究工作委员会。2007年"国家古籍保护中心"成立。从古籍收藏保护，到古籍整理研究，到古籍出版，都有国家部门专门领导，这是其他行业很少见的局面。随着古籍事业不断发展，在国家整体实力不断增强的形势下，古籍事业从机制到整理的布局、整理的质量都面临更上一层楼的任务，否则就要落后于时代了。而要做好这项任务，决不是开开会、学学文件、做做计划，那么简单，需要继续加强领导、提升古籍专家队伍的素养、培养古籍事业的接班人、改善古籍工作的条件。在这些方面，高校古委会已经做出了巨大成绩，值此古委会换届之际，首先向古委会老领导安平秋先生、杨忠先生、曹亦冰先生及老专家章培恒先生、周勋初先生、董治安先生等致以崇高的敬礼。我就是1985年第一届古籍整理研究生班山东大学古籍所研究生班的学生，是古委会培养的第一批学生，没有古委会，就没有我现在的工作。从我的切身体会看，古籍事业要由国家来抓，它是一项专业性很强的工作，靠自由自主开展工作，力度远远不够。现在古委会换届了，由郝平校长担任主任，王博副校长担任常务副主任，卢伟同志任秘书长，我们山东大学对教育部的这一安排坚决拥护，对三位新领导表示热烈祝贺，希望在三位领导的指挥下，贯彻两办《意见》的精神，作出新的更大贡献。借此机会，提出几点工作建议：

第一，编制未来五至十年的《教育部古籍整理规划》。把各高校正在从事的各类古籍项目和准备要做的古籍项目纳入《规划》。一者看看大家在做什么项目、想做什么项目，同时也明确未来五到十年的工作，有个清单。这对各高校加强古籍整理管理工作具有一定的指导意义，对从事古籍项目的专家也是一种激励。

第二，编制《2022年古籍整理工作者名录》。以前曹亦冰老师主编的《高校古籍整理研究学者名录》非常好，包括我导师王绍曾先生，他的履历我也作为标准表达，因为那是王先生自己写的。古籍工作人才队伍是动态的，并且是发展的，有必要再编一本《名录》，把高校古籍所的和相关院系的例如历史、哲学史、经济史、科技史、法制史、中医药史等方面的古籍人才都收进来。让各高校古籍部门或者社科处牵头，提供人物词条，古委会组织一个小班子统一体例，再下发清样，让当事人或者单位确认一下，就可以出版了。

第三，设立教育部古籍整理成果奖，等同于教育部"高校科研优秀成果奖（人文社会科学）"。评选的年度安排与教育部科研优秀成果奖保持一致。

第四，鼓励古籍专业的本科生、硕士生、博士生以古籍整理成果加上学术性前言，作为毕业论文。这有利于培养古籍整理人才，也可以纠正重论文、轻整理的偏向。

2022年4月24日起草

（本文是为教育部全国高校古籍整理研究工作委员会落实《关于推进新时代古籍工作的意见》座谈会起草的书面发言）

统筹布局 提高质量 面向未来
——学习《关于推进新时代古籍工作的意见》的体会

4月11日,中央电视台、新华社发布了中办、国办印发的《关于推进新时代古籍工作的意见》,经过认真学习,我体会这份《意见》的主要精神是:"统筹布局""提高古籍工作质量""面向未来"。

一、统筹布局

《关于推进新时代古籍工作的意见》指出:"坚持统筹布局,加强顶层设计和规划部署,确保古籍工作协调衔接、一体推进。"又指出:"坚持和加强党的全面领导,健全党委领导、部门分工负责、社会协同推进的工作体制机制。"又明确指出:"全国古籍整理出版规划领导小组履行全国古籍工作统筹协调职责,负责制定实施国家古籍工作中长期规划,统筹抢救保护、整理研究、编辑出版以及古籍数字化、古籍普及推广、古籍人才培养等工作，推进古籍重大项目，组织古籍工作督查考评。"同时要求："加强省级古籍工作的统一领导与组织协调。"总之，这份《意见》明确了古籍工作的体制机制，那就是要统筹布局，把古籍抢救保护、古籍整理研究、古籍出版以及数字化、普及推广、人才培养等工作"协调衔接，一体推进"，"统筹布局"。而总负责统筹规划实施的机构是全国古籍整理出版规划领导小组。

　　古籍事业为什么存在"协调衔接，一体推进"呢？古籍事业存在几个环节：第一个环节是古籍收藏保护。主要业务在文化旅游部下属的公共图书馆，国家文物局下属的公共博物馆，教育部下属的高校图书馆，政府直接管理的科学院、社科院系统图书馆，国家宗教局、国家民委等下属单位的图书馆，国家新闻出版署下属的出版社图书馆，政府部门内部图书馆等古籍收藏保护单位。这些收藏单位约有一千家，其主要任务是收藏保护并为专业人员提供阅览复制等服务。他们当中出了很多一流专家，如缪荃孙、柳诒徵、赵万里、徐森玉、顾廷龙、张宗祥、王献唐、王重民、冀淑英等，编著了一流的古籍整理研究成果，如《中国丛书综录》《中国版刻图录》《中国古籍善本书目》等。但是古籍收藏单位的重要任务是为古籍整理研究人员提供古籍阅读、复制的服务。因此，古籍收藏单位居于古籍工作的上游。第二个环节是古籍整理研究，主要专业人员在高校、社科院及其他专业部门。其任务是对古籍进行标点、校勘、注释、今译、外译、数字化、撰写研究报告。该环节是古籍工作的关键环节，但要仰赖古籍收藏单位提供阅览、复制便利。整理研究环节，大体属于古籍事业的中游。第三个环节是出版。业务属于国家中宣部、新闻出版署下属的各出版社、大学出版社。出版社既要由专家充任编辑,又要有优秀的印刷、发行部门与之配合。数字化工作主要由收藏单位负责图像数字化、出版单位负责整理成果数字化,不再单列。出版环节属于古籍事业的下游。出版界也参与整理研究,甚至出现了不少一流专家,如张元济、叶圣陶、傅璇琮等先生。

从上面的情况来看,古籍事业以收藏保护系统为上游,整理研究系统为中游,出版发行系统为下游。三者的关系是连锁性的。收藏保护系统提供版本材料,整理研究系统予以学术性整理研究,出版发行系统予以合乎水平的出版推广。没有上游,长江就要干涸;没有下游,长江不能入海;没有中游,等于直肠子,完全不消化。上、中、下游三个大的系统隶属于不同的上级主管部门,部门之间假如在政策上、管理上相互协调,那么国家古籍工作就会顺畅。假如协调不好,则不可避免地会出现各种障碍。珍贵的版本如何可以在合法合规、合情合理的前提下顺利提供给广大整理研究者?这些整理研究者除了专门从事该项工作的以外,还有一个不可忽视的爱好者队伍,其中不乏高水平专家。古籍整理研究成果,在达到学术标准之后,如何克服因销售量不大而带来的困难,从而顺利出版?出版物如何在遵守版权法、著作权法的前提下,顺利数字化?应当说,所有环节都有合理合法的诉求。这些诉求应当受到尊重,在此基础上,达成共识,这个共识就是:为中华优秀传统文化传承创新,为中华文化复兴而共同努力。这次中办、国办印发《关于推进新时代古籍事业的意见》,我体会是非常及时的,是时代的呼唤,是现实的需要。衷心希望中办、国办带领有关部门召开协调会,制订一个落实任务的文件,通过充分调查研究,逐项妥善解决存在的问题,真正实现《意见》提出的"确保古籍工作协调衔接、一体推进"。

《意见》提出"统筹好古籍文物属性与文献属性的关系"。这是兼顾古籍保护与古籍使用的科学思路。古籍原件具有文物价值,不可再生,作为珍贵的祖国文化遗产,当然应好好保护,不能有丝毫的人为损害。但书籍承载着文字材料,先民历史和智慧蕴藏其中,是认识历史,建设新文化的"活水源头",因此要用妥善办法让书中的内容活起来。第一步拍照或用特殊扫描仪扫描,变成高清彩色电子版。原件保存起来。内容可以挂在网上,或者影印出版。再加标点、校勘、注释、今译,并且开发全文检索、主题检索数字资源库。《意见》提出"合理利用""促进古籍有效利用",都是就"文献属性"而言的。

回顾1949年中华人民共和国成立以来新中国的古籍事业,可以发现国家古籍事业是由古籍小组主导的。1958年2月,国务院科学规划委员会在北京召开古籍整理出版规划小组成立大会。时任文化部副部长的齐燕铭同志担任小组组长。小组确定了《整理和出版古籍计划草案》,分文学、历史、哲学三部分。"文革"中小组工作停顿。1981年,国务院下发关于恢复古籍整理出版规划小组的通知,由李一氓同志任组长,周林、王子野任副组长,制定了《古籍整理出版规划(1982—1990)》。以后历次古籍规划均由古籍小组制定。

1983年教育部全国高等院校古籍整理研究工作委员会(简称"古委会")成立,国务院古籍小组副组长周林同志任古委会主任。1996年,长期担任古委会秘书长的安平秋教授担任古委会主任。由于古籍整理研究的主要专家队伍在高校，所以古委会的主要工作是领导全国高校的古籍整理研究工作。

2007年5月15日中央机构编制委员会办公室批准国家图书馆加挂"国家古籍保护中心"牌子，5月25日国家古籍保护中心正式挂牌成立。国家图书馆党委书记、馆长詹福瑞教授任古籍保护中心主任。国家古籍保护中心领导了全国古籍普查保护工作（包括文化部下属的公共图书馆、国家文物局下属的博物馆、教育部下属的高校图书馆、国家宗教局下属的寺庙图书馆收藏等）。

不难看出，改革开放以来，随着文化学术事业的全面发展和国力的不断增强，我国的古籍事业也在迅速发展。根据实际情况和工作需要，高校成立了古委会，图书馆系统成立了国家古籍保护中心，有力推动了古籍事业向前发展，取得了丰硕成果，为中华优秀传统文化的继承、弘扬做出了重大贡献。同时也培养了大批古籍专业队伍，形成了较好的管理制度，为古籍事业的长远发展储备了人才，积累了经验。

正如《关于推进新时代古籍工作的意见》指出的："党的十八大以来，以习近平同志为核心的党中央站在实现中华民族伟大复兴的战略高度，对传承和弘扬中华优秀传统文化作出一系列重大决策部署，古籍事业迎来新的发展机遇。""古籍工作在传承和弘扬中华优秀传统文化中的地位更为凸显"。在这种大好形势下，如何使"古籍工作体制机制更加完善"，"工作水平有效提升"，就提到议事日程上来。统筹布局，是进一步推动国家古籍事业发展繁荣的重要举措。

从历史上看，中国文化长期呈现多元性特征，而对大国多元文化进行有效整合,从而统一文化价值观,以便于赓续文化传统,凝练文化精髓,弘扬民族精神,并不断进行创造性转化、创新性发展,是一个重要规律。而这种整合统一工作,总体上是由政府主导的。诗歌,由采诗之官采集,整合成《诗经》,帝王的诰、誓、典、谟整合成《尚书》,礼仪整合成《仪礼》,官制整合成《周礼》,《周易》古经实际上是上层社会占卜文件的整合。到了秦统一中国前,诸子百家学说由秦国丞相吕不韦整合为《吕氏春秋》,而汉统一后又被淮南王刘安整合成《淮南子》,百家之史由司马迁整合为《史记》。唐朝初年,南北统一,孔颖达奉敕整合经典的注释为《五经正义》。北宋初年,《太平御览》一千卷、《册府元龟》一千卷、《文苑英华》一千卷、《太平广记》五百卷,明代《永乐大典》二万余卷,清代《四库全书》近八万卷,历代累积而成的《十三经注疏》《二十四史》《全唐诗》《全唐文》《全宋诗》《全宋文》等,无一不是由国家主导进行整合的。"书同文,车同轨",这就是我国的文化传统,也是"大一统"思想在文化上的体现。中华民族的伟大复兴,是全中国人民的意愿,也是奋斗的目标,与之匹配或者说提供支撑的必然是中华文化的伟大复兴。毫无疑问,古籍事业在中华文化伟大复兴中,扮演着中流砥柱的角色,它是文化根脉所在,是活水源头所在。因此,古籍事业由国家统筹布局,不仅是现实的需求、历史的必然,而且是面向未来的文化方略。

二、提高质量

古籍保护、古籍整理、古籍出版、古籍数字化、古籍普及推广、古籍国际化，无一不呼唤精品，文化强国的标准是一大二精，或者说体大思精。大国有大文化，这是公认的知识。但是大文化又要得其精微，则是一部分人的见识。习近平总书记2016年5月《在哲学社会科学工作座谈会上的讲话》中指出："一个没有发达的自然科学的国家不可能走在世界前列，一个没有繁荣的哲学社会科学的国家也不可能走在世界前列。"同时指出："总的看，我国哲学社会科学还处于有数量缺质量，有专家缺大师的状况。"古籍事业是我国哲学社会科学的组成部分，而且古籍中蕴含的中华优秀传统文化是构建新时代中国特色哲学社会科学的"活水源头"，如何在新时代把古籍事业推到一个有质量、出大师的高度，显然是当前的关键任务。

《意见》提出："加强传世文献系统性整理出版"，"推进基础古籍深度整理出版"。主要是针对古籍整理提高水平而言的，非常及时。在相当一个历史阶段，古书急需断句本，例如民国年间商务印书馆出版了大套丛书《丛书集成初编》，其中大部分加了断句，需要加断句的地方都是一个圆点。再如1965年中华书局影印《四库全书总目》上下册精装本，请王伯祥先生加了句读，断句符号是圈和点。当然近百年来，也出现了古籍整理精品，如中华书局标点本《二十四史》、杨伯峻《春秋左传注》等。但还远远不能满足当代需求。这就需要有计划地对传世骨干典籍作精细的深度整理。第一届宋云彬古籍奖获奖的有三部成果：《史记》点校修订本（顾颉刚等标点，赵生群等修订，中华书局出版）、《杜甫全集校注》（萧涤非主编，人民文学出版社出版）、《长沙马王堆汉墓简帛集成》（裘锡圭主编，中华书局出版）。前二者偏重于"深度整理",后者偏重于"系统性整理"。这类整理具有三个目标:一、整理对象属于传世或出土顶级典籍文献;二、集学术界已有成果之大成;三、整理者水平较高,成果达到新的高水平,代表当代最新水平。这是古籍事业发展到一定历史阶段的必然要求。《意见》及时提出这一要求,可以说明确了新时代古籍事业的历史使命。

古籍整理,难度大,周期长,显示度低。一部《史记》,历史上经过很多人整理、钞写、刊刻、注释、研究。宋代以后通行的是南朝宋裴骃集解、唐司马贞索隐、唐张守节正义合一的"三家注"本。1959年在毛主席、周总理指示下,中华书局组织校勘标点"二十四史",《史记》是顾颉刚先生等整理的。2007年中华书局组织点校本"二十四史"修订工程,赵生群先生主持《史记》修订工作,2013年正式出版,获得第一届宋云彬古籍整理奖、教育部优秀成果一等奖,充分证明了《史记》整理成果是一流学术成果,其荣誉也不可谓不高。但是《史记》的著者永远是司马迁。许多人不了解《史记》整理的学术难度和工作的艰苦卓绝,对古籍整理的学术贡献认识不足,评价不高,甚至有的单位学术评价体系中对古籍点校不予承认。在这种情况下,中办、国办印发《关于推进新时代古籍工作的意见》,明确指出:"做好古籍工作,把祖国宝贵的文化遗产保护好、传承好、发展好,对赓续中华文脉、弘扬民族精神、增强国家文化软实力、建设社会主义文化强国具有重要意义。"特别强调:"健全评价机制,科学评价古籍工作质量,完善古籍工作成果评价办法,加强古籍优秀成果评选推荐工作。职称评定、评奖推优、科研成果认定、效益评估等政策要向古籍工作人员倾斜。"这就明确了古籍整理出版成果的特殊性和特殊评价的机制,相信随着国家古籍工作评价体系的出台,古籍整理成果的科学评价问题就可以迎刃而解了,从而为古籍队伍的稳定、古籍人才的培养铺平道路。科学评价古籍成果,最直接的作用是对古籍成果从科学角度分出三六九等,让那些学术难度大、周期长、具有重大文化意义的古籍成果得到应有的尊重,从而引领古籍工作方向,长期坚持,就可以缓解"有专家缺大师"的局面。我们可以发现,国学大师大都是古籍专家,杨守敬、罗振玉、王国维、张元济、鲁迅、郭沫若、黄侃、曾运乾、屈万里、顾颉刚、郑振铎、汤用彤、陈垣、范文澜、夏承焘、赵万里、钱锺书、杨明照、杨伯峻、王利器、顾廷龙、王仲荦、唐长孺、周祖谟、高亨、萧涤非、启功、沈文倬、胡道静、唐圭璋、周绍良、黄永年、傅璇琮等,都是在国家动荡中诞生的杰出的古籍专家。今天的条件,政治稳定,经济繁荣,大学林立,公共图书馆和大学图书馆集中了大部分古籍版本,数字化、国际化为我们带来了获取古籍版本资源的空前方便,古籍数据库的开发为我们提供了查核古籍字、词、句、篇的便捷工具,像季羡林先生为了写《糖史》而成年累月跑北大图书馆翻《四库全书》、杨明照先生为校勘《文心雕龙》而到北大图书馆翻检旧抄本晏殊《类要》、李先耕先生为整理方玉润《诗经原始》而在北海图书馆喝水龙头凉水,这样的事情不会再发生了。难得一见的孤本《周礼疏》日本旧抄本可以在京都大学人文科学研究所网站上看全部高清彩图,无数地方志可以在国家图书馆网站下载,美国国会图书馆把一百多册《永乐大典》高清彩图挂在网站。我们究竟有什么理由不出大师、不出精品呢?这是我们古籍工作者和领导者、管理者不得不思考的尖锐问题。《关于推进新时代古籍工作的意见》明确提出："提高古籍工作质量""提升古籍整理研究和编辑出版能力""加强传世文献系统性整理出版""推进基础古籍深度整理出版""深化古籍整理基础理论研究"。这些无不指向一个目标：提高质量。这的确是《意见》的一个重要指向，有着深刻的针对性。

三、面向未来

　　1981年9月中共中央书记处会议讨论并同意陈云同志关于古籍整理工作的谈话要点，把这个要点改写成《中共中央关于整理我国古籍的指示》(中共中央〔1981〕37号文件)，于9月17日下发全党。《指示》指出："把祖国宝贵的文化遗产继承下来，是一项十分重要的、关系到子孙后代的工作。"这次中办、国办印发的《关于推进新时代古籍工作的意见》明确指出："促进古籍事业发展，为实现中华民族伟大复兴提供精神力量。"强调："始终把社会效益放在首位""坚持守正创新，古为今用、推陈出新，服务当代、面向未来"。这个"面向未来"呼应了《指示》中所说的"关系到子孙后代"。我们可以看到，西汉刘向、刘歆父子奉旨整理的《楚辞》《战国策》《荀子》《管子》《山海经》《孙子兵法》，东汉郑玄注释的《毛诗》《周礼》《仪礼》《礼记》，唐代孔颖达奉旨撰修的《五经正义》，清代武英殿校刻的《十三经注疏》《二十四史》、阮元主持校刻的《十三经注疏》附《校勘记》、孙怡让《周礼正义》、王先谦《汉书补注》，二十世纪以来高亨的《周易古经今注》《周易大传今注》、曾运乾的《尚书正读》、杨伯峻的《春秋左传注》、钱锺书的《宋诗选注》、赵万里、冀淑英《中国版刻图录》、中华书局组织点校的《二十四史》《资治通鉴》等，都是长期被学术界肯定的古籍整理成果。历史是一面镜子，什么样的古籍成果可以传给子孙后代呢？什么样的成果可以垂之久远呢？又是什么成果可以真正成为古籍数字化甚至古籍外译的可靠底本呢？我们发现杨绛先生翻译《唐吉诃德》，在底本选择上反复对比不同版本，并参考已有的研究成果，确定以马林的编注本为底本进行翻译。这也给我们以启发：文献整理在版本选择上国际上有相似的标准，原始性、准确性、高水平注释，大体是绕不开的标准。由此出发而产生的新时期的整理出版本，或者翻译本、数字版，就会受到信赖。而这一境界的取得，有赖于丰富的古籍知识和渊博的学问。所谓"面向未来"，首先需要考虑的还是高水平古籍人才队伍的培养和优良传统的建立，这是我们贯彻落实中办、国办《关于推进新时代古籍工作的意见》应当特别重视的从长远出发的一项关键工作。2022年4月13日。

（本文后刊发于《瞭望》周刊，2022年4月23日，题为《如何做好新时代古籍工作》，刊发时有修订，此据原稿）

日本收藏经典古本举要

侯荣川先生邀我参加这个东亚汉籍收藏研究及整理出版研讨会,非常荣幸。但是我对海外汉籍的认识流于表面,而且见闻很少,这里汇报的是我们从事《十三经注疏汇校》工作中用到的几种日本藏中国善本。

1.《周易注疏》十三卷,魏王弼、晋韩康伯注,唐孔颖达疏,南宋两浙东路茶盐司刻本。日本足利学校藏。这部八行本较为完整,每卷末有陆游之子陆子遹读书题记,并云移录其父圈点,当然是宋代印刷的。这是一部非常珍贵的《周易》古本。日本山井鼎、物观《七经孟子考文补遗》的《周易》部分,采为主要校本。1973年日本足利学校遗迹图书馆后援会、日本东京汲古书院影印,我国郭彧先生曾个人据以影印,2014年上海古籍出版社又影印,书眉加郭彧校勘记,流传较广。中国国家图书馆藏一部,版本同,但为宋元递修本,较足利本印刷晚,而且缺第一卷,清代陈鱣据钱求赤抄本补刻配齐（陈氏又加入卷前长孙无忌表、孔颖达《正义序》、八论为卷首，乃八行本所原无，陈氏以意抄补），《古逸丛书三编》据以影印。相比之下，足利本内容全，印刷在宋代，一般认为优于国图本。《周易注疏》的存世版本最重要的是南宋国子监刊单疏本、南宋两浙东路茶盐司刊八行本。单疏本徐坊、傅增湘递藏，现藏中国国家图书馆，傅增湘曾用珂罗版影印，现已有多个影印本。另有一个元刊十行本《周易兼义》，刘承幹旧藏，现归美国柏克莱加州大学东亚图书馆。那个本子是阮元刻本系统的祖本，但印刷太晚，版面漫漶，许多地方看不清是什么字。2014 年中华书局影印，收入《柏克莱加州大学东亚图书馆藏宋元珍本丛刊》。经过校勘，可以发现，讹误最少的还是宋刊单疏本、宋刊八行本。而宋刊八行本包含经文、注文、疏文三项内容，单疏本仅仅有疏文，无经文、注文。可见宋刊八行本是经注疏合刻本排名第一的善本。

2.《尚书正义》二十卷，题汉孔安国传，唐孔颖达疏，南宋两浙东路茶盐司刻本。日本足利学校藏。宋刊八行本《尚书正义》存世两部，一部完整，藏日本足利学校，山井鼎、物观《七经孟子考文补遗》采为主要校本。另一部原藏日本大阪私人手中，杨守敬往返多趟才购买成功，带回中国，现藏中国国家图书馆。杨守敬买回来的这一部与足利本同版，但印刷早于足利本，可惜缺四卷（卷七、卷八、卷十九、卷二十），日本人影抄配补。足利本全，日本弘化四年（1847）熊本藩时习馆曾据影抄足利本刻印过，而杨守敬购归中国的那一部缺卷影抄配补的依据是熊本藩刻本（据日本学者的研究）。杨守敬购归的这一部在国内有中华书局影印本，《古逸丛书三编》之一，以后又有若干影印本。日本足利那一部则于 2021

年由北京大学出版社影印,是安平秋、卢伟、稻畑耕一郎主编《日本足利学校藏国宝及珍稀汉籍十四种》之一。

3.《尚书正义》二十卷,唐孔颖达撰,南宋刻单疏本。单疏本是孔颖达《尚书正义》的原始状态,这种文本只有孔疏,而《尚书》的正文、伪孔安国传都不全。凡孔疏要解释的经文及孔传,均用"某某至某某"标明起讫。单疏本宋刻本目前仅有日本宫内厅保存了一部宋刊本,1929 年日本每日新闻社影印出版,1935 年上海商务印书馆又据每日新闻社本影印,为《四部丛刊三编》之一。2016 年北京大学出版社再一次影印,名《影印南宋官版尚书正义》,有经学文献专家乔秀岩的后记。这个影印本把宋刊单疏本、宋刊八行本上下栏对照,非常方便利用。宋刊八行本选用杨守敬从日本购归本,所缺四卷用足利藏宋刻本补全。经过我们校勘,《尚书注疏》的版本仍以宋刻单疏本、宋刻八行本为最佳,而这两种版本都保存于日本。

4.《附释音毛诗注疏》二十卷,汉毛亨传,汉郑玄笺,唐陆德明释文,唐孔颖达疏,南宋福建刘叔刚一经堂刻本。日本足利学校藏。1973 年日本汲古书院影印精装本 4 册。2021 年北京大学出版社影印本,收入安平秋、卢伟、稻畑耕一郎主编《日本足利学校藏国宝及珍稀汉籍十四种》。孔颖达《毛诗正义》的原貌是单疏本,不包含《毛诗》经文、毛传、郑笺,只有孔疏。单疏本宋刊本藏于日本大阪杏雨书屋,缺前七卷。已知最早的经、传、笺、疏四者合刻本为南宋两浙东路茶盐司刻八行本。宋八行本全书已失传,日本残存有旧抄本五册,由杨守敬购归,现存台北"故宫"博物院。此五册抄本为卷一上、卷四上下、卷五、卷六上下、卷十二上下。其中卷四上下、卷五、卷六上下、卷十二上下来自宋八行本。卷一上来自十行本，如《卷耳》《樛木》《螽斯》《桃夭》均于传、笺下夹有陆德明释文。抄手似不知书，《卷耳》小序郑笺后释文，"芩"误"芩"，"枲"误"枲"，"崄"误"脸"，等等。经文、毛传、郑笺、陆德明释文、孔疏合刻本，已知最早的版本是南宋福建刘叔刚一经堂刻本，名《附释音毛诗注疏》。以后元十行本至阮元刻《十三经注疏》本，都以刘叔刚本为祖本。山井鼎、物观《七经孟子考文补遗》的《毛诗》部分采刘叔刚本为主校本。上海古籍出版社排印朱杰人、李慧玲点校本，也以汲古书院影印刘叔刚本为底本。在宋刊单疏本残缺、宋刊十行本失传的情况下，刘叔刚本实为《毛诗注疏》排名第一的版本了。

5.《毛诗正义》四十卷，唐孔颖达撰，南宋刻单疏本。日本大阪武田科学振兴财团杏雨书屋藏，缺卷一至卷七。单疏本是孔颖达《毛诗正义》原貌，北宋、南宋国子监均刊行，此为南宋监本仅存者。1936年日本东方文化学院影印，2012年人民文学出版社拼版缩小影印，精装一册，有李霖、乔秀岩《前言》。校勘《毛诗注疏》，就疏文部分而言，这是最重要的版本。

6.《周礼疏》五十卷，唐贾公彦撰，日本室町时代据南宋监本抄本。日本京都大学附属图书馆藏，残存卷一至三、卷七、卷八、卷十二至十四、卷十八至四十，共十五册。单疏本是贾公彦《周礼疏》原貌。这个日本旧抄本是唯一存世的本子，门生韩悦曾撰文详细讨论，发表于《文史》。该文确认京大的旧抄本源于南宋国子监刊本。南宋监本已佚。我在2012年2月7日致函友人西山尚志先生（西山先生时在山东大学儒学高等研究院工作），请在日本代购加藤虎之亮《周礼经注疏音义校勘记》，并告以《周礼疏》单疏本日本残存三十二卷，日本东北大学有藏，加藤虎之亮1958年曾据以校勘。西山先生代购了加藤虎之亮《校勘记》。后来听说复旦大学陈正宏先生在日本东北大学访问，即于11月18日托其弟子蒋鹏翔君转呈一函，请代为查找。正宏先生果在东北大学图书馆查到该书，拍照两幅发来，云全书是照片粘贴本，委托日本博士生尾崎顺一郎先生全部拍照存于优盘寄来，余重感厚谊，仍以原书为念。先是台湾大学张宝三先生见告，《周礼》单疏藏于日本京都大学，曾亲见之。因询之尾崎先生。旋见告，确在日本京都大学附属图书馆，且云全部彩色图像已挂于网站，又告以登录办法。乃嘱门生分工下载之，因得见《周礼疏》面目，时2012年1月下旬。日本图书馆以顶级善本公诸网上供学者使用，当时我国图书馆尚不能为，可敬也。

7.《附释音春秋左传注疏》六十卷，晋杜预注，唐陆德明释文，唐孔颖达疏，南宋福建刘叔刚一经堂刻本。日本足利学校藏。此系阮元刊《十三经注疏》内《春秋左传注疏》之祖，所知存世两部。一在日本足利学校，山井鼎、物观《七经孟子考文补遗》据为主校本。一原藏清宫天禄琳琅，后分为二，前二十九卷在北京中国国家图书馆，卷三十至六十藏台北"故宫"博物院。余为《十三经注疏汇校》，尝谋求两岸合作影印，百计不得其果。2013年到北京国家古籍小组开会，见安平秋先生，即问安先生访求海外善本，何时再到日本，请留心刘叔刚十行本《左传注疏》。特写一笺呈上。安先生郑重叠好装在衣兜内，云明年二月去，计划内有足利。卢伟先生告知，他陪安先生到日本是2014年3月初，在稻畑耕一郎先生陪同下到足利学校遗迹图书馆，谈妥了复制足利善本的事项。复制工作由卢伟先生负责落实。后来安先生又托卢伟先生把刘叔刚本《附释音春秋左传注疏》图像拷了一个硬盘交给我。老辈厚爱，铭记在心。2021年北大出版社影印《日本足利学校藏国宝及珍稀汉籍十四种》，刘叔刚本《附释音春秋左传注疏》即在其中。因请卢伟先生帮助优惠购买一套，陈列于校经处，真是人间秘籍，特别值得珍惜者。

以上七种是儒家经典珍贵版本藏于日本的特别秘籍，其余残本如《礼记正义》零本及诸经日本旧抄本，还有不少，因缺乏认识，不再列举。2022年5月18日匆草。

（本文为2022年5月22日在第二届"古籍文献收藏、研究及整理出版"国际学术论坛的发言）

《梅贻琦致朱自清等函底》及其他

原本是要给尼山十期上修身课，但是考虑到今天讲的内容对在座的各位都有一定的参考价值，所以就把大家约在一起。前两天清华大学搞了一个展览，主题是闻一多先生。咱们尼山学堂毕业的任哨奇同学，现在在清华大学跟着刘石教授读博士，任哨奇看展览的时候，发现有一件文物和咱们山东大学关系比较大。1933年在清华大学，研究生三年级的同学即将进行毕业答辩，那时候叫毕业考试吧，根据清华研究院的章程，答辩委员由校长来聘请。于是，梅贻琦校长就给当时按照规定可以作为答辩委员的名教授们写了一封公函。现在展览的这份公函呢，是当年梅校长打的草稿，我们一般叫它函底——信函的底子。这封展览出来的函底，居然是关于萧涤非先生毕业答辩，那么和山东大学，尤其是和山东大学的古典学、古代文学专业关系密切。清华研究院也叫清华国学研究院，是以国学见长的，而参加的委员也和山东大学不无关系，所以今天对这封信，咱们一起学习学习。同时对于传统写信的格式、讲究，也进行一些温习，对大家今天继承书信文化，整理前辈手稿，会有一定的启发。学习办法是先把这个信发给大家，然后请大家自己把这封信录入计算机，或者用其他办法录文。录的时候请注意：要加标点符号，保持原来的格式，同时要辨认信上的行楷。录完之后我们再讨论，我会请彭仕正这个班的同学起来念一念，大家现在可以开始了。

信件录文如下：

敬启者，查中国文学研究所三年级学生萧涤非，应于本学期毕业，照章须受毕业考试。兹按照研究院考试细则第六条之规定："毕业考试委员会及论文考试委员会，由应试生所在之研究所之全体教授及他系教授至少二人组织之，均由校长聘请。"敬聘
先生为该研究所毕业考试委员，并请朱先生为委员会主席。再据教务处报告该项考试定于三月十七日下午二时至五时在图书馆楼下一四六号举行。届时即请到会考试。毋任盼祷！此致

朱佩弦先生，

陈寅恪先生，

杨遇夫先生，

刘叔雅先生，

俞平伯先生，

闻一多先生，

吴雨僧先生，

叶石荪先生，

敬启者：查中国文学研究所三年级学生萧涤非应于本学期毕业，照章须受毕业考试。照研究院考试细则第六条之规定，毕业考试委员会及论文考试委员会应就该生所在之研究所之全体教授及他系教授至少二人但国立校长聘请之教授担任敬聘

先生为该研究所毕业考试委员会，并请会同陈先生恪、俞先生平伯、钱先生稻孙、闻先生多、教育部代表监试委员会於三月十七日下午二时至五时在图书馆楼下一〇六号举行考试，毋任盼祷，此致

朱佩弦先生

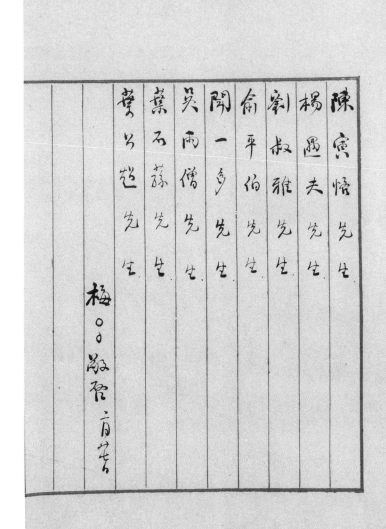

梅贻琦致朱自清等函底 二

叶公超先生。

　　梅○○敬启。二月廿七日

　　大家录入得差不多了吧？我们请一位同学来读一下。请晋越辰同学来读一下（又请卜成聪、王瀚洋、彭仕正、刘恒言、王一清读，均略）。

　　从各位读的情况看，不易辨认的是"兹""受""组织""均""届"等字，多看一些就认识了。信函中的这九位先生，只有叶石荪先生无人知道，我现在给大家展示一则材料，彭仕正你读一读。

　　材料如下：

　　《你并不一定认识他，但一定上过〈大学语文〉》：在国立山东大学受到叶石荪先生的指导，20岁刚出头的徐中玉，开始走上学习文艺理论的道路，终其一生，"新新旧旧都没有离开过文艺理论"。他自幼跟着钟情旧学的老先生，摇头晃脑朗诵文言文，却不知何以批评鉴赏，终于在叶石荪"文学批评原理"和"文艺心理学"两门课堂上发现了新的世界。对徐中玉来说，那是一段风华正茂的往事，叶石荪参加学生的文学集会，同学生一道到郊外爬山，邀学生到他家谈天，"叶先生给我们看他多年积累下来的大批卡片，告诉我们为什么要做和怎样做卡片的道理和方法"。（蒋彤，记者完颜文豪。新华网）

　　这是我从网上找来的，我把它的题目、出处也录下来了。叶石荪先生曾经是山东大学教授。1933年萧涤非先生在清华研究院毕业的时候，叶先生是清华大学的教授，他的专长是心理学，再就是文学，所以他在山东大学开的课是文学批评原理和文艺心理学。《大学语文》大家关注过吗？《大学语文》由徐中玉主编，在20世纪

80年代非常流行，非中文学科的大学生，以及一些业余学习的学生，比如夜大——晚上上课的，电大——通过电视广播来上课的学生，他们要修《大学语文》。徐中玉先生当时是华东师范大学中文系主任，非常著名的学者。《大学语文》当时还有副主编，山东大学中文系主任董治安先生就担任了副主编，至于还有没有别的副主编，我记不清了。《大学语文》的发行量非常大，现在去孔夫子旧书网上还能找到很多。徐中玉先生是文艺理论方面的著名学者，他毕业于山东大学，当时山大在青岛，他在山大中文系听叶石荪先生的两门课，是他一生的起点，你看大学老师、本科的老师是多么重要啊！叶石荪先生……这几十年来好像慢慢地没有人知道他了。我想既然这位先生是清华大学教授，同时又是我们山东大学教授，我们应该知道这位先生，这是非常重要的一位先生。

朱自清先生，大家都知道他是个散文作家，但是他在清华大学当教授，他讲什么课呀？他教古典文学，尤其是前半段，讲《诗经》及《诗经》以外的先秦的诗。关于《诗经》以外的先秦的诗，明代杨慎编过一本《风雅逸篇》。传说古代诗有三千篇，孔子选了其中的三百零五篇编成了《诗经》。但是其实《诗经》以外，先秦留下来的诗歌数量不太大，所以估计三千篇是一个夸张的说法。朱自清先生在古典文学方面，有很多建树，对所谓"古诗歌"——《诗经》以外的诗歌，有注解，《古诗歌笺释三种》，那是很有名的。另外他对谣谚也很有研究。总之，他是古代文学专业的老师。他还有个学生叫王瑶，是北京大学中文系教授。王瑶先生研究魏晋南北朝文学，研究陶渊明。因为朱自清先生是现代文学的作家，王瑶先生跟朱自清先生学习，后来就也研究现代文学史，写了《中国新文学史稿》。

所以在北京大学，王瑶先生既是古典文学专业的老师，也是现代文学专业的老师。像温儒敏先生，他就是王瑶先生的学生。可见，学术传承是很重要的。

陈寅恪先生兼跨文史，古代文学和古代史他都研究，他的著作在打通文史方面具有代表性。哪位同学知道陈寅恪先生在文史、诗史互证方面，有什么样的著作？

刘恒言：《柳如是别传》。

杜老师：好的，《柳如是别传》是一个，还有呢？

王一清：《元白诗笺证稿》。

杜老师：好的，那么你说一说《元白诗笺证稿》是本什么书啊？

王一清："元白"是指元稹和白居易，书中令我印象深刻的是对《长恨歌》的分析，非常典型地运用了以诗证史的方法。

杜老师：对。这两个人有什么样的共性啊？为什么要放在一起呢？

王一清：他们都提倡新乐府。

杜老师：对了。新乐府有什么特征？它是源于生活的，跟历史的联系比较密切，所以陈先生就把元白诗放在一起，进行了一些考证。刚才还有人说《柳如是别传》，哪位同学说一下，这是本什么书？

刘恒言：《柳如是别传》是陈寅恪先生给柳如是写的一篇传，他想通过明末的历史来呼唤民族魂、世人魂，彰显以天下为己任的士大夫品格。这本书兼具了史学写作和文学写作，是不同于传统史传的那种写法，有很强的文学性。

杜老师：这本书原名不叫《柳如是别传》，叫什么名？

王一清：老师，是叫《钱柳因缘诗释证稿》。

杜老师：好的。从这个名字你能知道，这本书的方法和《元白诗笺证稿》比较像。《钱柳因缘诗释证稿》和《元白诗笺证稿》是文史互证的重要代表性成果。所以陈寅恪先生作为萧涤非先生毕业考试，也就是毕业答辩的专家，那是很合适的。杨树达先生有些什么著作，哪位同学能够再介绍一下？

刘恒言：杨先生有《春秋大义述》《高等国文法》《古书句读释例》《汉代婚丧礼俗考》《汉书窥管》《汉文文言修辞学》《积微居读书记》等等。

杜老师：嗯，他有一本书，专门解释文言文虚词，叫什么名？

杨博涵：老师，叫《词诠》。

杜老师：对了，《词诠》，解释文言文虚词。王引之《经传释词》的"词"也是指文言文虚词。实词好解，虚词难解啊，因为它有语法功能。杨树达作为著名的语言学家，他研究文法，也研究修辞。他还研究古文字学，自学了甲骨文、金文。杨树达和杨伯峻什么关系呀？

王一清：老师，杨伯峻是杨树达的侄子。

杜老师：好的。杨树达让他的侄子杨伯峻拜黄侃为师，修一封信，让他用红纸包了十块大洋，去向黄侃磕头拜师。黄侃先生就给他一个人讲课，讲《尚书孔传参正》，这部书中华书局已经标点了。为什么要给他讲这部书呢？因为杨树达、杨伯峻都是长沙的，《尚书孔传参正》作者王先谦也是长沙人，黄侃先生就说你是长沙人，我给你讲《尚书孔传参正》。

那么刘叔雅，刘文典先生，他最重要的一部著作是《淮南鸿烈集解》。这本书是胡适写的序言。序言说，在当时的情况下，从事古籍研究、古典研究有三条出路：第一条出路就是学习刘文典搞集解，第二条出路是编索引，第三条出路是作专题研究。这里说的集解包括集注、集校。胡适认为刘文典写《淮南鸿烈集解》下了硬功夫，值得学习。他表扬刘文典，把《太平御览》当中引用的《淮南子》全部挑选出来，一条一条进行校勘，能够勘正《淮南子》的、有参考价值的发现，他都写到了校勘记里。刘文典还研究《庄子》，有《庄子补正》；研究《说苑》，有《说苑斠补》。刘先生做过安徽大学校长，后来也去了昆明，晚年在云南大学，不愿意回北方来了。听说他喜欢抽大烟，云南那边有优质的烟土，所以就留在云南了，这是一些题外的话。

俞平伯先生，著名的红学家、古代文学方面的专家。他跟叶圣陶先生一辈，都是苏州人，并且关系比较要好。

闻一多先生，专业也是古典文学，他对《诗经》《楚辞》《周易》都有非常深的研究，对魏晋南北朝的乐府、唐诗、宋词也研究很深。《闻一多全集》里有许多很精到的见解，我看过他的《楚辞校补》，非常精彩，让人非常佩服啊！我搞文献，引用了闻一多先生所举的校勘方面的例子，是关于理校法、本校法，没有版本根据的情况下，怎么样来发现错误、纠正错误，放在我的《文献学概要》的校勘部分。闻一多先生曾经担任山东大学文学院的院长，当时游国恩先生也在山东大学，他们都是《楚辞》专家。这和咱们山东大学关系也是比较大的。

再就是吴宓先生，他是20世纪非常著名的文化人物，是清华研究院的实际负责人。清华研究院聘请的著名老师——梁启超、王国维、赵元任、陈寅恪这些先生，大都是吴宓先生请来的。清华研究院培养了很多国学家，吴宓先生作为实际负责人，做出了很大贡献。

吴宓先生本人是学习西洋文学的，主要在清华大学外文系，他当然也是钱锺书的重要老师之一。吴宓先生晚年在重庆西南师大，教世界史、中国史，也教古代文学，什么都教，这个人是中西、古今兼通。现在学术界最关注的是《吴宓日记》，因为他的日记非常详细。他在比较困难的时候，五六十年代，到广州去看望陈寅恪先生，当时陈先生在中山大学，已步入晚年。他们通信非常多，陈寅恪先生如果写了什么诗啊，给吴宓写信的时候会附在信里头，吴宓都把它们记在日记中。陈寅恪曾经让助手把自己的诗集抄了两三份，但是这两三份好像都失传了。那么后来清华大学出版社出版的陈寅恪的诗集，其中有不少诗都是在《吴宓日记》中保存下来的。也就是说你记日记的时候，注意保存别人的东西，保存别人的来信、别人的诗文，这是一种非常重要的美德。

最近呢，文学院的学生林才伟整理黄际遇先生的日记，黄际遇是从前山东大学数学系的主任，也是文理学院——文学和理学合起来的一个学院的院长，黄际遇先生是我们山东大学中文学科和数学学科的共同带头人。黄际遇研究数学，还研究语言文字学，小学，是著名小学家，所以他跟黄侃先生这些人关系都比较密切，他的日记里也就保存了黄季刚先生的诗。林才伟同学，从里边辑出了若干篇别人都不知道的，我给他推荐到《山东大学中文论丛》上，准备要发表。另外，《胡适日记》当中，也保存了很多别人的东西。

叶公超先生也是清华大学外文系非常有名的教授，他也是钱锺书重要的老师之一。他晚年去了台湾，当了"外交部"部长，还当了"驻美大使"，外文水平非常高。他晚年书法、绘画作品很多。他为人非常讲究，是一个名士。钱锺书先生曾经对他的这两位老师——吴宓和叶公超，还有一位先生陈福田，一共三个人，有过不良的评价，大致是说吴宓太笨，叶公超太懒，陈福田太俗。好像《吴宓日记》当中对钱锺书的这种评价有过反映，说他太伤人了。钱先生毕竟是少年得志啊！我们在这方面呢，应该对老师保持足够的尊敬。韩愈说了，"弟子不必不如师，师不必贤于弟子"，古人早就有这方面的结论。如果学生总是不如老师，我们的国家、我们的社会又如何能够进步呢？但人没有生而知之的，一定是一点一点学来的，而在这个学习的过程总是需要老师。即使学生超过老师，也是踏在老师的肩膀之上，老师教给你一些知识，你才能逐渐成长起来。

从涂改痕迹能够看出来，这是一封公函、邀请函的草稿，我们把它叫函底——信函的底件，也可以叫函稿。这样的公函呢，应该由梅贻琦的秘书用楷书丁丁整整誊录好，然后由梅贻琦自己签上"梅贻琦"三个字。而在这个函稿上，他只写了"梅"，后面加两个圈，省略了名字。他既然是校长嘛，别人一看梅某某肯定知道是梅贻琦。也就是说作为草稿，有些地方省略这是可以理解的。但如果他打三个圈，不加"梅"字，这就没法确定是他，所以"梅"字不能省。

还需要给大家再进一步确认信上有价值的符号。大家看"敬启者"右下方有个小点儿吧？这是标点符号；另外"中国文学研究所三年级学生萧涤非""应于本学期毕业""照章须受毕业考试""研究院考试细则第六条之规定"右下角也都有小点儿,表示要断开。"毕业考试"的"毕",右上方有一个符号,这是上引号。"毕业考试委员会及论文考试委员会""由应试生所在研究所全体教授及他系教授至少二人组织之",右下方也都有一个点儿,表示要断开。"均由校长聘请","请"这里按说应该是句号、引号。如果这里是句号、引号的话呢,前面就应该有冒号。所以前面"规定"后头这个地方的点啊,要把它理解成冒号。

下面"敬聘先生为该研究所毕业考试委员"中的"敬聘先生"这个地方,它是抬头的,叫作提行。"先生"可以翻译成"您"。为了表示尊敬,他就把"敬聘"下面的这些"先生"的名字,在后文拐过来顶格写,一定要顶到头。过去的话,如果对方是皇上,抬头还要抬得更高一点,这里的就是一般性抬头了。

"敬聘先生为该研究所毕业考试委员",这个"员"字右边又有个小点儿。"并请朱先生为委员会主席"。原来"委员会"这个地方是有点儿的,后来他又添了个"主席",主席下面有标点符号。"再据教务处报告该项考试定于三月十七日下午二时至五时在图书馆楼下一四六号举行","举行"这个地方是有标点的。下面"届时即请到会考试","考试"这个地方也是有点儿的。

下面是"毋任盼祷"。盼,盼望;祷,祷告、祈祷,祈祷也是期盼的意思。哪位同学来解释一下,"毋任"是什么意思?十期的同学能不能主动点?大三大四的同学呢?没有人主动说,那我就说了啊。"毋任"这个词经常使用,常写成"无任"。某人对你进行了表扬,你给他回信,你可以说"无任荣耀",意思是我不胜荣耀,"无任"就翻译成"不胜","不胜盼祷"就是我太盼望、太期盼各位来担任这个工作了,期盼到什么程度呢?期盼得都受不了了,哈哈。那么"无任盼祷"后面应该是什么标点?"此致"后面还要不要标点?十期的同学哪一位来说说。

陈天漪: 老师,"此致"后面就不用标点了。

杜老师: 好的。"毋任盼祷"后面加什么标点合适啊?

陈天漪: 我觉得可能加感叹号。

杜老师: 好的,句号或者感叹号,感叹号可能更合适,它毕竟是感情比较浓的一句话。

下面是"此致某某先生","此"就是指这封信;"致"就是"送""呈送",送给谁呢?送给朱佩弦先生、陈寅恪先生、杨遇夫先生、刘叔雅先生、俞平伯先生……这些先生的名字都得提行,都得抬头,得顶到天上去,不能接着写。请大家看啊,这些先生名字后头都有个小点,这个小点是什么呀?标点符号。那么如果我们今天整理这个信的话,应该保持提行,最好不要接着排。如果不接着排呢,都用逗号,当然叶公超先生后边是个句号。至于"梅贻琦敬启"也应该是个句号。如果接着排的话,就都变成顿号。由于他要表示自己谦虚,所以他的名字要低下来,低到什么程度?他在这里实际上低到"先生"二字下面,放在左下方,单独占一行,他不敢写到顶上去,写到了底下。你看看,摆在纸面上,是有高低之别的,把人家托到高处,把自己放在低处。你称呼人家为先生,也是对人家的尊重,是把自己放在低处。如果是我们的学生给我写信的话,还要加一个对自己的称呼——"学生某某",比如"学生陈天漪敬启",或者是"某某拜",都行。下边那个年月日,可以再起一行。

大家还可以发现,这封信和别的信有不一样的地方,甚至可以说是一些不太常见的格式。其中比较突出的一个格式就是信的开头没有称呼，他把这个称呼，把收信者放在了后头。他当然也可以把朱佩弦先生放在前头——"佩弦先生……"然后下面接问候的话，但是这封信是个公函，是要聘请一批人，所以采用了另一种格式，把收信人放在后头，这是非常得体的。我想梅贻琦校长如果要给其他的人写信，在其他的场合写信，他可能会把这个称呼放在前头。

那么其他的信件，有没有这种称呼在后头的呢？我给大家举几个例子。请大家看这是什么书啊？《胡适来往书信选》，出版社是中华书局。胡适离开大陆的时候，没有能够带走自己的书籍文献，书信都没带走。"选"的意思是什么？收录不全。这是个中册。这里还有上、下册，大家看看，上、中、下册的封皮颜色好像还不太一样。

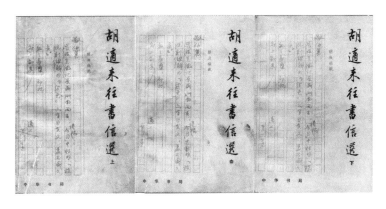

《胡适往来书信选》书封

这个中册封皮上就是其中的一封信。你看他用的这个信纸上印着"胡适稿纸"几个字。

《胡适往来书信选》书封有"胡适稿纸"字样

一方面是因为胡适对稿纸的需求量比较大。另外他也很有讲究，知道自己写的东西将来可能会流传于人间，所以就直接用"胡适稿纸"。你看这个上、中、下册用的是同一种稿纸，但是由于不是同时印刷，颜色就有深有浅。我买了这三本书，它们出版的时间比较早，是1979年，当时思想还没能很解放，所以这个书收录的信不是很全，但是应该说整理得还是非常好的。好在哪里呢？这些信都是据实照抄，没有做改动，尽管里边也有一些内容可能当时不太便于流传。

那么我们看这里面第478封信——《张君劢致胡适》：

> **478. 张君劢致胡适**
>
> 昨抵满洲里，今晨观阵地，俄军运输可远望见，事可和平了结，但每日小冲突当不免。
>
> **适之先生**
>
>   君劢 八月卅一

"张君劢致胡适"信

"昨抵满洲里，今晨观阵地，俄军运输可远望见，事可和平了结，但每日小冲突当不免。"你看，"适之先生"四个字顶格放在尾巴上，没有放在开头，和我们刚才梅贻琦校长那封信的格式是一样的。当然放在开头也不是不行。

再看编号479的《张孝若致胡适》："前天复示，谢谢。""复示"是什么意思呢？"示"是来信，"复示"就是又一次来信，整句话是说"非常感谢前天您又来一封信"。"前天复示，谢谢。我实在很想和你谈谈了。"同学们，你怕自己写不好文言文，人家这不是大白话吗？还有比这再通俗的话吗？所以说旧格式可以有，语言呢，也可以写成大白话。

"你病后身体已复原了吗？三日（星三）下午七时半，我来接你同到大华晚餐好不好？光甫、燕谋都说久不见你，我就约了他俩人（厚生已去津）加上振飞，并无别客，请勿却。光甫昨告我，在《字林西报》看到廿五日你一封信。我今天想去买一份来看看。"

同学们看，"适之先生"又写在了尾巴上。

那么张孝若是谁呢？张孝若的父亲，是清朝末年的状元，南通人张謇。张謇在南通办了很多的实业——学校、医院等等，了不起，对国家、对人民有重大贡献。现在南通大学有校史展览，专门大篇幅介绍他。张孝若是他的儿子，也在实业界。同时这里头涉及的人物，光甫、振飞、燕谋、厚生，我写在一张纸上了。大家可以看。

"光甫"是陈光甫，"振飞"叫徐新六，张孝若是张謇的儿子，刘厚生是张謇很重要的一个助手，相当于秘书，写过《张謇传记》。徐新六是一个银行家。陈光甫、沈燕谋都在实业界。那么，这次小的聚会是胡适和他实业界的朋友，不是教授们间的。

我们可以看到480号，胡适致周作人的这封信，这个是比较常见的，"启明兄"的称呼在前头。

下面我们再看一部线装书。《昭代名人尺牍续集》二十四卷十二册，宣统三年陶湘石印本。你们看这个小条子是我写的吗？

《昭代名人尺牍续集》函套及签条

曹湲媛：老师，感觉不太像您的字。

杜老师：哈哈，太好了，这是我的助手李振聚写的，你们听说过李振聚吗？

彭仕正：听说过，论文答辩会的时候，李老师参加了。

杜老师：对。当年他考博，由于外语分数不够，他就住在了我家五宿舍的那个房子里头，我和程老师还有我岳父岳母住在锦绣泉城小区。他在那里住本来是要复习英语的，结果他把我家的线装书全都看了，并且加了这个签条。我一看，那他的外语成绩要想再涨很困难，因为他光看这些书啊。但是呢，他确实是好学，太好学了。这本书里头有我的一个题记，题记也叫跋。

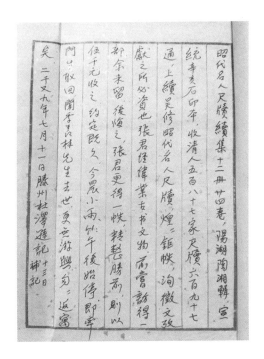

《昭代名人尺牍续集》杜泽逊题记

"《昭代名人尺牍续集》十二册廿四卷，阳湖陶湘辑。宣统辛亥石印本"，大家知道"辛亥"就是辛亥革命那一年。"收清人五百八十七家尺牍六百九十七通，上续吴修《昭代名人尺牍》"，吴修也编过一个《昭代名人尺牍》，不过陶湘这本书是用的石印，今天来说也就是影印了，用石印的技术来影印。吴修的这个《昭代名人尺牍》是刻在石头上，然后再做成拓片，这东西我收不起啊，这个《昭代名人尺牍续集》呢，我觉得比较好。"煌煌巨帙"，这是描述陶湘那个书，"煌"字下是一个重文符号，两个小横。古文字学的老师会告诉你，青铜器上的铭文好多都用这个重文符号。"洵征文考献之所必资也。张君经纬业古书文物，前尝访得一部，余未留。后悔之，张君更得一帙，精整胜前，则以五千元收之。约定既久，今晨小雨，午后始停"。"小雨"下面这个字啊，写坏了。写坏了怎么办？在右边点两个小点儿，表示这个字废了。我们有一个词叫文不加点，什么意思呢？就是写一篇东西，"呼呼呼"写好了，一个字都不用改，一个字都不用作废。加了点就表示这个字错了，我这里就是加点了。"即率门生取回。闻季羡林先生去世，更无游兴，匆匆返寓矣。二千又九年七月十一日滕州杜泽逊记。十三日补记。"就是说这篇题记，应该是去拿书那天写的，7月11日，那天季羡林先生去世。我把这么一篇题记加在这本书里头，作为一个留念吧。大家看，这就是这部书，一摞。它的内封面，用了小篆，印得还是比较清晰的。

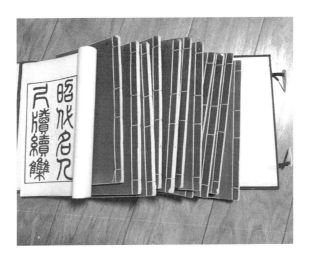

《昭代名人尺牍续集》外观及内封

我在这里头选了两封信,一封信是谢启昆写的。

落款处写着"姻弟谢启昆拜上",看来两家有姻亲,又是平辈的。你看,开头"谨启者"和梅贻琦那个信是一样的。"弟前守京口时",京口大概是现在的镇江一带。"曾作重修府治记一篇",什么叫府治呀?某个府所在地叫府治。举几个例子,济南府的府治是历城,莱州府的府治是掖县,青州府的府治是益都,登州府的府治是蓬莱。

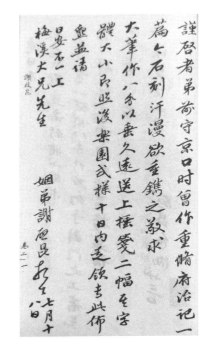

谢启昆致钱泳信

"重修府治记"不能加书名号,因为这是一个转述性质的话,原来的题目不会叫"重修府治记"。"今石刻汗漫,欲重镌之,敬求大笔",这个地方也是提行了。"作八分以垂久远",八分就是隶书吧。"送上搃笺二幅。其字体大小,即照后乐园式样"。关于后乐园,我问了南京艺术学院的老师,我的博士后刘元堂(以后他会教你们书法)。他去查了,说谢启昆曾经在杭州,居住的地方就是后乐园。后乐园,意思是后天下之乐而乐啊。谢启昆曾经写过一篇刻在石碑上的文字,也是这位经办人办的,所以谢启昆跟他说,这块碑呀,你写的时候还照后乐园那一篇的式样。"十日内走领"——十天之内会派人去拿。"专此布恳"——"布"就是表达,"恳"就是恳求、恳请。"并请日安"这里就应该是句号了。后面两个字"不一",指还有很多的话要说,此处不再一一详细说了。"不一"是写信时用的口头语。"并请日安"后句号,"不一"后句号;或者说"并请日安"后加逗号,"不一"后加句号。

下面写的是"上梅溪大兄先生"。这个"上"是属下面那句话的,就跟梅贻琦的"此致某某先生"是一样的,所以"上"的上面应该是句号,"上"的下面不能有标点。"梅溪"是钱泳,这是一个高人,在清朝刻碑可能要排第一名,年代在嘉庆年间,跟阮元的时间差不多。"上梅溪大兄先生"后就是句号了。

这是一封称呼在后头的信,还有一封,也是这本书里的。

开头连"敬启者"这样的话都没有,直接就说话了。落款是"弟庶昌"。"庶昌"后面这个符号是"顿首"。你看,这个符号的左边,可以看出开始写"顿"字的"屯"那一部分的时候,笔划还是有的;"屯"的右半边的"页"就这么一个直杠下来了。"首"又连着"页",一根线下来了。黎庶昌画的这个"顿首",对于各位来说是比较容易模仿的。

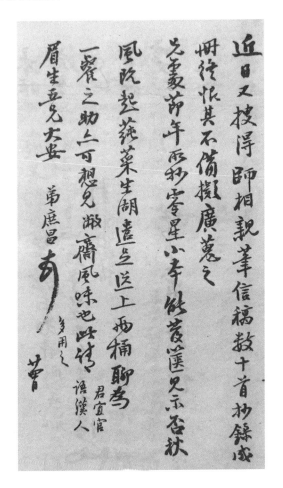

黎庶昌致李鸿裔信

"近日又搜得师相亲笔信稿数十首","信稿"有的时候指亲笔信。"师相"是曾国藩,黎庶昌是曾国藩门下很重要的弟子之一。"抄录成册,终恨其不备,拟广搜之。兄处节年所抄……""兄处"相当于说您那里,"节年"就是历年。"零星小本,能发箧见示否?"——能不能从箱子里找出来给我看看?"秋风既起,莼菜生湖,遣足送上两桶,聊为一餐之助,亦可想见敝斋风味也。即请眉生吾兄大安。"南方有莼菜,非常流行。"遣足送上两桶"——派跑腿儿的送上两桶,在今天就是派快递小哥。"聊为一餐之助,亦可想见敝斋风味也"——您吃饭的时候当菜吃,您就可以知道我这个地方的风味啊!

你可能看到了,这个地方有小字:"'君宜官'语汉人多用之"。有没有人知道这句话的含义,自告奋勇说一下?没有的话我就直接给大家看看这个"汉君宜官铭砚板"。

西汉·圆饼形墨丸,广州南越王墓出土,西汉南越王博物馆藏

这块板是个砚板,石头的。汉朝人使用墨粒,要写毛笔字的时候,拿出一粒,放在砚板上,加点水,然后用这个小钮在上面磨,把墨粒慢慢地磨开,就可以写字了。汉朝人大多数情况下写在竹简上。

这个砚板的钮上有"君宜官"三个字。

大家再来看这个镜子,镜子上面也有字——"君宜高官",就是说你能当大官。

东汉·"君宜高官"四叶纹铜,1987年10月襄樊东津出土,襄阳市博物馆藏

汉朝人留头发,男性梳头和女性梳头的频率一样高,所以铜镜既是男人用的,也是女人用的。至于说这个砚台,写毛笔字,那基本都是男人。男人读书干什么呢?为当官。这是对念书目标的一个非常清晰的表达。汉朝的铜镜中"君宜官"镜挺多,砚台的砚钮上"君宜官"也很多,大家从网上一搜就知道了。

好了,搞清楚了"君宜官",信上的"'君宜官'语汉人多用之"就可以明白了。那么我们怎么样获取这样的知识呢?你说:

老师，我上网查。上网查固然可以，如果你能提前储备一些知识更好。我想我们在看博物馆的时候，可能会遇到这种东西。比如刚才的"君宜官铭砚板"，人家起了名字，而且会有说明啊，看了说明之后如果还不懂，你就再看看"君宜官"三个字是刻在砚钮上的，不就能明白了嘛。我们尼山学堂出了一些博物学家，给我们提供梅贻琦信函图片的任哨奇，他就是典型的博物学家，张鸿鸣也是博物学家，还有几位博物学家，李举创、王煜栋、康博文。逛博物馆现在也不花钱，当然大家现在隔离起来了，不能去逛。但是实事求是地说，网上的博物馆，比线下的博物馆还要大，精美程度、清晰程度非常之高。你可以在休息的时候逛逛网上的博物馆，我觉得也许对大家有一定帮助吧。

这个信上的"眉生"他叫李鸿裔，也是曾国藩的弟子。大家可以看到这个图片吗？

"李鸿裔，字眉生，江苏按察使，与黎庶昌均为曾国藩门下干才。鸿裔殁，黎为撰墓志铭"——这是我查了资料后作出的一个表达。这个表达属于浅近的文言文，虽然很短，但它不是现代汉语，大家要练练这种东西啊。黎庶昌做了什么呢？他是遵义人，最辉煌的事情是光绪年间做了驻日本大使。驻日本大使有秘书、副手这些随从人员。他的随从人员当中，最重要的一个叫杨守敬。杨守敬著作非常多，有《水经注疏》《日本访书志》等。黎庶昌在日本做了一件大事，就是把日本收藏的，我们中国已经不容易看到的书或者版本在日本影刻了。当然，是杨守敬帮他做的。影刻就是雕板，但是照着原来的模样来刻。影刻的这套书叫《古逸丛书》。那些书大部分原本在我们中国，后来跑到日本去了，在日本得以保存，又是古代的东西,所以称之为《古逸丛书》,这个名字取得好。黎庶昌刻的《古逸丛书》影响深远,是光绪年间中国人到海外去调查中国典籍的一个代表性成果,在学术界名头很大,流传也非常广,我也买过几种这个丛书的零种。黎庶昌回国的时候,把《古逸丛书》的书板都带回来了。放在什么地方呢?是不是拉到贵州遵义去了呢?不是。他住在曾国藩的势力范围内,并不常住在老家。曾国藩势力范围的核心是南京。南京原本是明朝首都,永乐皇帝迁都北京后,南京仍然保存了一套中央机构,等于副首都,在清朝也有极其特殊的地位。曾国藩做了两江总督,势力范围非常大,江苏省、安徽省、江西省、甚至浙江省都归他来节制,这些地方是太平天国的重灾区;此外还包括两湖地区,因为曾国藩是湖南人。曾国藩门下有才干的人就陆续被他提拔了,其中黎庶昌被派到日本当驻日公使,回国后主要是住在南京、苏州一带,尤其是南京,这个书板也就被他交给了苏州的江苏官书局。

太平军到处放火烧儒家经典,对东南地区的书籍和书板有毁灭性的打击。曾国藩打下南京后,在南京建立了金陵官书局,在苏州建立了江苏官书局,在杭州建立了浙江官书局,在扬州建立了淮南官书局,在湖北建立了崇文书局。山东是丁宝桢成立了山东官书局。各省都成立了书局,抓紧时间出版传统经史子集的重要典籍,以填充文化市场的空虚。那么江苏官书局、金陵官书局都刻了很多的书。《古逸丛书》的书板交给江苏书局后,进行了大量的印刷,所以它流传很广,影响很大,到现在还是非常受重视。

黎庶昌在中日文化交流中是不可忽视的重要人物,也称得上是文化名人了。那么谢启昆,他在我们这个行当里头有什么样的贡献呢，他编过什么书？这是我们尼山学堂的学生应该知道的。大家知道朱彝尊有《经义考》，谢启昆模仿朱彝尊的《经义考》编了一部《小学考》，部头也不算小，这部《小学考》实际上就是小学——文字、音韵、训诂方面书籍的目录，从《尔雅》《说文解字》《广雅》《释名》这些小学书一直到《康熙字典》，包括《凡将篇》这些汉朝人的字书他都收进来了。他在每一部书下面，都罗列上这部书在历史上的有关记录、评价及作者生平。因此，这是研究中国语言学史非常重要的一部参考书目。就体例来说，它和《经义考》一样，是一部目录学的书。谢启昆当过广西巡抚，相当于现在的省委书记，不是一个普通人物，所以我们应该知道他。

关于信件啊，就说这一些。我在最后说这么一点意思——就是我们今天已经不写纸质的信了，写电子邮件、短信、微信比较多，尤其是微信。比较郑重的时候呢，可能要发电子邮件，因为电子邮件比较容易存根。如果你发一个微信给老师，说我要申请报考您的研究生，就显得不够郑重。

今天发信是很容易了，而过去我们上大学的时候，给家里写一封信，投到校园里的邮筒中，或者还要跑到邮局去一趟，然后需要两周以上才能收到回信。你要知道，如果有事儿的话，心里是多么焦急呀！可是在今天呢，我们用微信，几秒就能接到回复。如果对方忙，至少当天他给你回复是没问题的，真是太方便了。这就是信息化、数字化、现代化、国际化，它大大缩短了周期，原来三个月才能办的事情，现在有可能三天就办了。现在收集材料的过程大大缩短，这样你能做的工作、贡献可能就翻倍了。原来一辈子能达到钱锺书的水平就很难了，现在客观上可能超过钱锺书都不在话下。

你的思考能力、你的智慧是没办法被替代的,大脑的劳动还仍然要继续下去。

那么我们在写信的时候要不要这些称呼,要不要这些格式?比如抬头,要不要这些东西?我想,作为中华优秀传统文化,书信的这些格式体现了一个核心的问题,那就是对于对方的尊敬,核心问题是礼。我们是礼仪之邦啊!为什么要写"专此布悃""并请日安,不一",这些话是不是多余的呢?用"谨启"开头,多余吗?为什么要把"上梅溪大兄先生"顶格?为什么要用"上"?为什么称呼"梅溪大兄"?为什么还要落上"先生"?"敬求大笔"为什么叫"大笔"呢?为什么要"敬求"呢?为什么要说"送上"?送过去不就行了吗?"十日内走领",为什么要说"走领"啊?小跑、快跑,这是表示对对方的恭敬啊!后面"姻弟谢启昆拜上",使用了"姻弟""拜上",整个一封信没几行,处处充满了对对方的尊重,处处充满了这样的精神。孔子的儿子伯鱼从庭前快快地走过,"趋而过庭",他为什么不大摇大摆地走?快快地走过去,稍微弓着身子,这是一种特别谨慎、恭敬的态度。所以我趋前拜访,一路小跑着去拜访你,这是对你的恭敬。我们作为礼仪之邦,对长者的尊重、对朋友的尊重、对同窗好友的尊重,是完全必要的,这正是人类文明的重要产物啊!所以我们如果是给老师写信,要不要有称呼,比如"杜老师您好"?我想应该要有。最后结尾的时候要不要有对自己的称呼呢?也要有。比如彭仕正他要给我发一个我们要上课了,这样的一个微信,最后应该是要有对自己的称呼的——"学生彭仕正上"。最后要不要有个什么"此致敬礼"呀?如果是加上"此致敬礼"的话,"敬礼"就应该另起一行,并且应该顶格。我想这些就是个基本礼貌了。如果我给你发了一个微信，我看我们大部分同学，回复"收到"就完了，其他什么也没有。说实在的，我心里头并不满意，但是呢，我又特别不愿意批评同学。我觉得，同学们在心里头对我非常好，我如果批评了你，你心里肯定特别是个事儿，所以我为了爱护你，就没有批评你。现在呢，因为是上课，我就正式给各位一个提醒：你给尼山学堂的几十位老师，还有我们的广伟老师、牧青老师通信的时候，要有称呼，最好还要问个好。信的末尾，也要有一个对自己的称呼——学生某某。我想，这样做稍微费一点事儿，但是它传达了一种很浓厚的敬意，非常重要啊！所以今天给大家来讲梅贻琦校长给朱佩弦等先生的信，为了他们三年级的学生萧涤非的毕业答辩、毕业考试这么件事情。看上去它是一件比较单纯的事，但是里头涉及的我们优秀的传统文化，却非常丰富。

另外，我们是尼山学堂国学班，我们面对的古文献并不都是规规矩矩的中华书局的排印本。因此大家平时也要去看一些不是排印的文本，这样可以认更多的字。当然，中华书局的繁体字竖排，也有很多人不认识繁体字，那是由其他原因造成的，我们就不苛责了，但对于尼山学堂的学生，光会看排印的繁体字是远远不够的。希望大家有机会能够翻一些电子版的手写件。方法很多，比如孔夫子旧书网上有一些拍卖书信的。我希望你看的时候，要看名家的，不要看那些太普通的书信。对于信里边提到的不懂的东西，需要去搞清楚。必要的时候你要像今天这样，把它截图、录入、标点，然后去给你同学看。可以发在你们班群里，说我今天在网上截了一封信，做了录文，不知道其中是否有不妥当之处，哪位同学给我指点指点？如果你这样谦虚的话，我相信你会得到友好的同学的指点。

这样大家互相学习，不亦乐乎啊。大家的知识互相补充，不就可以更快地进步吗？"听君一席话，胜读十年书"，你向别人请教，听到的可能是你去读书读不来的东西。总之，学习的方式很多，我们需要互相交流，独学而无友，则孤陋寡闻啊！

这个"后乐园"字样，我没有查清楚，就去问我的学生刘元堂，他给了我一个非常好的答复。我为什么要问刘元堂呢，因为他是书法家，他知道的这方面的信息就多，如果他不知道，他查询的途径和咱们也不一样。我自己去查"后乐园"，信息很多，不能确定跟谢启昆有没有关系。而刘元堂很快就查到，谢启昆在杭州居住过，那个地方就是后乐园，那么就豁然开朗了吧。当然，还牵扯到"梅溪先生"，可能会有不少的人叫"梅溪"，你不能确定他是谁，你通过查一些社会关系可能能锁定。但对刘元堂来说，"梅溪"这个人不必要查，因为他是刻碑的一个大名家，在清代那是如雷贯耳，所以不需要查。现在在微信上交流，比过去确实是方便了。有的时候遇到一个字不认识，我就直接截个图，或者拍一下问别人。在这么方便的信息化的时代，我们的学习应该能够更加丰富，尤其是对优秀传统文化的继承方面，应该做得更好。

好了，今天这个时间比较长了，已经两个半小时了。各位在隔离期间免不了沉闷，今天讲这个内容很大程度上也是想为大家舒缓一下，看一点别样的东西。中间大概用了不到半小时的时间来录文，也算是一个考试吧，你给自己评评分，看看能得多少分，又有多少失分点呢？好，今天讲到这里，各位同学再见！

（附记：杜泽逊老师于2022年5月7日15时至17时30分为

尼山学堂八期、九期、十期全体学生线上授课，以梅贻琦致朱自清等人之函底为例，讲授中华传统书信文化。授课缘起为近日清华大学艺术博物馆举办"红烛颂：闻一多、闻立鹏艺术作品展"，展品中有梅贻琦校长所书函底一封，系约请朱自清、陈寅恪、杨树达、刘文典、俞平伯、闻一多、吴宓、叶石荪、叶公超先生参加萧涤非先生清华毕业考试［答辩］相关事宜。是时尼山学堂诸生因新冠疫情隔离于济南市长清城西隔离点、济南市钢城区辛小庙村两地方舱，故于此疫疠继起、人心惶迫之际，此堂课就尼山学子而言别具特殊意义。蒙师信任，嘱予整理课堂实录以存文献。凡楷体字部分均为整理者所加。另，此函图片由尼山学堂2012级本科生、清华大学博士生任哨奇学长提供，本稿亦经任哨奇学长审核。全稿均经杜泽逊老师审订。特此说明。弟子王一清谨记。2022年5月12日。）

文言文标点的特殊性

1. 文言文分几个层次，字、词、短语、句子、句组、小段、大段、篇。

2. 句号使用，比现代汉语要多一些。原则上讲，具备主语、谓语，或者具备主语、谓语、宾语，就是一个句子，就可以加句号。文言文句子和句子之间黏连紧密一些，所以容易造成句号减少，甚至一段文字全是逗号。这时候要考虑，一句话完了，一个意思还没完，就可以加句号。不一定要等一个意思完了再加句号。

3. 减少或者不用感叹号。

4. 一般不用破折号。

5. 插入语，不用括号，一般用逗号。插入语多，其前后都就用句号。双行小注如果改为和正文一样的字体，可以加括号。必要时，在括号内注文前加"原注"字样。

6. 反问句一般用句号，程度强的时候才用问号。

7. 顿号，严格限制在罗列的时候，如李白、杜甫、白居易。短语之间，一般使用逗号。

8. 长句子，可以试着出声朗读，体会节奏美，需要停顿的地方加逗号。不要拘泥于语法成分。句读的读，就是停顿。文言文的节奏很重要，逗号可以解决文言文的节奏问题，这个时候不要用顿号。

9. 尽可能不用省略号。古人引书，有的节略，有的意引，不完全照搬原文。这个时候，可以用冒号、引号。不必用省略号。如果引文出现错误，造成误解，就要考虑出校勘记。尽量不改原文。因为我们不知道他的版本来源。

10. 多重引文，引文中又有引文，甚至三层四层，考据学、训诂学，容易出现。这时候要考虑，不会引起误解的情况下，可以节省引号的层次。

11. 分段，文章短的不必分段。文章长的可以分段，但是不提倡多分段。

杜泽逊。2020 年 5 月 27 日

附录一：上海博古斋阅书记

1.《华泉先生集选》二册

王士禛选刻本。禛字尚未挖改。有渐伯手跋、题签（甲申清和月，钤"渐伯"印）。

4500元。

2.《颐菴居士集》二卷　二册

精抄本。题"四明刘应时良佐"。七行十六字。素纸。"虞山沈氏希任斋劫余"朱文方印。嘉泰元祀六月戊戌杨万里序。书末："癸丑正月景写汲古阁藏钞本，原本在顾鹤逸先生处。"

12000元。

3.《逸周书》十卷　二册

题"晋□□孔晁注、明新安程荣校"。九行二十字，白口，左右双边。姜士昌仲文序，晋陵赵凤光书。序首叶版心下"黄中元"，卷内版心下"子""余"等字。

8500元。

4.《陈眉公太平清话》二册

题"张昀校、沈德先阅"。"庄鸣昌珍藏"朱文长方印。

5200元。

5.《南疆逸史》四册

抄本。存卷一至三、四至十一、十二至二十、二十一至二十六、二十九。第一册封皮:"南疆逸史初稿,二十八卷",下小字:"温睿临撰,五石斋藏本"。第四册钤"三山陈氏居敬堂图书"朱文长方印。

12000元。

6.《先醒斋笔记》四册

题"吴兴丁元荐长孺甫辑、海虞李枝季虬甫参订"。十行二十字,白口,左右双边。版心上及目录:"广笔记。"前天启二年岁次壬戌仲冬既望东吴缪希雍自序,崇祯壬午李枝序。

10000元。

7.《世说新语补》二册

明刻本。题"明何良俊撰补、王世贞删定、张文柱校注、凌濛初攷订"。

5000元。

8.《成唯识论》十卷　十册

题"金坛居士王肯堂笺义"。十行二十字,单边,无直格。万历癸丑六月十九日死灰居士王肯堂宇泰甫力疾自序。"明善堂览书画印记"。

25000元。

9.《霩台小补》一册

末"道光壬辰乞巧日校刊印施"。又后记署"道光甲午季春月朔乐斋金莲凯题于鸟歌花笑之楼"。前自序云："余既撰梨园龘论并戏题诸作因书签曰霩台小补。"

5500元。

10.《重刻明钞张说之集》四册

结一庐朱氏賸馀丛书。白纸，初印。

10000元。

11.《韩诗外传》五册

题"汉燕人韩婴著、皇和南越鸟宗成校"。皮纸。十行二十字，白口，左右双边。版心下"星文堂藏"。有眉批，似出日本人。宝历九年（即乾隆廿四年）刻序，引诗篇目。末："韩诗外传大尾，鸟山宇内训点。书肆：东都　前川权兵卫；东都　前川庄兵卫；皇都　钱屋忠兵卫；摄阳高麗桥壹丁目浅野弥兵卫梓。"

15000元。

12.《尚友录》二十二卷　二十四册

题"闽绥安宾于廖用贤编纂"。七行，小字双行二十字，白口，左右双边，半页一框。封面"雍正四年重镌""三瑞堂藏板"。万历四十五年谢兆申《刻尚友录序》。序首叶版心下"国卿刻"。顺治癸巳吴介菴季芷序，康熙丙午陆求可序，天启元年巡抚福建商周祚序。凡例首叶版心下"吴卿刻"。卷内刻工：王朝宰、吴国卿、吴连宇、余子兴等。当即万历旧版，清代修版印本，谎称重刊本耳。字体为明长方宋字。

15000元。

13.《群书治要》五十卷 十六册

日本天明七年刻本。白纸。"爱日馆金石书画印""萧珊精舍"。15000元。

14.《唐柳河东集》二十四册

题"明樵李蒋之翘辑注"。版心下"三径藏书"。

30000元。

15.《东坡先生诗集注》二十册

题"宋眉山苏轼子瞻著、永嘉王十朋龟龄纂、明梁谿王永积崇严阅"。封面刻"鲸碧山房藏板",钤"有文堂珍藏"。

45000元。

16.《高唐州志》八卷首一卷末一卷 四册

徐宗幹修。道光十五年刊。道光十五年东昌府知府祝庆縠序,道光十五年徐宗幹序(知州)。姓氏末:"校刊绘图:历城李逢春、泰安鲁国顺。"书末有庚寅七月二日南通冯雄手跋,钤"冯雄印信"。一九四九年宗幹族五世孙詠绯手跋,钤"徐詠绯印"。庚寅冬日绯又跋。一九五八年绯又跋,又识,钤"倚淞楼"印。

15000元。

号1320/00079515。

17.《管子》六册

题"唐临菑房玄龄注释、芦泉刘绩增注、明西湖沈鼎新自玉、朱养纯元一参评、明西吴朱长春通演、朱养和元冲辑订"。九行二十字,白口,单边。版心下"花斋藏板"。眉上刻评。

17000元。

又一部7500元。

18.《分类补注李太白诗》二十五卷　六册

题"春陵杨齐贤子见集注、章贡萧士赟粹可补注、明长洲许自昌玄祐甫校"。九行二十字，白口，左右双边。

30000元。

19. 同上　六册

钤"钦训堂书画记""刘森之印""山东省立图书馆藏书章"。

卷二十一至二十五，一册，抄配。

25000元。

号1320/00081037。

20.《弢甫衡山集》五卷《恒山集》七卷《华山集》三卷《嵩山集》二卷《泰山集》三卷　十二册

写刻本。封面"修汲堂藏板"。版心下"修汲堂"。

30000元。

21.《东观馀论》六册

汲古阁本。

25000元。

22.《集千家注杜工部诗集》二十五卷　十四册

题"明长洲许自昌玄祐甫校"。

55000元。

23.《楚辞》二册

写刻本。题"蒲城屈复新集注、宗姪汝州启贤编、曾孙来泰录、受业同邑王垣校"。九行二十字，白口，四周双边。前有凡例。

末有残损。

5500元。

24.《吴越春秋》二册

题"汉赵晔撰、寓客黄嘉惠阅"。九行二十字,白口,白鱼尾,左右双边。稍有残损。

4500元。

25.《韩诗外传》二册

九行十九字,白口,左右双边,大黑框。乾隆十七年倪嘉谦序云编修张海门难弟晋康间得胜国海虞本校正开雕。末稍残损。

2500元。

26.《留香室诗草》四卷 二册

题"上海少白周志源撰"。九行二十字白口左右双边。封面、版心"留香室稿"。封面次页:"光绪戊寅年秋/九月申江校刊"二行。咸丰戊午金安澜序。同治甲子徐郁序。咸丰乙卯周国桢序。"沪海引谿王氏倚剑楼藏书印"朱文方印。卷四末:"上洋新北门内香花桥北塊/穿心街东口文艺斋刊行"二行。

2500元。

(本文为杜泽逊教授2006年8月18日上午于上海博古斋阅书时的随笔记录。2022年4月24日弟子纪霖凯据手稿整理)

附录二：壬寅年校经处推荐宋云彬古籍整理奖备选书目

杜泽逊辑　纪霖凯整理

2021年冬中华书局宋云彬出版基金理事会通知推荐第三届宋云彬古籍整理出版奖候选书目。推荐范围是2001年至2019年出版的古籍整理成果。2022年春节过后，我邀请山东大学部分师友，校经处毕业校友，以及学术界、出版界几位朋友就平时熟悉者提出宝贵建议。数日内即收到四十多份推荐信。乃嘱门生纪霖凯整理成目，统一体例，略依类归。推荐者及推荐意见注于每书之下。或可视为目录学上"推荐书目"之一种。优秀成果固不能周到，推荐各种亦不免管见，聊供读者参考而已。杜泽逊记。2022年2月9日。

经部

1.《清经解三编》，刘晓东、杜泽逊编，2011年齐鲁书社影印本。十二册。(推荐者：任辉。推荐意见：任辉："由阮元到王先谦，再到此书，庶几重续经学荣光。")

2.《清经解四编》,刘晓东、杜泽逊编,2016年齐鲁书社影印本。十四册。(推荐者:杜泽逊)

3.《民国时期经学丛书》(第一——六辑),林庆彰主编,2008—2013年台中文听阁图书有限公司影印本。三百六十册。(推荐者:秦洁。推荐意见:秦洁:"近代经学图书再版或数字化比例低,因而丛书资料价值高,从长远看对新经学研究也有助益。")

4.《易林汇校集注》,(旧题汉)焦延寿撰,徐传武、胡真校点集注,2012年上海古籍出版社排印本。三册。(推荐者:刘晓艺。推荐意见:刘晓艺:"汇集对《易林》的注释、研究与讨论,非常全面,具有易学、语言学、文学等领域的三重价值。")

5.《尚书校释译论》,顾颉刚、刘起釪著,2005年中华书局排印本。四册。(推荐者:江曦、李婧。推荐意见:江曦、李婧:"此书包括对《尚书》二十八篇的校勘注释、今译、重要问题的讨论,汇集了历代《尚书》文字考释和具体问题研究的成果,堪称《尚书》注释的集大成之作。")

6.《尚书注疏汇校》,杜泽逊主编,2018年中华书局排印本。九册。(推荐者:刘润枫、刘祖国、石玉、刘书刚、刘占召、黄杰、赵鑫、王晓静、张秉国、纪霖凯、周怀文、黄林灏、郭冲、雒易寒、曹景年、任辉、陈一娇、韩古绍、邵红艳。推荐意见:刘润枫:"既能反映版本源流,又能反映《尚书注疏》在刊刻过程中文字变化的轨迹,同时也能看到前人校记的递承关系,对学生们学习研究或整理使用《尚书注疏》都具有很好的参考意义。"周怀文:"可称集大成之作,嘉惠学林,提名、获奖,都应是名至实归。"郭冲:"就学生个人所读所用体验而言,从学术意义、整理深度、整理质量来看,《四库存目标注》《尚书注疏汇校》皆具有里程碑意义。"曹景年:"《尚书》文本研究的集大成精良之作。"任辉:"其功甚于阮元校刊《十三经》。"邵红艳:"在体例、语言表述与出校用字方面,此书都有示范作用,具有借鉴意义,是古籍整理的典范之作。")

7.《毛诗传笺》,(汉)毛亨传、(汉)郑玄笺、(唐)陆德明音义,孔祥军点校,2018年中华书局排印本。一册。(推荐者:赵鑫)

8.《周礼正义》,(清)孙诒让著,汪少华整理,2015年中华书局排印本。十册。(推荐者:纪霖凯、侯乃峰、杜泽逊)

9.《礼记正义》,(汉)郑玄注、(唐)孔颖达正义,郜同麟点校,2019年浙江大学出版社排印本。三册。(推荐者:刘润枫、刘书刚、黄林灏、吴柱。推荐意见:刘润枫:"《礼记正义》整理本是目前看到的最为杰出的。从参校文献而言,重要版本基本完备。繁体横版方便阅读、批注,纸张精良,装帧精美,且整理者尽量保持原貌,绝无妄改。同样适合学生们研究或阅读。"刘书刚:"比较流畅。"黄林灏:"底本用足利八行本补配潘宗周本,最优,通校阮元本,参校单疏本、单疏抄本及十行本系统诸本,审慎不苟。")

10.《春秋左传注》(修订本),杨伯峻编著,2016年中华书局排印本。六册。(推荐者:侯乃峰)

11.《左传集评》,李卫军编著,2017年北京大学出版社排印本。四册。(推荐者:刘书刚。推荐意见:刘书刚:"对于探讨《左传》文章很有帮助。")

12.《论语新注新译》,杨逢彬著、陈云豪校,2016年北京大学出版社排印本。一册。(推荐者:吴柱)

13.《尔雅义疏》,(清)郝懿行撰,王其和、吴庆峰、张金霞点校,2017年中华书局排印本。二册。(推荐者:刘祖国、侯乃峰)

14.《经义述闻》,(清)王引之撰,虞思徵、马涛、徐炜君点校,2016年上海古籍出版社排印本。四册。(推荐者:纪霖凯)

15.《急就篇校理》,张传官校理,2017年中华书局排印本。一册。(推荐者:孙齐、石玉、伊强)

16.《说文解字注》,(汉)许慎撰、(清)段玉裁注,许惟贤整理,2007年凤凰出版社排印本。二册。(推荐者:纪霖凯、王辉。推荐意见:王辉:"此书校记甚多。我之前阅读段注时候发现其中的错漏,书中基本都出了校记。是目前段注的唯一点校本,质量很高。")

17.《广雅疏义校注》,(清)钱大昭撰,刘永华校注,2015年社会科学文献出版社排印本。二册。(推荐者:刘祖国)

18.《广雅疏义》,(清)钱大昭撰,黄建中、李发舜点校,2016年中华书局排印本。二册。(推荐者:刘祖国)

19.《匡谬正俗疏证》,(唐)颜师古撰,严旭疏证,2019年中华书局排印本。一册。(推荐者:伊强)

20.《出土战国文献字词集释》,曾宪通、陈伟武主编,2019年中华书局排印本。十七册。(推荐者:石玉、侯乃峰)

史部

1.《史记会注考证》,(汉)司马迁撰、(日)泷川资言考证,杨海峥整理,2015年上海古籍出版社排印本。八册。(推荐者:赵鑫)

2.《三国志集解》,(晋)陈寿撰、(南朝宋)裴松之注、卢弼集解,钱剑夫整理,2009年上海古籍出版社排印本。八册。(推荐者:赵鑫。)

3.《宋书》(修订本),(南朝梁)沈约撰,丁福林主持修订,2018年中华书局排印本。八册。(推荐者:赵鑫)

4.《旧五代史》(修订本),(宋)薛居正等撰,陈尚君主持修订,2015年中华书局排印本。六册。(推荐者:赵鑫)

5.《新五代史》(修订本),(宋)欧阳修撰、(宋)徐无党注,陈尚君主持修订,2015年中华书局排印本。三册。(推荐者:赵鑫)

6.《英藏敦煌社会历史文献释录》,郝春文主编,2001—2017年社会科学出版社排印本。十五册。(推荐者:孙齐、张鹏。推荐意见:张鹏:"按英国国家图书馆藏流水号依次对每件敦煌汉文社会历史文献进行释录,释录成通行的繁体字,解决所涉及文书定性、定名、定年等问题,释文后附有校记和有关该文书的研究文献索引。为全面整理敦煌社会历史文献提供了范例。")

7.《汉魏六朝杂传集》,熊明辑校,2017年中华书局排印本。四册。(推荐者:魏辰羽。推荐意见:魏辰羽:"该书搜罗整理了盛行于汉魏六朝的三百余种杂传,不仅做到了全面辑佚,而且在编次上为读者提供了极大便利:确立传主,把涉及传主的完整篇段、零章短句均汇集于其下并加以编次,标有传名、题注、作者,正义后必要时还附有述评。该书在辨伪、校勘方面也颇为出色。")

8.《唐代墓志汇编续集》,周绍良、赵超主编,2001年上海古籍出版社排印本。一册。(推荐者:杜泽逊)

9.《汉学师承记笺释》,(清)江藩纂,漆永祥笺释,2006年上海古籍出版社排印本。二册。(推荐者：郭冲。推荐意见：郭冲："对于江藩《国朝汉学师承记》取材来源、涉及人物、名物、学术事件做了翔实的笺释，严谨扎实，可谓研习清代学术史的必读之书。")

10.《文献通考》，(宋)马端临著，上海师范大学古籍研究所、华东师范大学古籍研究所点校，2011年中华书局排印本。十四册。(推荐者：孙齐、赵兵兵、王晓静。推荐意见：赵兵兵："为基础用书，而体量甚巨，华东师大与上师大通力合作，实属难得。")

11.《宋会要辑稿》，(清)徐松辑，刘琳、刁忠民、舒大刚、尹波等校点，2014年上海古籍出版社排印本。十六册。(推荐者：孙齐、王晓静)

12.《纪事录笺证》，(明)俞本撰，李新峰笺证，2015年中华书局排印本。一册。(推荐者：何朝晖。推荐意见：何朝晖："对俞本《纪事录》[《明兴野记》]进行了系统深入的整理，广泛征引各种资料对相关史实作了比勘考证，全面揭示了此书的文献与史料价值，对推进元末明初史事与朱元璋研究有重要贡献，出版后深得学界好评。")

13.《水经注校证》，(北魏)郦道元著，陈桥驿校证，2007年中华书局排印本。一册。(推荐者：韩吉绍)

14.《雍录》，(宋)程大昌撰，黄永年点校，2002年中华书局排印本。一册。(推荐者：纪霖凯)

15.《商周青铜器铭文暨图像集成》，吴镇烽编著，2012年上海古籍出版社影印本。三十五册。(推荐者：张鸿鸣、侯乃峰。推荐意见：张鸿鸣："此书系作者十余年搜集著录的成果，胜在搜罗宏富,做金文研究几乎可以以此为材料依据,且伪器不收,有鉴定释文之功。此书撰作甚苦,而极合用,诚功德无量之著作。")

16.《陕西金文集成》,张天恩主编,2016年三秦出版社影印本。十六册。(推荐者:侯乃峰)

17.《中国出土青铜器全集》,李伯谦主编,2018年龙门书局影印本。二十册。(推荐者:侯乃峰)

18.《新出齐陶文图录》,徐在国编著,2014年学苑出版社影印本。八册。(推荐者:侯乃峰)

19.《清华大学藏战国竹简》(壹—玖),李学勤、黄德宽主编,2010—2019年中西书局影印本。十八册。(推荐者:侯乃峰)

20.《秦简牍合集》,陈伟主编,2014年武汉大学出版社影印本。六册。(推荐者:伊强)

21.《秦简牍合集》(释文注释修订本),陈伟主编,2016年武汉大学出版社排印本。四册。(推荐者:吴柱)

22.《楚地出土战国简册》(十四种),陈伟编著,2016年武汉大学出版社影印本。二册。(推荐者:王辉、侯乃峰。推荐意见:王辉:"此书囊括除上海博物馆藏简、清华大学藏简之外的其他楚简,是对旧出楚简的一次总结,参考价值很大。有释文有注释。")

23.《安徽大学藏战国竹简》(一),黄德宽、徐在国主编,2019年中西书局影印本。一册。(推荐者:侯乃峰)

24.《中国古代砖刻铭文集》,胡海帆、汤燕编著,2008年文物出版社影印本。二册。(推荐者:姚文昌。)

25.《汉魏六朝碑刻校注》,毛远明编著,2008年线装书局排印本。十一册。(推荐者:姚文昌)

26.《金石录校证》,(宋)赵明诚著,金文明校证,2005年广西师范大学出版社排印本。一册。(推荐者:解树明)

27.《语石》,(清)叶昌炽撰,姚文昌点校,2018年浙江大学出版社排印本。一册。(推荐者:张鸿鸣、纪霖凯。推荐意见:张鸿鸣:"点校精严,可称善本。")

28.《玉海艺文校证》,(宋)王应麟撰,武秀成、赵庶洋校证,2013年凤凰出版社排印本。三册。(推荐者:王晓静、黄林灏。)

29.《小学考》,(清)谢启昆著,李文泽、霞绍晖、刘芳池校点,2015年四川大学出版社排印本。一册。(推荐者:刘祖国)

30.《四库存目标注》,杜泽逊撰,2007年上海古籍出版社排印本。八册。(推荐者:郭冲、邵妍。推荐意见:郭冲:"就学生个人所读所用体验而言,从学术意义、整理深度、整理质量来看,《四库存目标注》《尚书注疏汇校》皆具有里程碑意义。"邵妍:"用时十三年零九个月,300余万字,王绍曾先生评:'综观全书,取材宏富,考辩缜详,论述深刻,行文雅洁,目验版本逾五千种,尤为可贵。'")

31.《四库全书总目汇订》,魏小虎编撰,2012年上海古籍出版社排印本。十一册。(推荐者:杨胜祥、纪霖凯、赵兵兵、谢应敏、李振聚、雒易寒、陈一娇。杨胜祥:"此书既对校了殿本和浙本,又汇集六百余家中外学者的考订结论,间附作者考证,是最为方便可靠的《四库全书总目》整理本,可称嘉惠学林。"赵兵兵:"《四库全书总目汇订》,本亦拟荐,但因其讹误较多,难称精品,故未列入。复思《总目》之为经典,舛错不足以掩。魏氏以一人之力,整理此二百卷之书,堪当《总目》功臣。愿增赞成一票。")

32.《日本国见在书目录详考》,孙猛著,2015年上海古籍出版社排印本。三册。(推荐者:孙齐、王晓静、黄林灏、郭冲、任辉。推荐意见:郭冲:"'采取了狮子搏兔、穷尽文献的研究方法,对每部可考书的文本面貌、流传轨迹以及存世遗痕都作了追究,发明之丰富,举证之坚确,论述之精密,评骘之平实,可叹为观止.'[陈尚君《孙猛著〈日本国见在书目录详考〉初读述感》]。"任辉:"考辨精详,工具价值,不言自喻。")

33.《上海图书馆善本题跋辑录 附版本考》,陈先行、郭立暄编著,2017年上海辞书出版社排印本。二册。(推荐者:郭冲、李振聚、姚文昌。推荐意见:郭冲:"收录上图馆藏善本题跋精华,内容丰富,版本考证严谨扎实,录文句读多准确可信。")

34.《美国俄亥俄州立大学图书馆中文古籍目录》,(美)李国庆编,2017年中华书局排印本。一册。(推荐者:刘晓艺。推荐意见:刘晓艺:"曾获得2017年度全国'优秀古籍图书奖'一等奖。所属的《海外中文古籍总目》项目,系'十二五'国家重点图书出版规划、《2011—2020年国家古籍整理出版规划》重点项目,已被列入'十三五'古籍整理出版工作五大重点之一。编者李国庆,美国图书馆学界华裔学术带头人。")

子部

1.《朱子全书》(修订本),(宋)朱熹著,朱杰人、严佐之、刘永翔主编,2010年上海古籍出版社、安徽教育出版社排印本。二十七册。(推荐者:曹景年。推荐意见:曹景年:"囊括了朱熹的全部著述文字,并附有历代序跋、考订文字,等等,共约1500万字。")

2.《朱子语类汇校》,(宋)黄士毅编,徐时仪、杨艳汇校,2014年上海古籍出版社排印本。七册。(推荐者:石杰。推荐意见:石杰:"此书利用了日本九州岛大学图书馆藏古写徽州本《朱子语类》[此本包含其他诸本不载之内容],同时又参校了历史上诸多《语类》版本。儒学研究绕不开朱子,《朱子语类汇校》对于推动儒学研究的开展颇具价值。")

3.《南华真经义海纂微》,(宋)褚伯秀撰,方勇点校,2018年中华书局排印本。三册。(推荐者:刘祖国)

4.《管子校注》,黎翔凤撰,梁运华整理,2004年中华书局排印本。三册。(推荐者:秦洁。推荐意见:秦洁:"《管子》内容很杂,校注扩充阐释力度大,读起来很有启发,也很契合《管子》一书的性质。")

5.《韩非子校注》(修订本),《韩非子》校注组编写,周勋初修订,2009年凤凰出版社排印本。一册。(推荐者:陈谊)

6.《本草纲目影校对照》,(明)李时珍撰,张志斌、郑金生主编,2017—2019年科学出版社、龙门书局影印本。十二册。(推荐者:孙齐)

7.《困学纪闻注》,(宋)王应麟著,(清)翁元圻辑注,孙通海点校,2016年中华书局排印本。七册。(推荐者:吴柱)

8.《读书杂志》,(清)王念孙撰,徐炜君、樊波成、虞思徵、张靖伟校点,2014年上海古籍出版社排印本。五册。(推荐者:刘祖国)

9.《陶庵梦忆 西湖梦寻》,(明)张岱著,路伟、郑凌峰点校,2018年浙江古籍出版社排印本。一册。(推荐者:张鸿鸣、黄林灏、雒易寒。推荐意见：张鸿鸣："点校精严，可称善本。"黄林灏："《陶庵梦忆》用未删改过的中科院图书馆藏抄本通校，纠正诸多通行本错误。《西湖梦寻》用张氏原刻本为底本，两书皆首次附入评语。"）

10.《日本世说新语注释集成》，张伯伟编著，2019年凤凰出版社影印本。十五册。（推荐者：李剑锋）

11.《世说新语校释》（增订本），（南朝宋）刘义庆撰、（南朝梁）刘孝标注，龚斌校释，2019年上海古籍出版社排印本。三册。（推荐者：李剑锋）

12.《搜神记辑校 搜神后记辑校》，（晋）干宝撰、（南朝宋）陶潜撰，李剑国辑校，2019年中华书局排印本。二册。（推荐者：纪霖凯）

13.《云溪友议校笺》，（唐）范摅撰，唐雯校笺，2017年中华书局排印本。一册。（推荐者：孙齐、黄林灏。推荐意见：黄林灏："详细考证史源及故事流变。"）

14.《南部新书溯源笺证》，（宋）钱易著，梁太济笺证，2013年中西书局排印本。一册。（推荐者：孙齐）

15.《登真隐诀辑校》，（南朝梁）陶弘景撰，王家葵辑校，2011年中华书局排印本。一册。（推荐者：李冰清。推荐意见：李冰清："在参考学术界既有研究成果的基础上，对原文中殊为难解的字词语汇进行了考释，又详引相关文献进行补充、参证，可视为道教典籍整理的佳作。"）

16.《真灵位业图校理》，（南朝梁）陶弘景纂、（唐）闾丘方远校定，王家葵校理，2013年中华书局排印本。一册。（推荐者：李冰清。推荐意见：李冰清："在参考学术界既有研究成果的基础上，对原文中殊为难解的字词语汇进行了考释，又详引相关文献进行补充、参证，可视为道教典籍整理的佳作。"）

17.《养性延命录校注》，（南朝梁）陶弘景集，王家葵校注，2014年中华书局排印本。一册。（推荐者：李冰清。推荐意见：李冰清："在参考学术界既有研究成果的基础上，对原文中殊为难解的字词语汇进行了考释，又详引相关文献进行补充、参证，可视为道教典籍整理的佳作。"）

18.《一切经音义三种校本合刊》（修订版），徐时仪校注，2012年上海古籍出版社排印本。四册。（推荐者：王辉。推荐意见：王辉："此书是一切经音义汇校的集大成之作，作者徐时仪来参加过第一次中国小说论坛，是佛经音义研究的权威。"）

19.《续高僧传》，（唐）道宣撰，郭绍林点校，2014年中华书局排印本。三册。（推荐者：石玉）

20.《北山录校注》，（唐）神清撰、（宋）慧宝注、（宋）德珪注解，富世平校注，2013年中华书局排印本。一册。（推荐者：张秉国）

21.《释氏要览校注》，（宋）释道诚撰，富世平校注，2014年中华书局排印本。一册。（推荐者：张秉国）

集部

1.《陆机集校笺》，（晋）陆机著，杨明校笺，2016年上海古籍出版社排印本。二册。（推荐者：宋一明、江曦、李婧、徐昌盛。推荐意见：宋一明："校注功力很深。"李婧："这是杨老师用力最深的著作，获得了上海市一等奖，教育部二等奖，可以推荐。"）

2.《鲍照集校注》，（南朝宋）鲍照著，丁福林、丛玲玲校注，2012年中华书局排印本。二册。（推荐者：赵鑫）

3.《李白集校注》，（唐）李白著，瞿蜕园、朱金城校注，2007年上海古籍出版社排印本。四册。（推荐者：陈一娇。推荐意见：陈一娇："此书选取十余种重要刊本和唐宋重要总集和选本为参校，广为蒐集笔记等资料，纠正了前人的不少错误。又精选各家评笺，对李白诗心颇有卓识。"）

4.《杜甫集校注》，（唐）杜甫著，谢思炜校注，2016年上海古籍出版社排印本。七册。（推荐者：赵鑫）

5.《韩愈文集汇校笺注》，（唐）韩愈著，刘真伦、岳珍校注，2010年中华书局排印本。七册。（推荐者：胡晨晖。推荐意见：胡晨晖："刘真伦先生是韩愈研究大家，尤其在韩集版本研究上颇有造诣，该书版本、校勘和注释材料极为丰富，用功极深，但有失于剪裁之弊，不利于通览。"）

6.《韩昌黎诗集编年笺注》，（清）方世举撰，郝润华、丁俊丽整理，2012年中华书局排印本。二册。（推荐者：胡晨晖。推荐意见：胡晨晖："近年韩集整理的代表性成果。"）

7.《五百家注韩昌黎集》，（宋）魏仲举集注，郝润华、王东峰整理，2019年中华书局排印本。二册。（推荐者：胡晨晖。推荐意见：胡晨晖："近年韩集整理的代表性成果。保留了大量唐宋时期的评论资料，不仅有助于韩集理解，还具有极高的校勘价值。"）

8.《白居易诗集校注》，（唐）白居易著，谢思炜校注，2006年中华书局排印本。6册。（推荐者：张秉国）

9.《元稹集校注》,(唐)元稹著,周相录校注,2011年上海古籍出版社排印本。三册。(推荐者:张秉国)

10.《梅尧臣集编年校注》,(宋)梅尧臣著,朱东润编年校注,2006年上海古籍出版社排印本。三册。(推荐者:张秉国)

11.《王安石全集》,(宋)王安石著,王水照主编,2016年复旦大学出版社排印本。十册。(推荐者:胡晨晖。推荐意见:胡晨晖:"由多位专家联袂完成,除《临川先生文集》外,还有王安石经学著作的辑佚和汇编,并收录了《唐百家诗选》,是对王安石著作的全面搜罗整理,末册附录可以视为研究资料汇编,亦极具参考价值。")

12.《苏轼全集校注》,(宋)苏轼著,张志烈、马德富、周裕锴主编,2010年河北人民出版社排印本。二十册。(推荐者:刘润枫、张秉国、赵鑫、胡晨晖。推荐意见:刘润枫:"该书为读者提供了较为可靠的苏轼诗词文全集。全书编次合理,体例完善,校勘精审,注释详明。内容上广泛地吸收了前人的研究成果,形式上为出版先贤著作提供了较为优秀的范例。同样值得推荐。")

13.《山谷诗注续补》,(宋)黄庭坚著,陈永正、何泽棠注,2012年上海古籍出版社排印本。一册。(推荐者:赵鑫)

14.《陆游全集校注》,(宋)陆游著,钱仲联、马亚中主编,2016年浙江古籍出版社排印本。二十册。(推荐者:胡晨晖。推荐意见:胡晨晖:"是苏州大学两代学人接力完成的,其中《剑南诗稿校注》由钱仲联先生独自完成,1985年由上海古籍出版社出版,钱先生未来得及校注文集,但撰写了框架提纲,钱先生逝世之后,由弟子马亚中等人继续完成文集校注,包括《渭南文集》《老学庵笔记》《南唐书》等。")

15.《杨简全集》,(宋)杨简著,董平校点,2015年浙江大学出版社排印本。十册。(推荐者:谢应敏。推荐意见:谢应敏:"此书全面搜罗了杨慈溪存世文献,其中包含了美国哈佛大学图书馆等不同版本资料,丰富而翔实。是目前关于杨简研究最基础、可靠的文献整理成果,对于推动南宋学术与杨简研究的深入,具有重大价值。")

16.《王阳明全集》,(明)王守仁撰,吴光、钱明、董平、姚延福编校,2011年上海古籍出版社排印本。三册。(推荐者:曹景年。推荐意见:曹景年:"搜罗全面,整理标点比较严谨。")

17.《汤显祖集全编》,(明)汤显祖著,徐朔方笺校,2015年上海古籍出版社排印本。六册。(推荐者:胡晨晖。推荐意见:胡晨晖:"徐朔方先生一生沉浸汤显祖研究,1962年中华书局《汤显祖集》四册,徐朔方负责笺校诗文部分,钱南扬负责点校戏曲部分,后各自单独出版,因时间匆忙且二位整理者观点有分歧,故徐先生并不满意此成果,后独自完成1999年北京古籍出版社《汤显祖全集》的整理。徐先生逝世后,上海古籍出版社组织学者对《汤显祖全集》全面修订、补遗并吸收最新学界成果,完成《汤显祖集全编》,可以说是徐先生和学界对汤显祖研究的最新成果。")

18.《黄道周集》,(明)黄道周撰,翟奎凤、郑晨寅、蔡杰整理,2017年中华书局排印本。六册。(推荐者:石玉)

19.《钱牧斋全集》,(清)钱谦益著、(清)钱曾笺注,钱仲联标校,2003年上海古籍出版社排印本。八册。(推荐者:杜泽逊、孙欣婷。推荐意见:孙欣婷:"此书将《初学集》《有学集》及《牧斋杂著》汇为一编，冠以《钱牧斋全集》之名，搜集钱氏作品较为完备，为钱谦益作品整理研究之精品。"）

20.《黄宗羲全集》，（清）黄宗羲著，吴光主编，2012年浙江古籍出版社排印本。十二册。（推荐者：杜泽逊、孙欣婷。推荐意见：杜泽逊："内容较完备，整理校勘详细，附考证精到。"）

21.《方以智全书》，（明）方以智撰，黄德宽、诸伟奇主编，2019年黄山书社排印本。十册。（推荐者：宋一明。推荐意见：宋一明："内容广博，整理不易。"）

22.《顾亭林诗集汇注》，（清）顾炎武著，王蘧常辑注，吴丕绩标校，2006年上海古籍出版社排印本。二册。（推荐者：杜泽逊、孙欣婷。推荐意见：孙欣婷："王蘧常在徐嘉注本基础上，加以大量补注，是顾炎武诗集注本中较为完备的一种。"）

23.《龚鼎孳全集》，（清）龚鼎孳著，孙克强、裴喆编辑校点，2014年人民文学出版社排印本。四册。（推荐者：葛云波。推荐意见：葛云波："龚鼎孳为清初三大家，然作品散逸严重，搜集汇编之功最大。"）

24.《曹贞吉集》，（清）曹贞吉著，宋开玉辑校，2018年人民文学出版社排印本。一册。（推荐者：黄杰。推荐意见：黄杰："孙欣婷老师《读宋开玉辑校〈曹贞吉集〉》评价宋书：'网罗完备、校勘精细、考证详确、附录丰赡，整理与研究相结合，可以说是古籍整理成果的上乘之作，值得同行专家和后学借鉴。'这样看来此书相当推荐。"）

25.《嘉定钱大昕全集》(增订本)，（清）钱大昕著，陈文和主编，2016年凤凰出版社本。十一册。（推荐者：解树明）

26.《莫友芝全集》,(清)莫友芝著,张剑、张燕婴整理,2017年中华书局排印本。十二册。(推荐者:刘占召。刘占召:"在多年深入研究的基础上进行的整理,规范可信。")

27.《皮锡瑞全集》,(清)皮锡瑞著,吴仰湘整理,2015年中华书局排印本。十二册。(推荐者:吴柱)

28.《江标集》,(清)江标著,黄政辑,2018年凤凰出版社排印本。一册。(推荐者:姚文昌、任辉。推荐意见:任辉:"元和江标才气纵横,著述颇丰,奈何早逝,作品星散。黄老师研究江氏近十年,吉光片羽而甄完帙,亦其幸也。")

29.《俞樾函札辑证》,(清)俞樾著,张燕婴整理,2014年凤凰出版社排印本。二册。(推荐者:黄林灏。推荐意见:黄林灏:"均为手迹而认错的地方几乎没有,通过只言片语考信件时间,颇下了一番功夫。")

30.《章太炎全集》,章太炎著,上海人民出版社编,2014—2018年上海人民出版社排印本。二十册。(推荐者:胡培培。推荐意见:胡培培:"此书在1982年已出的八卷本的基础上,尊重原整理者的工作成果,又广泛汇录存世的章氏著述。是目前规模最大、收录最全的章太炎著作集。")

31.《文选旧注辑存》,刘跃进著,徐华校,2017年凤凰出版社排印本。二十册。(推荐者:刘占召。推荐意见:刘占召:"搜罗资料全面。")

32.《汉魏六朝集部珍本丛刊》,刘跃进主编,2019年国家图书馆出版社影印本。一百册。(推荐者:李剑锋)

33.《全宋文》,曾枣庄、刘琳主编,2006年上海辞书出版社、安徽教育出版社排印本。三百六十册。（推荐者：曹景年。推荐意见：曹景年："全书收文十七万余篇，作者近万人，字数约一亿，收录不少稀见文献，是迄今篇幅最大、字数最多的断代文章总集。"）

34.《日本所编中国诗文选集汇刊·明代卷》，陈广宏、侯荣川编，2019年广西师范大学出版社排印本。三十一册。（推荐者：陈一娇。推荐意见：陈一娇："共收录日本学者所编明人诗文选集七十种，并辅以解题，对于研究者了解和认识明人诗文创作及文学思想在日本传播与接受的具体情形及特点极有助益。"）

35.《全清词·雍乾卷》，张宏生主编，2012年南京大学出版社排印本。十六册。（推荐者：胡晨晖。推荐意见：胡晨晖："是《全清词·顺康卷》（2002）的继续，而《全清词·嘉道卷》也已于2019年完成出版。清代的文献浩如烟海，《全清词》的编纂为《全清诗》《全清文》乃至其他文献全编整理工作提供了宝贵经验。"）

36.《文心雕龙校注通译》，戚良德著，2008年上海古籍出版社排印本。一册。（推荐者：谢应敏。推荐意见：谢应敏："此书以范文澜注本的原文为基础，参照了近世诸家的校勘整理成果，同时还加入了唐写本的研究成果，在精心校注的基础上还做了详审的翻译工作，是一个学习、研究《文心雕龙》极好的文本。"）

37.《金代诗论辑存校注》，胡传志校注，2018年人民文学出版社排印本。二册。（推荐者：葛云波。推荐意见："为金代诗话全编，且有校注。"）

38.《明人诗话要籍汇编》，陈广宏、侯荣川编校，2017年复旦大学出版社排印本。十册。（推荐者：杜泽逊。推荐意见：杜泽逊：

"选择精而点校细,为古籍整理一大贡献。")

39.《稀见明人文话二十种》,陈广宏、龚宗杰编校,2016年上海古籍出版社排印本。二册。(推荐者:雒易寒、陈一娇。推荐意见:雒易寒:"收录罕见明人文话,多有孤本或藏于海外者,有益于文章学和文学批评研究。")

40.《历代文话》,王水照编,2007年复旦大学出版社排印本。十册。(推荐者:赵兵兵、韩超。推荐意见:赵兵兵:"此属大型资料汇编,为古代文论研究者所必备,惠人之学,流泽无穷。"韩超:"中国古代文学研究诗学、词学等蔚为大观,而自清人何文焕纂辑《历代诗话》,丁福保赓续其例再作《续编》,诗话一体影响遂广;另有词话之目相偕而揄,近人唐圭璋遍收词林异述,乃以《词话丛编》聚为渊薮。王水照先生则拈出'文章学',并搜辑编次前贤文话编成《历代文话》。本书为大型资料汇编,收录宋以来直至民国时期(1916)的文评专书和论著,共计一百四十三种,六百余万字,十册精装。所收内容主要以论古文为主,亦酌情选取论评骈文、时文之集成性著作,按著者生卒年之先后排列。收书均作提要,介绍著者简历、该书内容和主要版本情况,予以新式标点。各书底本大多选取精刊精校之善本,其中部分传本世所罕觏,如陈绎曾《文章欧冶》、王守谦《古今文评》等书,或国内珍稀,或中土久逸,本次整理对此类珍版则尽加利用。因日本学者所撰评论中国古代文章的文话甚夥,因此在附录部分,除选录两种较有影响的文话著作以窥豹斑外,并附《知见日本文话目录提要》一文供国内学人参酌。卢康华曾撰文说明:王水照先生主编的《历代文话》,皇皇十巨册,洋洋六百二十余万字,自2007年底由复旦大学出版社出版后,即在学界激起极大反响,赢得了'文话总汇'(陈尚君先生语)、'文章学之渊薮'(傅璇琮先生语)的美誉,推进了中国文章学学科的基础建设与深化拓展,厥功甚伟。")

41.《乐章集校注》(增订本),(宋)柳永著,薛瑞生校注,2012年中华书局排印本。一册。(推荐者:张秉国)

42.《清真集校注》,(宋)周邦彦著,孙虹校注、薛瑞生订补,2002年中华书局排印本。二册。(推荐者:张秉国)

以上共计一百一十七部书。

序言与发刊词

书家刘元堂之学问

元堂之书法，青年翘楚，而其学问，知者盖寡。今举一事，以谂当世君子。雕版印刷，起于唐，兴于五代，盛于两宋，衍于元明清，衰于民国，今成绝响矣。唐五代印本传世甚罕，治版本之学者，率以宋元为重。明末清初有钱谦益、毛晋、钱曾、季振宜、徐乾学，乾隆间珍本聚于清宫天禄琳琅。中叶则黄丕烈、汪士钟。后期则瞿、杨、丁、陆四家。民国以来则傅增湘、李盛铎、赵万里，皆其卓异者。鉴别之法，举凡版式、字体、序跋、牌记、避讳、刻工、纸张、墨色、装潢、钤记，无所不包。语其通则，张元济先生每言刀法，黄永年先生谓字体最重，当代言版本者，纠葛正在于此。盖学问、艺事不能兼通也。

数年前，元堂来游，不耻下问。乃授以版本目录之学，质以字体刀法之事。旋游金陵，卒博士业，毕业论文即以《宋代版刻书法研究》为题。南京图书馆藏《中华再造善本》影印宋金元版数百种,皆逐一详观而笔志之,诸家图录景刊之宋元各种亦细阅之。然后类聚群分,条析件系,同一刻工所刻之字,排列而图示之,然后知刀法影响版刻风格者甚大,旧所鉴别多有可商也。夫《中华再造善本》为空前巨帙,宋金元刊萃于一编,诚不朽之盛举,而逐页观摩,心营目识,尚不闻其人,宜其版本之学创获独多也。学问之与艺事,岂可分治哉。我于元堂受益良多,举此可见其余也。2014年8月31日。

(本文为《宋代版刻书法研究》序)

《古有憙》序

向春把他的论文题跋文字 23 篇结集为《古有憙》一册,将付出版,来信索序。昔年渠有《古艳遇》一集,尝为序之,关于向春治学之精能已言之,兹不重复。本集涉及的人物书籍大都是我熟悉的,因而也产生了一些联想。徐森玉先生是 20 世纪图书文献和博物馆界的奇人,历年阅读徐先生的文章,印象深刻的是关于蜀石经的论述。那时为了查考《孟子》入经的过程,看了不少关于蜀石经的文献,感到说得最清楚的还是徐森玉先生。关于徐森玉先生的文字,印象深刻的还有《郑振铎先生书札》中抗战期间郑振铎为公家购买刘承幹嘉业堂藏书的往事。刘承幹藏书的购买很费周折,有一天张寿镛告诉郑振铎,上头派专人来上海,他就是徐森玉。其后郑振铎自言与徐森玉"几于无日不聚,聚无不长谈,奇书共赏,疑难共析,书林掌故,所获尤多,诚胜读十年书矣"(郑振铎致蒋复璁函,见陈福康《郑振铎年谱》1941 年 2 月 26 日)。刘承幹藏书都是郑振铎"连日下午偕森公点查"的。刘承幹日记也有宴请的记载："席间闻森玉、西谛二公所谈所见之书，渊博极矣！"（同上书，1941年5月10日）可惜的是徐森玉先生没有傅增湘那样的《藏园群书经眼录》问世，大概都在肚子里带去了。

　　《梅花喜神谱》宋本是吴湖帆旧藏的，现存上海博物馆，影印过若干次了，已不稀见。其中钤印则有"江南吴湖帆潘静淑夫妇并读同珍之宝"。徐乃昌也有夫妇藏书印"徐乃昌马韵芬夫妇印"。这也让我想到几对夫妇的藏书印，其中藏书档次较高的是韩德均夫妇，钤有两方常见的长条印："甲子丙寅韩德均钱润文夫妇两度携书避难记""松江读有用书斋金山守山阁两后人韩德均钱润文夫妇之印"。松江韩应陛读有用书斋藏书主体部分是咸丰年间从黄丕烈家得来的士礼居残剩，他的斋号似乎也是仿照黄丕烈"读未见书斋"取的。1937年前后，松江韩氏书散出，蒋祖诒、邹百耐经手不少，有一些归了适园张氏，又经郑振铎收归中央图书馆，去了台湾。近百年间，我国的文物图书聚散，历尽坎坷磨难，而发生在上海江浙的故事尤多。向春在上海博物馆供职，出复旦大学吴格先生门下，耳濡目染，多见名品，眼勤手勤，往往形诸文字，传于同好，精解卓识，亦必留贻后人。收入本书的篇什，向春谦虚地认为是"大杂烩"，实则杂而不散，万变不离其宗也。余与向春有同好，因牵合埙篪书之，聊以塞责云尔。戊戌大暑后七日滕人杜泽逊序于历城校经处。

《石刻中的山东古代社会》序

石刻文献的史料价值，久为学术界重视，有关著述不计其数，硕果累累，解决的学术问题也可以说不胜枚举。山东的石刻资料较之其他省份，尤称丰富。清代阮元任山东学政，撰修了一部名著《山左金石志》，其中真知灼见甚多，可以作为认识山东石刻文献的读本。我在一次奉命讲授山东先贤与齐鲁文化的专题课时，发现山东嘉祥的东汉武氏祠画像石有独特的史料价值。当时请研究生王菲同学帮助查考闵子骞资料。孔子弟子二十四孝之一闵子骞（姓闵，名损，字子骞）是广为人知的，然而他的孝敬父母的事迹却不见于先秦两汉的典籍。《论语》只说："子曰：孝哉闵子骞！人不间于其父母昆弟之言。"司马迁《史记·仲尼弟子列传》抄写了这句话，也没有提供有关的事迹。而在东汉武氏祠画像石上却有一幅画：闵子骞从车上掉下来，他父亲在车上伸手拉他，车上还坐着他的同父异母弟，上面刻着文字说明："闵子骞与后母居，爱有偏移,子骞衣寒,御车失棰。"有关的文字记载则迟至唐代欧阳询《艺文类聚》卷二十中才有引刘向《说苑》的一段:"闵子骞兄弟二人,母死,其父更娶,复有二子。子骞为其父御车,失辔。父持其手,衣甚单。父则归呼其后母儿,持其手,衣甚厚温。即谓其妇曰:'吾所以娶汝,乃为吾子。今汝欺我,去无留。'子骞前曰:'母在一子单,母去四子寒。'其父默然。故曰:孝哉闵子骞,一言其母还,再言三子温。"欧阳询引用的西汉刘向的《说苑》,这段话不见于传世的《说苑》,清代卢文弨等学者认为是《说苑》的逸文。从这段文字与武氏祠汉画像石比较吻合看,卢文弨的说法大体可信。但是从文献载体看,《艺文类聚》毕竟是唐代的,而武氏祠汉画像石刻却是东汉的,其原始性当然是无与伦比的。《艺文类聚》引刘向《说苑》记载的是闵子骞有一位亲生的弟弟,又有二位同父异母的弟弟,也就是共有兄弟四人。到了五代时期李瀚的《蒙求集注》,就变成了兄弟共三人,闵子骞没有了亲生的弟弟,只有两个同父异母的弟弟,"母在一子单,母去四子寒"已改成了"母在一子寒,母去三子单"。个中原因,恐怕是作为榜样的闵子骞不应有被人疑惑的地方,比方说亲生的兄弟既然有两个,后母为什么单单对闵子骞不好呢?是不是闵子骞有什么缺点?所以干脆不说还有一个亲生的兄弟。《蒙求》中还增加了"所生子以棉絮衣之,损以芦花絮"的细节。北宋李昉等编《太平御览》引《孝子传》更在"衣以芦花"之外增加了"父怒笞之"的细节。这就为后来"鞭打芦花"的完整故事逐步铺平了道路。闵子骞的故事演变带有一定的典型性,而就其源头来说,仍以东汉武氏祠画像石为最早。

清代阮元对山东石刻研究很深,他发现高密的金代承安五年

（1200）重刻唐代武则天时期史承节撰《后汉大司农郑公碑》与通行的范晔《后汉书·郑玄传》有文字出入。《后汉书·郑玄传》载郑玄病重时《戒子益恩书》云："吾家旧贫，不为父母群弟所容，去斯役之吏，游学周秦之都。"《郑公碑》则无"不"字。阮元认为《后汉书》的"不"字是误增的，不应有。他说："'为父母群弟所容'者，言徒学不能为吏以益生产，为父母群弟所含容，始得去厮役之吏，游学周秦。"（阮元《小沧浪笔谈》，又《揅经室二集》卷七《金承安重刻唐万岁通天史承节撰〈后汉大司农郑公碑〉跋》）阮元的这一发现引起了清代学者的兴趣，陈鳣发现黄丕烈藏元刻本《后汉书》其实没有"不"字，"不"字是在传刻过程中由无知者妄加的。这个用石刻校勘古书的例子广为学术界称道，我在念研究生时，王绍曾师讲校勘学就举过这个例子，所以记忆很深。

孟凡港同志2014年4月经刘心明教授之介从我做博士后，当时他作为曲阜师大教师，正从事"《山左金石志》校正"工作，所以博士后出站报告的题目定为"石刻中的山东古代社会"，这个题目也是山东省社科规划项目。2017年6月凡港完成博士后研究课题，圆满通过出站报告，正式出站。其后又经过修订，这部专著《石刻中的山东古代社会》得以出版。凡港的这部专著建立在长期的扎实的一手材料之上，他对山东各地的石刻文献做过大量实地考察，同时还到其他省份及日本的多家单位进行访求，把这些石刻材料与历史记录作互证的研究，其间订正旧说之误、补充史载之缺，得出了许多新的结论。这部著作的出版，对山东古代社会研究以及石刻文献研究，都是可喜的贡献。凡港嘱为序言，因不辞浅陋写下这段不成熟的文字，还请读者诸君批评教正。2019年元月6日夜滕州杜泽逊于山东大学校经处。

《桑榆书谭》序

前辈周晶先生,选辑平素所作文为《桑榆书谭》,将刊行于世,命为序言。先生喜藏书,数十年不辍,博见多识,过目不忘,每于冷摊僻市,发现人间稀有珍本,不自秘惜,辄以示友人。余与辑《山东文献集成》,先生出掖县女史翟柏舟《礼佛轩诗抄》一卷光绪十八年刻本,云不见著录,收入《集成》,以佐流通。余与诸生辑《清人著述总目》,先生出章丘纪彤《韵辨》十一卷乾隆三十年刊本、即墨韩邻佐《南溪草堂家藏》一卷道光二十年刊本、滕县满秋石《断蔗山房诗稿》四卷嘉庆十九年为可堂自刻本、安丘王敞《二知轩诗钞》六卷清稿本等,云先贤遗书,世不经见,著录以谂世人。最奇者,嘉定王鸣盛辑《宛陵三家诗钞》三卷乾隆写刻本,初印甚精,三家者宣城朱恒《洁华堂集》、宣城詹圣春《慎六堂集》、释果仲《因树轩稿》,此三家之别集未见传本,西庄此辑亦不见载记,此人间未见之书竟为他书之衬页,先生之于书不可不谓有奇缘也。先生为齐鲁书社创办《藏书家》杂志，又以山左文献一宗让与山东省图书馆，皆足称道。先生理书，每有佳册，数数招余入室把玩，相与议论，纵谈今古，已而赐酒赏饭，尽兴而去。先生道书林掌故娓娓如数家珍，余辑《国学茶座》，约先生赐书话，久不见复，今读此集，亦可稍慰渴念云。2019 年 1 月 9 日滕州杜泽逊记于山东大学校经处。

《邢侗著作全编》序

临邑修广利先生喜藏书，读之不倦，尤景慕其邑前辈明代邢侗子愿，书画著述，遗闻佚事，访求无虚日，研习不辍。先与齐鲁书社宫晓卫社长整理《邢侗集》刊印行世，复以历年辛勤所得邢氏著述汇为《邢侗著作全编》影印出版，裒然巨观，出人意表。余知邢子愿其人，以三十年前奉先师王介人先生命撰集《渔洋读书记》，见《分甘余话》云："临邑行太仆卿邢子愿先生侗，以书名万历间，取法晋人，不落唐宋窠臼，其邑人王荩岳大司马治萃其书为《来禽馆帖》，凡数十卷，时号'北邢南董'。今董书盛行海内，而邢书知之者鲜矣。"嗣以与纂《四库全书存目丛书》《山东文献集成》，又见《来禽馆集》《东阿于文定公年谱》，而于邢氏著述知之仍少。今观《全编》，则《南宫县志》明钞本、《沛园集》明刊本得之国家图书馆，《武定州志》旧抄得自中国科学院图书馆，《邢子愿杂著》明刊本得之上海图书馆，《世说新语广钞》得自湖南省图书馆，皆人间孤本，湮而复彰。昔王渔洋尝叹邢子愿书法知之者鲜，今则于邢氏著述亦不能无同慨矣。舍非修广利先生踏破铁鞋，不辞劳苦，世之君子慕邢氏之学，将何所据依而学习之、讨论之、弘扬之乎。因忆张香涛氏《劝刻书说》，谓清代辑刻丛书之显赫者"歙之鲍，吴之黄，南海之伍，金山之钱，可决其五百年中必不泯灭"。广利先生之汇刊《邢子愿著作全编》，方之鲍渌饮、黄荛圃辈，亦无愧色矣。余识广利先生久，深服其好古之笃，景贤之诚，因述浅见，以告同志云。己亥清明后五日滕人杜泽逊序于山东大学校经处。

《文学天地》发刊词

大学中文系或文学院培养学生的方向到底是什么？说法不一。但目前至少公认为语言、文学知识型的。在知识以外，强调一些创新能力，也就是调查研究能力，包括撰写论文和调查报告的能力，却很少强调文学写作能力。自古以来学问与文学似乎就不属于一个领域，李白、杜甫并不究心于写学术著作，而颜师古、刘知幾也不究心于诗文创作。宋代理学大兴，程、朱、周、张、陆俱臻高诣，清人姚鼐明确区分义理、词章、考据三界，可谓名副其实。然而司马迁写《史记》，上究天文，下通地理，穷古今之变，称得上百科全书式的学者，却也文采照辉千古，鲁迅赞为"史家之绝唱，无韵之离骚"，今天研究思想史、学术史、文化史、文学史无不溯源于《史记》，堪称义理、词章、考据兼擅其长。欧阳修于诗于词于古文无不胜场，而于史学则修《新唐书》《新五代史》，于金石学则撰《集古录》，于经学则著《诗本义》，于目录学则撰《崇文总目》，也是学问、文学兼有其长的典范。至于近人，则鲁迅、郭沫若、闻一多、陈寅恪、叶圣陶、钱锺书、沈从文、季羡林，也是学问、文学两擅其长的能手。中国文化的辉煌不就是由这些文化巨匠共同谱写的吗？大学如果不关心文学的培养，在某种意义上也就是没有温度的培养，没有感情的培养，没有美的培养。很难想象一个质木无文的人可以从文学院毕业，可以大讲中国文化。当然大学进行文学培养，不限于文学院，其他文理工医各科无不如此，没有文学，很难对得起大学这个称号。基于这样的思考，我建议山东大学文学院创办一份发表文学作品的刊物，叫《文学天地》。希望这份刊物成为师生展示文学的园地，成为大学的纪念。同时也希望通过这份刊物增进与海内外同道的交流，君子以文会友，以友辅仁，是所望也。杜泽逊 2020 年 4 月 14 日。

《山大草木图志》序

山东大学生命科学学院张淑萍老师、郭卫华老师,儒学高等研究院纪红老师、研究生隗茂杰同学编著的《山大草木图志》即将出版。茂杰嘱我写篇序,不好推辞。

与人类共生的是植物和动物,所以古书中记载植物和动物特别多,先秦古书《山海经》《诗经》《楚辞》《神农本草经》就是记载植物、动物较多的名著。大约产生于西汉初年的语言学专书《尔雅》中有专门的篇目《释草》《释木》《释虫》《释鱼》《释鸟》《释兽》《释畜》,可见古代对植物、动物的研究已达到很高的水平。

植物与文化有很密切的关系。《诗经》的名篇《桃夭》开头说:"桃之夭夭,灼灼其华,之子于归,宜其室家。"又《蒹葭》篇说:"蒹葭苍苍,白露为霜,所谓伊人,在水一方。"让读者心旷神怡。屈原《离骚》善写香草美人,东汉王逸《离骚序》中指出:

《离骚》之文，依《诗》取兴，引类譬喻，故善鸟香草，以配忠贞。"朱熹《春日》诗："胜日寻芳泗水滨，无边光景一时新。等闲识得东风面，万紫千红总是春。"脍炙人口。郑板桥《竹石》诗："咬定青山不放松，立根原在破岩中。千磨万击还坚劲，任尔东西南北风。"毛主席词《咏梅》："俏也不争春，只把春来报。待到山花烂漫时，她在丛中笑。"赋予竹子和梅花以高尚品质。文化艺术界早就有"梅兰竹菊四君子""岁寒三友竹梅松"的说法，引来了大量相关的诗词书画作品，极大丰富了植物与中国文化关系的内涵。即使在农民当中，也蕴藏着大量植物与文化的趣事。在特殊的年代里，农业生产脱离科学，一位生产队社员数落庄稼："天天愁给你遮阳，萋萋芽给你挠痒痒，粪蛋子臭不着你，你为什么不长呢？""天天愁""萋萋芽"都是野草。"天天愁"有的地方叫"铁苋菜"，棵稍高，大叶，色紫。"萋萋芽"有的地方叫"萋萋菜"，棵矮，叶子有刺。说明田地里长草，又不施肥，还要责问庄稼为什么不长。这位农民诙谐而智慧的韵语，寓意深刻，不知采风者注意到没有？

《论语·阳货》记载了一段孔子的话："子曰：小子何莫学夫诗？诗可以兴，可以观，可以群，可以怨。迩之事父，远之事君。多识于鸟兽草木之名。"人与自然，人与草木鸟兽，有着相互依存的最密切的关系，认识你自己，就要认识自然，认识草木鸟兽。山东大学是我们师生学习生活的园地，校园的一草一木都与我们有着密切的关系。认识山大，认识山大的草木花卉，毫无疑问会增加我们的知识，还会培养高雅的情趣。这本《山大草木图志》早已超越了科学意义上的植物学属性,而被作者赋予了深厚的情感,真挚的爱。这是写这篇序的真实感受,也是生物学家与儒学院师生跨学科合作的真正答案吧。2020年5月8日。

《中国小说论坛》发刊词

在中国，从古到今的文体中，一脉延续至今的，也许只有小说。按照近人的文体区分，诗歌、散文、小说、戏曲为四大主要文体。随着文学革命的开展，现代散文与古代散文，现代戏剧与古代杂剧、传奇，现代白话诗与古代格律诗词，都有了较大的界线，唯有小说，不仅贯穿古今，而且横跨中外。形成这种局面的内在因素，应是小说特有的"说故事"这种形式或手法，是古今中外共有的。有人把"虚构的叙事"作为现代对小说的定义，而这一点恐怕也是古今中外共有的。新文学运动的重要标志之一，是白话文代替文言文，语言的文、白似乎是新、旧文学的重要区别。而恰恰在这个区分上，小说并不明显，因为白话小说早在新文学运动之前就成熟了。现代文学研究几乎等同于白话文学研究，在这个研究领域里，很少涉及格律诗词，很少涉及骈文、辞赋和古文，很少涉及杂剧、传奇，似乎变成了新旧两个文学世界。尽管这些旧体文学还有人在创作，在现代文学研究领域却骤然荡出了主流，成为边缘的边缘。唯有小说研究，在古代文学、现代文学、当代文学、西方文学各个领域都扮演重要角色，至少是主要角色之一。与之相关的，还有比较文学、文学评论，以及语言词汇、目录版本各领域，同样成果累累，名家辈出。小说，俨然成了贯穿古今中外文学的红线。正是基于这样的考虑，我萌发了举办中国小说学术研讨会，借此融通中国语言文学学科各个方面的意愿。2019年8月25日至26日，我们做了初步尝试，邀请以小说为研究对象的各学科方向的专家在山东大学威海校区举办了"中国小说论坛"，到会专家140余位，来自海内外72个单位，提交论文116篇。会议安排了大会发言和分组发言，评出了优秀论文特别奖9篇，一等奖9篇，二等奖9篇，会议取得了丰硕成果。为了将这一批学术成果正式公之学术界，成为小说研究的共同资源，我们决定创办一份学术辑刊《中国小说论坛》，也为今后的研究成果发表提供一个园地。这一建议得到山大文学院党政联席会议一致通过，成立了编辑部。山东人民出版社胡长青社长慨允承担出版任务，于是这个中国小说研究的园地就诞生了。值此《论坛》问世之际，同人嘱为发刊词，因叙缘起，以冠卷首。四方君子，幸赐佳作，是所盼也。2020年8月21日夜。

《上庠振铎录》序

同事张君洪刚业余研究山大文学院历史，陆续撰文60篇，汇为一集，出以相示，并嘱为序。余览一过，中多名师往事，不胜神往，因以《上庠振铎录》名之。前年12月山大人文社科院王涛副院长询问"山大文史见长"及"两次辉煌"，说是校领导需要。我觉得事属郑重，因此找到张洪刚，商议回复。现将当时回复节略如下：

山东大学中文学科第一次辉煌是20世纪30年代。当时山东大学在青岛，1930年到1932年叫国立青岛大学，校长杨振声（文学院教授，文学家）。1932年到1938年叫国立山东大学，校长赵太侔（文学院教授，戏剧家）。山东大学设文学院、理学院等。文学院下设中文系、外文系。那时没有历史系。中文系著名教授学者、作家有：闻一多、游国恩、梁实秋（文学院教授、外文系主任）、沈从文、洪深（文学院教授、外文系主任）、老舍、台静农、闻宥、黄孝纾、丁山、萧涤非等。这一时期以中国古代文学见长,尤其是《楚辞》研究,两个权威学者闻一多、游国恩都在山大;还有一批著名作家杨振声、老舍、台静农、洪深、沈从文等;在当时中文学科处于领先地位。抗日战争时期,中国文学研究中心转移到西南联大,杨振声、闻一多都去了西南联大。第二次辉煌,在20世纪50年代。1949年6月青岛解放。山东大学中文系分出了历史系。这一时期的辉煌叫"文史见长",50年代的这一局面得到学术界公认。文史见长主要指中国古代文学、中国古代史。中国古代文学的代表是"冯陆高萧黄",冯沅君、陆侃如、高亨、萧涤非、黄孝纾,时称"五岳"。冯陆的代表著作是二人合著的《中国诗史》《中国文学史简编》,冯沅君《古剧说汇》、陆侃如《中古文学系年》。高亨代表著作有《周易古经今注》《周易大传今注》《老子正诂》《墨经校诠》《诗经今注》等。萧涤非的代表作是《汉魏六朝乐府文学史》《杜甫研究》。黄孝纾先生则以"词章之学"及绘画名于世。历史学科的代表是"八马同槽",八大教授是:杨向奎、童书业、王仲荦、黄云眉、赵俪生、郑鹤声、张维华、陈同燮。除陈同燮研究古希腊、罗马史外,其余都是研究古代史的名家。八大教授之外,还有古文字学家丁山先生,参加过二十四史点校、负责《梁书》《南史》的卢振华先生。王仲荦《魏晋南北朝史》《隋唐五代史》《北周六典》《北周地理志》,童书业《春秋史》《中国绘画史》《中国陶瓷史》,黄云眉《明史考证》等,都是第一流名著。第二次辉煌有一个绝对一流的学术阵地——《文史哲》,这是华岗校长的贡献。泽逊认为中文学科还有第三次辉煌,那就是20世纪80年代崛起的古代文学学者群,从先秦文学到近代文学,每一段都有强劲的代表人物:先秦两汉文学董治安，魏晋南北朝文学牟世金、张可礼、龚克昌，唐宋文学刘乃昌、朱德才、张忠纲，元明清文学袁世硕，近代文学郭延礼，民间文学关德栋。在改革开放之初，百废待兴的特殊时期，山东大学这个古代文学阵容，是相当显赫的。

这是当时匆匆梳理已有的说法，也加上了个人的体会，大体说明了山大古代文学的三次辉煌。经过近两年的学习，进一步明确认识到"三次辉煌"是历史事实，也是今后发展的基础和学习的榜样。古代文学之外，殷孟伦、殷焕先、蒋维崧的语言学，高兰、孙昌熙的现代文学，周来祥、狄其骢、曾繁仁的文艺美学，王绍曾的古典文献学，也都蜚声学林，与古代文学诸位名家共同铸就山大中文学科的第三次辉煌。

2018年4月我奉命担任文学院院长，深感前辈创业的艰辛，他们的业绩与国家的颠簸起伏共命运，是中华民族苦难和崛起的历史见证，因此筹划并组织编集了山东大学中文名家文集十八家，已基本完成，即将由中华书局、人民出版社、人民文学出版社、社会科学文献出版社、国家图书馆出版社等陆续出版。这一批名家著作全集的整理问世，是对前辈最好的致敬，也是对后学无声的鞭策。《孟子》说："颂其诗，读其书，不知其人，可乎？是以论其世也。"相信这本《上庠振铎录》能够让我们听到山东大学一百多年来连绵不断的钟声、朗朗悠长的书声、坚定有力的脚步声，这的确让人心向往之。二〇二一年清明节前一日杜泽逊谨序。

《明代内府刻书考》序

国家图书馆马君学良以所著《明代内府刻书考》相示,嘱为序。明代内府刻书以明代官修书籍为骨干,因此明代内府刻书史可视为明代官修书籍史,也可以说是明代官学的历史。

辛亥革命以后,直到今天,历代官书均被轻视甚至有意贬低,对明清两代官书尤甚。但是,历史上的官书对于当时的学术来说仍是起主导作用的,如果用修史作比方,那官书相当于"本纪"。轻视官书,中国学术史就无法写好。先秦古书,《尚书》《周礼》《仪礼》具有官书的性质,东汉蔡邕主持校刻的《熹平石经》,唐代初年颜师古的《五经定本》,孔颖达的《五经正义》,唐代刊刻的《开成石经》,五代刊刻的国子监本《九经》,都是官书或官本。北宋国子监本从五代监本重雕,南宋监本又从北宋监本重雕。明代永乐年间胡广等奉敕纂修的《五经大全》一百三十五卷、《四书大全》四十三卷、《性理大全》七十卷,同时在永乐十三年由内府刻成,合称《五经四书性理大全》，可以说是唐代孔颖达等《五经正义》以后最具影响力的官书，当时"诏颁六部及两京国子监及天下郡县学"，终明一代通行天下，实现了学术的统一，连儒学发达的邻国朝鲜，也一直奉用"永乐三大全"。清代康熙至乾隆陆续敕修《周易折中》《书经传说汇纂》《诗经传说汇纂》《春秋传说汇纂》《周官义疏》《仪礼义疏》《礼记义疏》，合称"御纂七经"，也是颁行天下，流传甚广。从形式到内容，都是继承明代"永乐大全"的。

辛亥革命以后，研究中国学术史，强调"非正统""个性""去经学化"，使官书几乎靠边站了，这当然不是历史的真相。我们看马学良的《明代内府刻书考》对每一部存世的明代内府刊刻的图书都撰写了提要，这当中值得充分重视的典籍，除了"永乐大全"外，还有万历内府刻朱载堉《乐律全书》三十八卷附《历书》十卷，明内府刻乐韶凤、宋濂等修《洪武正韵》十六卷，明洪武内府刻宋濂等修《元史》二百十卷，明永乐内府刻黄淮、杨士奇等修《历代名臣奏议》三百五十卷，明内府刻《洪武南藏》七千余卷、《永乐北藏》六千三百六十一卷、《正统道藏》五千三百五十卷、《万历续道藏》二百三十八卷，明嘉靖内府刻《词林摘艳》十卷，嘉靖内府刻《雍熙乐府》二十卷等，在相关学术领域，这些官版书籍算得上一等一的要籍了吧。

除此之外，明代官书还有一部旷世大书《永乐大典》，几乎成了学术研究的专门领域，这部书虽然经过一再的劫难，仅存四百余册、八百余卷，却仍是猎山渔海，蕴蓄着取之不尽的学术资源。

我们对明代"内府刻书"的范围还可以再扩大一些。就五代两宋来说，国子监本乃是内府刻书的主流。明代南京国子监刻的

《二十一史》，北京国子监刻的《二十一史》和《十三经注疏》，也都是朝廷官书，而且都是清代内府武英殿刻《十三经注疏》《二十四史》的主要底本。我们可以肯定，对内府刻书的全面考察，不仅是中国图书出版史的主流内容之一，也是中国学术史的主流内容之一。

学良的这部专著取材甚富，考证缜密，已经厘清了明代内府刻书的基本脉络，得出了若干有价值的结论，是一项可喜的成果，具有非常重要的学术意义。相信学良的这项成果会引发学术界更大的兴趣，使我们的研究出现更多的成果。

2016年，学良从余作博士后研究，往复切磋之乐，益我殊多，因不辞浅陋为之序。二〇二一年五一节于山东大学文学院。

《中国诗史》影印说明

陆侃如、冯沅君先生合著《中国诗史》是中国古典文学研究领域的名著。该书完成于1930年夏，1931年由陈望道创办的上海大江书铺出版。全书分卷上、卷中、卷下三册。卷上为古代诗史，自先秦至汉代。卷中为中代诗史，自汉末至唐代。卷下为近代诗史，只讲五代至清代词曲。卷上之前有导论，讲材料与分期。卷下之后有附论，讲1911年辛亥革命以后20年的诗。卷下为冯沅君先生撰写，其余都是陆侃如先生撰写。

该书初版后即产生较大影响，连年重印。1933年12月20日鲁迅致曹靖华的信中说："至于史，则我以为可看（一）谢无量：《中国大文学史》，（二）郑振铎：《插图本中国文学史》（已出四本，未完），（三）陆侃如、冯沅君：《中国诗史》（共三本），（四）王国维：《宋元词曲史》，（五）鲁迅：《中国小说史略》。"1937年，陆侃如先生重写了古代部分，中代、近代部分因抗日战争而未能完成。1954

年夏,作家出版社与陆、冯先生联系重印《中国诗史》。当时商定中代、近代部分用大江书铺 1931 年版原文,古代部分用 1937 年陆侃如先生重写的稿本。实际情况是,中代部分由陆侃如先生在大江书铺本上进行了修改,近代部分由冯沅君先生在大江书铺本上进行了修改,而古代部分 1937 年陆侃如先生的重写本,也在 1954 年与作家出版社约定再版后又重写了一部分(用山东大学稿纸)。包括"总目""自序""卷一古代诗史·篇一诗歌的起源""卷二中代诗史·篇四中晚唐诗"四个部分。我们对照 1931 年大江书铺本篇一《萌芽时代》、1937 年陆侃如重写手稿本篇一《萌芽时代》、1956 年作家出版社本篇一《诗歌的起源》,可以发现 1937 年重写手稿本在利用甲骨卜辞材料方面最为详细。同时,我们看 1956 年作家出版社本陆、冯先生自序,其中特别说明:"到 1955 年春,全书校样寄来给我们看,我们感到有必要向读者说明几句。"说明的内容包括书中多处引用胡适《白话文学史》里的谬论",引用"布哈林与波格达诺夫的错误理论",书中"有不少繁琐的考证"。1937 年重写部分"采用了一些所谓'汉学家'如瑞典的高本汉、德国的康拉第、法国的马伯乐之流的不正确的话"。对这些内容及由这些引据而生发的结论,陆、冯先生在校样上进行了"大量删削"。这种删削工作其实在作家出版社底本上已经做了,我们从这份作家社的底本上可以明白地看到。而在"全书校样"上的删削就不一定可以直观地看到了。

因此,《中国诗史》的版本主要有三个:(一)1931 年大江书铺排印本;(二)1937 年陆侃如先生重写稿本,加上 1954 年陆、冯先生亲自在大江书铺本上的改订本;(三)1956 年作家出版社排印本。其中第二个本子理论上是作家社本的底本，而事实上既有别于大江书铺本，又不同于作家社本，其中保存了一些独有的内容，对我们认识《中国诗史》的变化过程，乃至中国文学史研究方法的历史变迁，都有一定的参考价值。作家出版社本在1983年由人民文学出版社重印，另有山东大学出版社等重印本，都从作家社本出。袁世硕、张可礼先生主编的《陆侃如冯沅君合集》，收入的《中国诗史》，则用大江书铺本参校作家社本，吸收了二本的长处，可惜稿本因为当时尚未公开，而未能参考。

这次请中华书局影印的手稿本，是人民文学出版社刘文忠先生亲手转交山东大学文学院的。人民文学出版社成立于1951年，1953年以后曾用作家出版社副牌出版过不少重要书籍。《中国诗史》就是1956年用作家出版社名义出版的，底稿则保存在人民文学出版社仓库内。刘文忠先生1962年南京大学毕业后，进入山东大学中文系做研究生，师从陆侃如先生。1965年研究生毕业。长期在人民文学出版社从事编辑工作，任编审，曾兼任《文心雕龙》学会秘书长。陆侃如先生的名著《中古文学系年》在人民文学出版社出版，责任编辑就是刘文忠先生。为了不让老师的13册手稿受到损害，刘先生夫妇手抄一遍，用手抄本编辑发排，而将手稿送还山东大学文学院图书室保存。这部《中国诗史》底稿也是人民文学出版社清理仓库时发现的，委托刘文忠先生发还。刘先生保存数年，在2019年8月份电话通知山东大学儒学高等研究院戚良德教授。我和良德教授是山东大学中文系1981级同窗好友，他是牟世金先生的研究生，而牟先生也是陆侃如先生的弟子。良德学长得到刘先生电话通知后，即转告于我，我们商量决定一起赴京，到刘文忠先生府上拜访。那是8月31日,刘先生向我们介绍了《中国诗史》的来龙去脉,然后把手稿交给我们。我们打了一个收据。刘先生建议我与陆侃如先生嗣子陆东生先生联系,请东生先生捐赠山东大学文学院。东生先生是陆侃如先生同父异母弟陆晋如先生之子。我于2019年12月5日致函陆东生先生,说明原委,并提出捐献《中国诗史》手稿的请求。当即得到东生先生回复:"杜院长,伯父和大伯母大半生都在山大,他们对山大的感情和付出决定了这份底稿留在山大是最好的结果,作为后人,我一万个赞同你们的想法!此致敬礼!陆东生敬上。"我接到东生先生回复后,即邀请东生先生"移驾东鲁",出席捐赠仪式。后因疫情暴发,事遂中辍。2020年4月份,为了迎接山东大学一百二十周年校庆,我向文学院党政联席会议提出影印《中国诗史》手稿的建议,获得一致通过。随后联系中华书局郭时羽女士,得到大力支持,因于4月25日致函陆东生先生,请求授权中华书局出版。东生先生又一次深表赞成。不久与中华书局签订了出版合同。这次影印的内容包括1937年陆侃如先生重写的《中国诗史》卷上古代诗史,陆侃如先生手写的《中国诗史修改说明》,1954年陆侃如、冯沅君先生改订的大江书铺本卷中、卷下,为了读者完整了解大江书铺本,我们把大江书铺本卷上放在改订本卷中之前一并影印。

手稿的精细扫描和整理工作由山东大学文学院李振聚研究员负责,郭时羽女士是合作整理者,手稿的顺序排列、批改的处理,无不需要用心审理。为了让读者了解陆侃如、冯沅君先生,我们商请陆侃如先生弟子张可礼先生、冯沅君先生弟子袁世硕先生,把两位撰写的文章《陆侃如、冯沅君先生〈中国诗史〉的主要贡献》《文学史学大师冯沅君先生》附在书后。

今年 4 月 10 日，山东大学文学院在济南珍珠泉主办了"二〇二一年山东省古典文学学会年会暨陆侃如、冯沅君学术研讨会"，特邀陆东生先生、刘文忠先生莅临大会，举行了《中国诗史》手稿捐赠仪式，这对陆、冯先生的在天之灵是一个很大的安慰，对学术界的后学晚辈也是一次很好的教育。5 月下旬郭时羽女士寄来了清样，振聚用半个月时间细看一遍，又与我研究了其中一些细节，这就基本可以付印了。

郭时羽女士约我写一篇影印说明，交待原委，我想确实有这个必要，因此写下了上面的话。借这个机会，我代表山东大学文学院师生向我们的前辈和楷模陆侃如、冯沅君先生致以深深的敬意！向保存手稿的人民文学出版社及刘文忠先生，向捐献手稿的陆东生先生，向中华书局领导及郭时羽女士表示衷心的感谢！山东大学文学院院长杜泽逊 2021 年 6 月 12 日。

《中华三千年文学通史》叙例

一、《中华三千年文学通史》是一部仿照纪传体史书集体纂修的中国文学史。上起商代中期甲骨文,下至中华人民共和国莫言等作家。

二、纂修《中华三千年文学通史》的宗旨,是用历史事实说明中华优秀传统文化是中华民族发展的文化根脉,是中华民族精神生生不息的源头活水。创造性转化、创新性发展,是中华优秀传统文化生生不息、不断进步的内在规律,是在新时代绽放光彩的正确路径。作为中国文化的组成部分,中国文学发展和中国文化发展,具有共同的历史规律。

三、《通史》分期尊重历史习惯,分为十个阶段:先秦、秦汉、魏晋南北朝、隋唐五代、宋西夏辽金、元、明、清、民国、中华人民共和国。每个阶段为一卷。内容较多的再分子卷。

四、每个阶段按文学家设立章节。杰出作家独立一章,著名作家若干人共一章，每位作家独立一节。知名作家或数人一节，或附于其他作家之后。略仿纪传体史书"合传""附传"之例。

五、有以书显者，如先秦经典《周易》《尚书》《论语》《左传》，后代名著《西游记》《水浒传》等，不可以人立目，则以书立目。

六、又有专门领域如汉乐府、唐传奇、唐诗格律、宋词格律、宋元小说，不能以人，亦不能以书立目，则以专题立目，仿纪传体之"志"例。

七、文学创作及批评固为文学史主流，而文献编纂如梁萧统《昭明文选》、宋李昉等《文苑英华》《太平广记》、明冯维讷《诗纪》、张溥《百三名家集》，注家如毛亨、郑玄、孔颖达注疏《诗经》，王逸注《楚辞》，刘孝标注《世说新语》，李善注《文选》，李壁注《王荆公诗》，翻译家如鸠摩罗什、林纾，文学史家如游国恩，未尝不高标独造，功在千秋。今并为立目，用彰贡献。

八、中华三千年文学传统，乃各民族文学熔铸而成；中外文学交流亦中国文学长河之重要元素。均依时代立目，以见全貌。

九、每位作家之记述，先录原始传记，如正史之列传，出土之碑志等；次选代表作品，皆取历代公认者；终列历代权威评论，如诗话、文话、史论、序跋等。征引文献，皆括注版本来源；文字古奥，则引前贤故训或时贤新解，注于页下。至于传记、文选、诗话，别择谨严，深意或不能骤明，谬误亦往往不免，则一一疏通补充而辩证之，庶使源流灿然，而不失其文本。

十、各章节特邀专门研究、向有成果、学问湛深者撰稿。更请旧学深厚、志同道合者复审。其姓名均署于章节之末，以不没搜讨研求之苦心。

十一、历来批评,见仁见智,抑扬不能无分歧;材料纷繁,简择亦不能无疏漏;至于疏解商榷,亦不能无偏颇。增删修订,俟诸异日。尚祈读者朋友不吝赐教。杜泽逊,2021 年 7 月 29 日于曲阜旅次。

《王献唐往来书信集》序

老友张书学教授、李勇慧教授伉俪经过多年搜集、整理、研究,成《王献唐往来书信集》,都一千三百余通,蔚为大观,诚为治20世纪学术史、文化史之所必资,不朽事也。书将问世,嘱为序言,谊不容辞,聊述隅见以报之。

人生之境界,有所谓"三不朽","太上有立德,其次有立功,其次有立言,虽久不废"(《左传·襄公二十四年》)。日照王献唐先生,兼有三美,可称典范。先生于1929年始任山东省图书馆馆长,以馆为家,一草一木,一砖一瓦,经营之,建设之。收集先贤遗书、金石碑版,不遗夫片楮只字。创办馆刊,出版图书,流播遐迩。参与主持龙山城子崖、滕县安上村考古发掘,发现日照两城镇遗址,保护海源阁藏书,抢救掖县福庆禅院明版大藏经《永乐北藏》,阻止潍县高氏上陶室秦汉砖瓦五百余件、陈氏万印楼钱币砖瓦石刻三千八百余件流往日本,一一收归山东省图书馆珍藏。抗日战争爆发，济南危难之际，与屈万里、李义贵运送山东省图书馆珍贵图书文物辗转南下，历尽千辛万难，存于四川乐山大佛寺，战争结束，1950年冬运回济南。抗战期间，出任国史馆副总干事，纂修《国史金石志稿》鸿篇巨制，存中华文化于一脉。1948年济南解放，卸任山东省图书馆馆长，任山东省古代文物保管委员会副主任、研究员。1953年"山东省博物馆筹备处"成立，担任副主任，主持山东省博物馆历史陈列主题结构设计。1960年病逝。论20世纪前半期至建国初叶，山东省文化事业存亡续绝，于颠沛中求生存，于艰难中求发展，自强不息，扶危车于正轨，王献唐先生实第一功臣。先生学术，造极登峰，于考古、古文字、音韵训诂、版本目录、佛教、哲学，乃至建筑、绘画、书法、诗古文辞，无不诣其精微，一生著述不辍，身后汇集出版，累牍连篇，览者叹其精且博，可谓当世无双。

昔人有"时势造英雄"之说，20世纪山东省名家辈出，献唐先生之外，日照丁惟汾、聊城傅斯年、曲阜孔德成、栖霞牟宗三、鱼台屈万里、济南李炳南及临清季羡林、平原任继愈、荣成张政烺，先后辉映，无愧于齐鲁圣哲矣。然则献唐先生之德业学说垂之久远，其道不孤，实一代人之功绩也。书学、勇慧两教授董理考校，不遗余力，亦所以缵绪前徽，是可敬也。2021年9月22日仲秋节后一日滕州杜泽逊序于山东大学文学院。

《山东高等学堂明儒学案讲义》影印说明

《山东高等学堂明儒学案讲义》,是光绪三十三年(1907)山东高等学堂石印的教材,作者范锴,江苏南通人,字秋门,曾任山东寿光、德平知县,濮州知州。光绪三十三年任山东高等学堂教习期间,编写了教材《山东高等学堂明儒学案讲义》,由学堂石印出版。山东大学文学院教师李振聚研究员收藏一部,封面有民国六年(1917)范彦殊的朱笔跋文。南通范氏是著名的文学世家,范锴之兄范当世是中国诗歌历史上"同光体"的代表作家之一,范锴也擅长诗文创作,有《范季子诗集》二卷、《文集》五卷,闻名于时。范彦殊是范当世之子,范锴之侄,是著名画家、诗人、学者范曾先生的祖父。2021年10月15日适值山东大学建校一百二十周年,范曾先生挥毫创作了十二位山东大学历史名人画像,亲临济南,捐赠山东大学,以为校庆祝贺。山大师生感念南通范氏的恩泽,特复制这部《山东高等学堂明儒学案讲义》,作为珍贵礼物,回赠范曾先生,留作纪念。同时也教育山大师生,见贤思齐,缵绪前徽,进德修业,努力成为国家的栋梁之材。山东大学文学院。

胥润东整理《盐亭县志五种》序

胥君润东游学山左,时时来问,皆其家乡四川《盐亭县志》整理事也。盐亭小邑,骤言之或不能知其何所,然四川缺盐亭则不能成一省之历史,犹国家缺四川则不能成一国之历史也。普天之下,率土之滨,无非国家经略之区,人民繁衍之地。祖宗之足迹存焉,先哲之智慧寓焉。瓜瓞绵绵,自强不息。拜读之下,则旧家乔木之思油然而起,岂非立德树人之要,津逮后学之资乎!然则润东之董理乡帮文献,亦可谓国之大者矣。君哀集整理者凡五种,曰《乾隆十七年盐亭县志书》《乾隆二十八年盐亭县志》《乾隆五十一年盐亭县志》《光绪八年盐亭县志续稿》《清末盐亭县乡土志》。君为此役,怀抱敬畏之心,一字一句不敢苟,必校其异同,考其正变,究其源流,发其隐微,形之于注释,表之于前言。更就万历《潼川州志》钩辑明本《盐亭县志》万五千言,附录卷末,存亡续绝,足为地方志整理之借鉴。君素喜经史旧典,古文奇字,吾见《盐亭县志五种》,知其钩深探赜,功在不舍,必将缵续前哲,造福士林,跂予望之。是为序。2022年1月23日滕人杜泽逊于山东大学文学院。

《梁玉绳研究》序

　　李君淑燕《梁玉绳研究》将付梓，来函嘱序。冗务缠身，迁延久之，唯时时萦怀，不能无感慨焉。我国文化之传衍，实由家族而社会，而邦国，而天下。文王拘而演《周易》，周公居摄制礼作乐，此父子开启我国经典制作见诸史册者。至于孔子、子思祖孙之儒学；司马谈、迁，班彪、固父子之史学；刘向、歆父子之校雠学；二戴叔侄之礼学；大小夏侯兄弟之尚书学；三曹、三苏父子之文学，皆彪炳千秋。翰墨一道，莫盛于琅琊王氏，称书法世家，千年而卜堪与辉映者，则钱塘梁诗正、同书、敦书父子。窃谓梁氏一家之成绩，有胜于王氏者，则在著述。梁诗正奉敕编《三希堂法帖》，名家荟萃，称空前巨观；梁同书著《频罗庵遗集》《频罗庵论书》《频罗庵题跋》，多见称引；梁敦书之子梁玉绳、履绳兄弟则为乾嘉考据学名家。玉绳著《史记志疑》三十六卷，钱大昕认为可与"三家注"并称为四家。又著《汉书人表考》九卷、《吕子校补》二卷、《瞥记》七卷、《元号略》四卷、《志铭广例》二卷、《蜕稿》四卷等。履绳精研《左传》，著《左通补释》三十二卷，广杜预注之未备。梁敦书之女德绳，感于陈端生弹词《再生缘》至十七卷而卒，乃作《续再生缘》三卷以完之。又著《古春轩诗抄》二卷《古春轩词抄》一卷《古春轩文抄》一卷。一门才藻，无惭魏晋风流；金声玉振，有功周孔典范。其贡献于我国文化学术者，何止于一人一族哉！淑燕女史2002年来从学，读硕士研究生，三年毕业，参加工作。2007年考取博士研究生，从学者又三年。课业之外，唯读书为事。又助余纂《清人著述总目》，孜孜不倦。耽于考据，每取梁玉绳《史记志疑》《汉书人表考》疏释之，上溯太史公、班孟坚书，以探其源，每叹梁氏父子儿孙诗书名世，百代楷模，宜究其学问幽微，以为治古学者劝。因取各书，条分而件系之，更广征乾嘉以来学林著述，融会旁通，成《梁玉绳研究》，获博士学位。既卒业，遂往河南中医药大学从事医史文献教学研究。神农《本草》，黄帝《内经》，固足与周孔同辉。古文奥句，大道一贯，正所谓弘通之学。淑燕于授课之暇，仍取梁氏书循览不辍，取材益富，而分析益精，乃有问世之意。盖去初成又十二春秋，信哉著述之不易。余知淑燕用功之勤与夫立说之慎，更知其采铜于山之心志，因书数语于简端，以告世之君子。2022年3月16日滕人杜泽逊序于山东大学文学院。

《中国社会科学院世界宗教研究所文博馆藏珍本汇刊》序

中国是全世界古籍最丰富的国家,古籍是国之瑰宝,是中国作为文化大国的重要标志,谱写先民的历史,凝聚先民的智慧。传世珍贵古籍的数量,全国范围内的分布情况,对于古籍保护、古籍整理研究和中华文化的传承及发展来说,都是需要回答的问题。持续多年的全国古籍普查工作,可以对这些问题给出一个答案。同时,在古籍普查的过程当中,更有一大批珍贵古籍被发现,这些新发现的珍贵古籍,具有重要的学术价值。

在历史上,书籍的流传充满了不确定性,往往由于一些意外事件,造成书籍或者珍贵版本的失传。如嘉庆二年(1797)乾清宫失火,清宫的"天禄琳琅"藏书被烧毁,这些珍贵的古籍,包括赵孟頫旧藏的宋本《汉书》《后汉书》,就永远地消失了。有时候,由于历史原因,有些书籍在一段时间之内隐匿不显,被发现后成为了学术研究的新材料,对学术的发展具有推动意义。如西汉初年在曲阜孔子旧宅中发现的《古文尚书》，对经学的研究产生了直接的影响；西晋时在汲郡发现的"汲冢竹书"，其中的《纪年》是研究先秦史的重要材料，到今天还常被学者引用。从1978年开始的《中国古籍善本书目》的编纂工作，对于全国公立机构所藏珍贵古籍进行了著录；2015年以来的全国古籍普查工作，则对全国范围内古籍的收藏情况进行了更全面的登记。在古籍普查工作中，也有不少重要的发现。比如2008年，徐州图书馆发现一部宋刻本朱熹《四书章句集注》，是清初藏书家席鉴的旧藏。南宋蔡梦弼编纂的《杜工部草堂诗笺》，是杜诗的重要注本，宋刻本有五十卷，但无全本存世。2006年《中华再造善本》印行时，以国图与北大藏本相配影印，仍缺两卷。2018年，在古籍普查过程当中，上海图书馆发现了一册宋刻本《杜工部草堂诗笺》，所存正好是《中华再造善本》影印时所缺的第二十、二十一卷。在国家的主导下，进行古籍普查工作，摸清国内古籍收藏的家底，挖掘此前不为人知的重要典籍和珍贵版本，加以整理出版，研究利用，是我国文化事业的重要任务，也是研究者的机遇和责任。

中国社会科学院世界宗教研究所文博馆的古籍收藏，此前没有目录公布，很少有人知道该馆藏有什么珍贵古籍，也就无从利用。在文博馆近些年的普查工作中，发现了许多稀见古籍。这些重要的典籍，如果只是作为宗教所文博馆的藏品，被妥善地收藏起来，固然能得到长久的保护，但若有学者要使用、研究，就不是那么方便了。因此，将这些古籍选粹影印，汇为丛刊，既能保护原书，又能方便读者利用，是一举两得的好事。

《文博馆藏珍本汇刊》中影印的古籍，门类齐全，涵盖四部，其中颇多珍贵的版本。如《渊颖吴先生文集》十二卷，是元代学者吴莱的文集，吴莱是宋濂的老师，在当时颇有文名，他的文集被选入《四库全书》。《渊颖吴先生文集》现在能看到的最早的版本是元末明初刊本，傅增湘说此本"为元刊本中名品"，《中华再造善本》影印的国家图书馆藏本，版面多有漫漶，是刷印比较晚的本子。文博馆所藏的印本，版面清朗，刷印较早，且有清代学者李兆洛的题跋，珍贵可想而知。又如明代余光、余飈所撰《春秋存竢》一书，是南明弘光三年（1647）的刻本。此书《中国古籍善本书目》著录了一部，是国家图书馆藏本，《中国古籍总目》另著录北大藏本。文博馆所藏，当是见于著录的第三部，可称秘籍。刻本之外，《汇刊》中收录的一些稿抄校本也多有可称道者。其中值得重视的是章太炎《菿汉微言》的稿本。《菿汉微言》是章太炎早年的一部语录体著作，有虞云国先生的整理本，收入上海人民出版社出版的《章太炎全集》中。文博馆此本与《章太炎全集》本相较，多有不同，值得仔细分析。此书前还有黄季刚先生篆书所题"菿汉微言稿"五字，并云"吴承仕亲受保藏"，当是太炎先生弟子吴承仕的旧藏，传承有序，是珍贵的名家稿本。再如《印度佛学史》一书，是近代著名佛学家吕澂先生的讲稿。吕澂先生此书先为高山杉先生发现，但高先生所见的中国佛教图书文物馆所藏油印本只有此书第二篇《佛灭度后学说》，而文博馆所藏此书，抄写者为长期追随吕澂的法雨法师，八章俱全，是所谓完璧。

除了版本珍贵外，还有承载特殊信息的典籍，如《枫岳记》一书，写刻精美，审其纸张墨色，当是朝鲜刊本。据书衣上刘喜海的题跋可知，此书系朝鲜使臣李尚迪所赠，是认识中国学者与朝鲜使臣文化交流的重要实物。又此次影印的不少明清刻本上均有藏书家赵钫的印记。赵钫（1905—1984），字元方，蒙古正黄旗人，1949年后曾任中国人民银行参事室参事。赵元方的收藏以明铜活字本为特色之一，其中罕传善本建国后捐献给北京图书馆（雷梦水《北京藏书家赵元方》）。从这次影印的古籍来看，赵元方除明铜活字本外，对于明清精刻本的收藏亦别具只眼，如芙蓉泉书屋本《韩诗外传》、弘光刻本《春秋存竢》、汪昌序刻本《九经三传沿革例》等，均属明清刻本中的精品。其中郭云鹏刻本《曹子建集》上还有赵元方据宋本的校语，足见赵元方藏而能读，非徒鉴赏而已。

《文博馆藏珍本汇刊》的影印出版，使这些珍贵古籍得以面世，佳惠学林，深可嘉尚。友生张鸿鸣君幸与其事，辄缕缕相告，遥想眉飞色舞，可喜复可羡矣。旋嘱为序，因就所闻条举以报之，并谂世之同好。2022年4月16日滕人杜泽逊序于山东大学文学院。

《高等学校中文一流学科参考教材》前言

中国最早的教材要数相传孔子教弟子用的《诗经》《尚书》《乐经》《易经》《仪礼》《春秋》，这六部书被称为"六经"，师徒相授，代代不绝。教材是对先民历史和智慧的总结，具有系统性。《礼记·经解》说："其为人也，温柔敦厚，《诗》教也。疏通知远，《书》教也。广博易良，《乐》教也。絜静精微，《易》教也。恭俭庄敬，《礼》教也。属辞比事，《春秋》教也。"《史记·太史公自序》："《易》著天地阴阳，四时五行，故长于变。《礼》经纪人伦，故长于行。《书》记先王之事，故长于政。《诗》记山川溪谷、禽兽草木、牝牡雌雄，故长于风。《乐》乐所以立，故长于和。《春秋》辩是非，故长于治人。"用现在人的眼光看，是完整的"教材体系"。这个教材体系，经过千百年的阐释，而不断丰富，成为中华民族文化的"根脉"。辛亥革命推翻了帝制，1912年教育总长蔡元培主持制定颁发《普通教育暂行办法》《普通教育暂行课程标准》，废除了"读经科"。我国的小学、中学、大学课程体系逐步走上了一条与国际接轨的新路，教材体系也随之改变，从民国间商务印书馆的全套教材，可以看到它的面貌。"读经科"废止后，"五经"的内容并没有中止传播，而是经过调整散入了新的课程体系，不过对这些经典的诠释有了全新的角度，"五经"转化为历史文化。时至今日，大学分科早已成熟，文、史、哲、政、经、法、数、理、化、生物等，门类齐全，应有尽有。与之适应的教材也同样体系完备。教材是一个国家教育水平的基本标志，学术体系、学科体系、话语体系、教材体系、评价体系的建设，成为加快构建中国特色哲学社会科学体系的组成部分。2017年国务院办公厅发布关于成立国家教材委员会的通知，决定成立国家教材委员会，旨在加快构建中国特色的教材体系。为响应中央号召，山东大学文学院决定组织出版《高等学校中文一流学科参考教材》，把中国语言文学学科具有参考价值的教材修订重印，同时把正在使用而尚未正式出版的优秀教材进行完善，正式出版。希望这些教材经过教育界同行的试用或参考，提出修改意见，逐步成为适应新时代课程体系的成熟教材。历史经验告诉我们，教材建设是一项复杂的工作，优秀教材是在教学实践中逐步培养出来的，有一个被接受、被认可的过程。例如郭在贻先生的《训诂学》，1986年由湖南人民出版社出版（周秉钧主编《古汉语学习丛书》之一），以其独创性和实用性，逐步被教育界、学术界认可，2005年中华书局出版修订单行本，被誉为"训诂学的经典教材"。其间经历了二十年的历史。我们把这套教材叫"参考教材"，正是本着这样的思路。我们希望用这样的方式为国家教材建设作出一定的贡献。

这项工作得到各位专家教师的积极合作，山东大学文学院用学科建设经费予以资助，山东大学出版社予以大力支持，谨此申谢。杜泽逊 2022 年 5 月 8 日。

《明清时期山左新城王氏家族文学研究》序

明清时期山东省的文学名家为世人关注的有后七子的领袖济南李攀龙、戏曲作家曲阜孔尚任、小说家淄川蒲松龄、诗人新城王士禛,这当中称得上"文学世家"的,当属曲阜孔氏、新城王氏。我对新城王氏的了解却不是因为文学,而是他的著名藏书室"池北书库"。1985年我在山东大学中文系毕业,考上了山东大学古籍整理研究所的研究生班,当时山大古籍所所长是校长吴富恒先生兼任,实际负责人是副所长董治安先生。董先生当时担任中文系主任,古籍所的日常事务,包括研究生培养,委托副所长霍旭东先生负责。古籍所里的老师十几位,老先生是蒋维崧先生、王绍曾先生,王先生给我们讲目录学、校勘学。毕业时霍旭东先生问我:"毕业后想干什么?"我说:"当老师。"多年后霍先生告诉我,那是为了留下我而做的考察谈话,当时要求保密。留下以后,霍先生又代表古籍所与我谈话:"你的任务是跟王绍曾先生做项目,把王先生的目录版本学学到手,传承下去。"于是,我成为王绍曾先生的助教,坐班参加王先生的项目《清史稿艺文志拾遗》,接触到许许多多书目,其中有一本陈乃乾先生所辑的《重辑渔洋书跋》,使我对什么是"跋"有了具体认识。1989年,王先生命我重新搜集整理王士禛的书跋,扩大到读书评论。于是我在王先生指导下把《王渔洋遗书》全部看了一遍,这部线装雕版古籍共九函五十五册,因而对王士禛"著述等身"有了特别深的认识。从《王渔洋遗书》中辑出的图书评论640篇,评论的图书568种,形成《渔洋读书记》一书,由青岛出版社出版,王先生的好友程千帆先生题签、同学钱仲联先生作序。那时王绍曾先生主持的项目《清史稿艺文志拾遗》《山东文献书目》等多项,都在山大图书馆古籍部摆开卡片盒,一排一排,周边靠墙是大书架,陈列着线装的、平装或精装的工具书,也是一大景观。

有一天,中文系的王小舒老师来了,他说要托我买一本《渔洋读书记》,于是我从家里拿了一本送给了王老师,后来我了解到王小舒老师研究王士禛,对"神韵诗学"研究最深,有专门著作,以后交往就多了起来。进入21世纪,王小舒老师的研究生答辩常常邀我和冯建国老师参加评议,晚上师生共饮,结下了深厚的友谊。贺琴女士是王小舒教授的高足之一,继承导师的学问,研究王渔洋,师生合作整理研究王士禄诗文著作,成《王士禄集笺校》,尚未定稿,而小舒先生染疴不起,远近师友,识与不识,无不痛惜。2020年8月我与贺琴联系,商议编辑出版《王小舒文集》,那时贺琴已博士毕业到青岛中国海洋大学文学与新闻传播学院任教,她邀请同门十余位建起微信群,仅用三月时间,完成了编校任务,全书

75万字，交山东大学文学院，列入《山东大学中文专刊》，即将由山东大学出版社出版。

当贺琴读硕士生、博士生时期，常常到我的项目组查《清人著述总目》当中的王士禛家族著述目录，也查检各家书目，讨论有关问题。最可贵的是，贺琴到各大图书馆访书，查阅资料，获得的新城王氏著述第一手材料日见丰富，多有发现，订正补充前人著录讹误阙漏，时时书信相告，考证缜密，分析深细，发人所未发，这些成果被汲收到《清人著述总目》当中，限于体例，未能一一注明。独学无友，孤陋寡闻，我于贺琴女士深切体会到相互帮助，受益良多。贺琴女士经过穷蒐博览，钩深索隐，写成了博士论文《明清时期山左新城王氏家族文学研究》，都四十余万言，2015年顺利毕业，工作以后继续充实，到2019年，该成果获批为国家社科基金后期资助项目，终于可以与学术界见面了。贺琴来信，要我写序，作为多年的师友，这篇序当然要写，但真正应当写序的是她的导师王小舒先生，他已于2017年12月17日晚去世了。墓草已宿，杯洒如昨，回首往昔，不能无山阳闻笛之感也。2022年6月12日滕人杜泽逊序于山东大学文学院。

《涵芬楼烬余书录》序

　　海盐张元济先生是近代著名出版家，国学大师，主持商务印书馆数十年，在中小学教科书、汉译世界名著、工具书、古籍整理、图书馆事业等各个领域作出了重要贡献，是近现代文化界的杰出人物。仅就古籍整理事业而言，张元济先生主持编校影印的《四部丛刊初编》《续编》《三编》、《续古逸丛书》、《百衲本二十四史》等大型古籍丛书，在20世纪国学界成为主要版本。在图书馆事业上，张元济先生主持的商务印书馆涵芬楼是古籍善本收藏的著名图书馆；与叶景葵等创立的私立合众图书馆，是上海图书馆的主要前身，家藏古籍，尤其是嘉兴地方文献、海盐张氏著述全都捐献给了合众图书馆。

　　张元济先生主持影印古籍，大都撰写学术性跋文，有的还附校勘记，这些跋文大都编入《涉园序跋集录》，是版本目录学的要籍。张元济先生主持《百衲本二十四史》影印时，专门成立了"校史处",对各史的主要版本进行了详细校勘。校史处主任汪诒年先生、副主任蒋仲茀先生,参加校史处工作的还有王绍曾先生、赵荣长先生、胡文楷先生等,先后形成的《百衲本二十四史校勘记》稿本有一百八十余册。张元济先生亲自主持校勘工作,并在校勘记上留下了大量批注,《史记校勘记》《汉书校勘记》则是张元济先生亲笔写定的。由于时局原因,《校勘记》未能及时整理出版,于是摘取精要,先出版了一册《校史随笔》。我认为民国间校勘学上最值得读的是张元济《校史随笔》、陈垣《元典章校补释例》两本小书。

到了50年代,张元济先生还指导蒋仲茀先生整理《百衲本二十四史校勘记》"定本",甚至排有"样张",显然是要出版的,当然这个愿望未能实现。中华书局根据中央精神组织全国专家点校《二十四史》,曾从商务印书馆借用《百衲本二十四史校勘记》稿本,改革开放后,经王绍曾先生发文呼吁,中华书局清理出大部分稿本,归还商务印书馆。商务印书馆领导林尔蔚先生等委托王绍曾先生主持整理,陆续出版。这套校勘记,在20世纪校勘学史上,是具有重大影响的成果。我作为王绍曾先生的助手参加了整理工作,这对我的科研工作产生了深刻的影响,无论从《文献学概要》还是《十三经注疏汇校》中都能看到我对张元济先生古籍事业的学习和继承。

张元济先生还受著名藏书家潘明训委托撰写了《宝礼堂宋本书录》,这部书录在善本书的规范著录方面可以说是20世纪善本书录的代表性成果,近年上海古籍出版社出版了新的整理本。张元济先生倾心经营的商务印书馆东方图书馆,"一·二八"事变被日本飞机轰炸,毁于一旦,其中的善本书室"涵芬楼"的宋元善本,因保存于上海金城银行保险库而幸免于难。张先生在痛心之余，撰写了《涵芬楼烬余书录》，这部《书录》与《宝礼堂宋本书录》一样，是中国目录学史上的名著。这批烬余善本已经在张元济先生主持下捐献国家，入藏北京图书馆。《涵芬楼烬余书录》是按善本书著录规范编制的，对每一部书的版本特征、行款、牌记、序跋、刻工、藏书印等都作了详细记载，不仅是版本目录的典范，而且是中华民族优秀文化遗产遭受日本帝国主义恶意破坏的历史见证。

张人凤先生是张元济先生的文孙，长期从事教育工作，同时为整理研究张元济先生遗著做了大量工作，编辑出版《张元济文集》《张元济年谱》《智民之师：张元济》《张元济书札》《张元济古籍书目序跋汇编》等一系列成果，为总结张元济先生的学术成就作出了巨大贡献。现在人凤先生整理的《涵芬楼烬余书录》即将由上海古籍出版社出版，人凤先生和责编郭冲同志邀我写序，我觉得这是不容推辞的光荣任务，就把自己的粗浅认识写出来，供读者参考。不当之处请批评指正。

杜泽逊

2022 年 6 月 13 日于山东大学文学院

后 记

本书的辑集主要依靠门生王君笃堃，遴选则全赖复旦大学出版社顾雷同志。收入本集的文字有的是草稿请学生录入整理，有的是友人或学生录音整理，与其事者：尚树青、魏辰羽、兰天启、王一清、孔妍文、张清俐、柏颖、何贺婧、隗茂杰、纪霖凯、杨胜祥、吴雪菡、郭怡妮、方英权、胡培培、胡晨晖、任凤至、范萌、韩悦、戴金鑫、谢雨欣、孙齐、李振聚、王晓静、任哨奇、唐桂艳、张鸿鸣等。清样审校复有以下诸位：丛方怡、王一清、王智尧、孙伊昕、张恒、张溯尧、陈蔚曦、尚树青、祝章霞、唐龙飞、曹浽媛、程瑜、傅宇宁、蒙晓晗、潘静琳、魏辰羽。特此申谢。

杜泽逊
2022 年 11 月 1 日

图书在版编目(CIP)数据

人文化育:杜泽逊教授谈治学/杜泽逊著.—上海:复旦大学出版社,2023.3
(贤贤)
ISBN 978-7-309-16384-1

Ⅰ.①人… Ⅱ.①杜… Ⅲ.①治学精神-文集 Ⅳ.①G795-53

中国版本图书馆 CIP 数据核字(2022)第 156061 号

人文化育:杜泽逊教授谈治学
杜泽逊　著
责任编辑/顾　雷

复旦大学出版社有限公司出版发行
上海市国权路 579 号　邮编:200433
网址:fupnet@fudanpress.com　http://www.fudanpress.com
门市零售:86-21-65102580　团体订购:86-21-65104505
出版部电话:86-21-65642845
上海颛辉印刷厂有限公司

开本 890×1240　1/32　印张 13　字数 289 千
2023 年 3 月第 1 版
2023 年 3 月第 1 版第 1 次印刷

ISBN 978-7-309-16384-1/G·2404
定价:68.00 元

如有印装质量问题,请向复旦大学出版社有限公司出版部调换。
版权所有　侵权必究